PRINCIPES PHILOSOPHIQUES

ET PRATIQUES

DE

DROIT PÉNAL

EXTRAITS ET TRADUITS DES ŒUVRES

DE

NICCOLA NICOLINI,

Professeur de droit pénal à l'Université royale, avocat général près la Cour
suprême de Naples,

ET PRÉCÉDÉS D'UNE INTRODUCTION SUR L'HISTOIRE
DE LA LÉGISLATION CRIMINELLE DANS LE ROYAUME DES DEUX-SICILES,
ET SUR LES OPINIONS PHILOSOPHIQUES DE L'AUTEUR,

PAR

EUGÈNE FLOTARD,

Docteur en droit, juge suppléant.

PARIS,
VEUVE JOUBERT, LIBRAIRE,
RUE DES GRÈS, 14.
1851.

PRINCIPES PHILOSOPHIQUES ET PRATIQUES

DE

DROIT PÉNAL.

Paris. — Imprimerie Schneider, rue d'Erfurth, 1.

PRINCIPES PHILOSOPHIQUES

ET PRATIQUES

DE

DROIT PÉNAL

EXTRAITS ET TRADUITS DES ŒUVRES

DE

NICCOLA NICOLINI,

Professeur de droit pénal à l'Université royale, avocat général près la Cour
suprême de Naples,

ET PRÉCÉDÉS D'UNE INTRODUCTION SUR L'HISTOIRE
DE LA LÉGISLATION CRIMINELLE DANS LE ROYAUME DES DEUX-SICILES,
ET SUR LES OPINIONS PHILOSOPHIQUES DE L'AUTEUR,

PAR

EUGÈNE FLOTARD,

Docteur en droit, juge suppléant.

PARIS,

VEUVE JOUBERT, LIBRAIRE,

RUE DES GRÈS, 14.
1851.

INTRODUCTION.

PREMIÈRE PARTIE.

NOTIONS PRÉLIMINAIRES.

I

JUGEMENTS SUR NICOLINI. — CARACTÈRE DE SES TRAVAUX. — NATURE DE CET OUVRAGE.

« Niccola Nicolini (dit un de nos plus éminents jurisconsultes) (1) aujourd'hui vieillard de soixante et dix ans, professeur de droit à l'Université royale, avocat général près la Cour de cassation, et ministre secrétaire d'État sans portefeuille, est placé sans contestation, par ses compatriotes, à la tête des criminalistes napolitains de nos jours.

(1) M. Ortolan, dans un article publié dans la *Revue de législation et de jurisprudence* au mois de mars 1845. Ce savant professeur est le premier qui ait fait connaître à la France le nom et les travaux de Nicolini.

a

« Homme simple, dénué de tout orgueil, voici à quoi il croyait pouvoir réduire toute sa biographie, dans l'une de ses lettres écrites il y a quelques années : *« Nul, au milieu de si grandes agitations européennes, n'a mené une vie plus uniforme, plus tranquille que celle que j'ai menée : jeune homme, j'ai fait le jeune homme ; avocat, l'avocat ; magistrat, le magistrat. Bonne santé, sérénité constante et paix domestique : voilà toute ma biographie. »*

« Le savant modeste oubliait ce que nous mettrons, nous, au premier rang dans le cours de sa vie, c'est-à-dire ses travaux scientifiques.

« C'est dans une longue pratique du barreau, et ensuite de la magistrature, que Nicolini a développé son talent, qu'il l'a nourri, complété, si je puis m'exprimer ainsi. C'est là qu'il a imprimé à ce talent le caractère si frappant qui le distingue, celui d'une haute raison philosophique alliée à un sentiment poétique très-prononcé, et, toutefois, ramenée constamment au but final, l'expérience des faits, le jeu des institutions, le gouvernement des affaires, en un mot, l'application. »

Ulloa (1) place Nicolini à la tête des jurisconsultes italiens du dix-neuvième siècle. Il nous le montre imprimant à la science une nouvelle direction, et rame-

____

(1) *Delle vicissitudini e de' progressi del dritto penale in Italia,* di Pietro, Ulloa, ch. x.

nant les jurisconsultes italiens aux principes de Vico, dont ils s'étaient trop écartés.

L'auteur de la *Scienza nuova* paraissait oublié en Italie; *Genovesi*, *Pagano*, ne le citaient jamais; *Filangieri* lui-même n'en faisait mention que dans deux chapitres de la *Science de la législation*. *Romagnosi* seul lui rendait une justice éclatante. La pensée de Nicolini fut de faire rentrer la science dans la voie tracée par le grand philosophe napolitain, de rattacher la nouvelle école italienne à l'ancienne, de renouer la chaîne qui semblait interrompue entre les vérités découvertes par Vico et celles qu'ont enfantées les progrès de la science moderne. Nicolini est avant tout disciple de Vico, il lui emprunte sa méthode, il marche éclairé sans cesse par la double lumière de la philosophie et de la philologie. Mais, tandis que Vico n'était trop souvent qu'étymologiste et philologue, son disciple ne se sert de la science du langage que comme d'un contrôle, et c'est dans une connaissance approfondie de l'homme et de ses facultés qu'il cherche l'origine première, la cause, le but, le caractère des institutions humaines. Il a, de plus, une connaissance qui manquait à Vico, celle des institutions pratiques et du jeu de leur application.

La lecture d'Ortolan et d'Ulloa, et les conseils d'un éminent magistrat, m'ont inspiré le désir d'étudier les ouvrages de Nicolini, et de les faire connaître à mes concitoyens. Mais ces ouvrages sont considérables, et, quelle que soit leur valeur générale, ils ne sauraient être tous également intéressants pour des lecteurs français. Je devais donc examiner tout d'abord quelles en étaient les parties les plus dignes d'attention, celles qui résument en quelque sorte toutes les autres, qui donnent l'idée la plus complète du talent de l'auteur, et font le mieux comprendre ses principes et sa méthode.

Il y a deux hommes dans Nicolini, le philosophe et l'avocat général, l'homme théorique et l'homme pratique.

C'est précisément ce double caractère qui constitue son originalité, qui le distingue et le place, sous certains rapports, au-dessus de Vico et de Filangieri. Ces grands écrivains étaient éloignés des affaires (1), et vivaient d'ailleurs dans une société dont l'organisation était trop imparfaite pour qu'il leur fût possible de faire autre chose que de la théorie. Ils ne pouvaient espérer, si ce n'est dans des cas assez rares, voir leurs principes devenir des prescriptions écrites, ou servir de base à la jurisprudence. Aussi leurs ouvrages pèchent-ils par le côté pratique, qui est en général faible et incomplet.

Aujourd'hui la science est plus favorisée et toute théorie de quelque valeur peut amener immédiatement un progrès utile, une amélioration désirable.

____

(1) Vico concourut vainement pour obtenir une chaire de droit. Filangieri occupait plusieurs charges insignifiantes à la cour; il était, de plus, membre du conseil des finances du roi, mais, en cette qualité, il avait plutôt à s'occuper d'administration que de législation ou de jurisprudence.

Les lois, sans être parfaites, se rapprochent souvent assez des vrais principes du droit naturel, et sont sujettes à des modifications assez fréquentes, pour que les opinions du philosophe puissent être appliquées par le législateur ou le magistrat; et le jurisconsulte qui, comme Nicolini, est appelé à la fois à rédiger les Codes entiers d'une nation et à les discuter journellement devant une Cour suprême, jouit du rare privilége de faire lui-même cette application. Il doit donc, dans ses investigations philosophiques, partir toujours de principes assez nets, assez positifs pour conduire à des règles pratiques immédiates, et, dans ses prescriptions, dans ses argumentations, ne jamais poser de règles contraires à ses principes philosophiques. Son talent tend ainsi à se compléter, à devenir à la fois spéculatif et pratique.

C'est dans les *Questions de droit* que l'avocat général, l'homme pratique, le jurisconsulte au raisonnement profond et vigoureux, à la parole large, féconde, convaincante, fait surtout briller son talent; c'est dans l'*Histoire des principes régulateurs de l'instruction des preuves* qu'il faut plus particulièrement chercher le philosophe.

M. Ortolan considère ce dernier ouvrage comme le principal de Nicolini, et le place bien au-dessus des *Questions de droit* (1); mais l'auteur ne partage pas cette opinion. « Votre jugement sur mes *Questions* (écrivait-il en 1845 à son judicieux critique) est, pour me servir des expressions du poëte, celui d'un homme

____

(1) Dans l'article cité ci-dessus.

qui *regarde et passe*. Elles sont l'œuvre de ma vieillesse, et je les considère comme mon *œuvre capitale*, bien que vous donniez ce titre à ma *Procédure*. Vous croyez qu'elles sont plutôt un ouvrage de circonstance que de principes; et, en effet, elles ont été composées à mesure que les points de droit qu'elles traitent étaient soulevés devant les tribunaux. Mais j'ai choisi parmi ces questions, pour les livrer à la publicité, celles qui m'ont semblé le mieux former un tout, un ensemble utile à la science, et, pour que ce ne fût point là une œuvre passagère et de circonstance, je les ai reliées entre elles par des avertissements, des exposés, des discussions générales. »

Ces paroles du vénérable jurisconsulte napolitain me dispensent d'expliquer pourquoi j'ai emprunté à ses *Questions de droit* la plus grande partie du travail que je livre ici au public. J'ai, du reste, essayé de satisfaire à toutes les exigences, en choisissant autant que possible, parmi ces questions, les plus générales, ou celles qui forment par leur ensemble un corps à peu près complet de doctrine; telles sont, par exemple, les questions relatives aux *excuses*, les principes généraux sur la *preuve*, sur les *homicides*, ou celles qui renferment des notions historiques intéressantes, comme la première question, etc.

De plus, dans la deuxième partie de cette Introduction, j'exposerai les opinions philosophiques et historiques de l'auteur sur le *droit de punir*, le *droit pénal* et la *procédure pénale*. Cet exposé, j'ose le dire, sera plus complet et surtout plus précis que tout ce qu'on peut trouver sur ces graves matières dans les œuvres actuelles de Nicolini, grâce à l'obligeance inépuisable de M. Ortolan, qui a bien voulu mettre à ma disposition un traité inédit de son savant ami, dans lequel celui-ci, pour répondre à quelques critiques, lui expose d'une manière à la fois plus large, plus nette et plus profonde qu'il ne l'avait fait jusqu'ici, ses idées sur le principe et le but de la peine.

J'espère donc arriver à donner ainsi, autant du moins que cela est possible dans les limites que je me suis imposées, une idée des travaux du célèbre criminaliste italien que la Franc ne connaissait encore que si imparfaitement.

II

APERÇU SUR L'HISTOIRE JUDICIAIRE DU ROYAUME DES DEUX-SICILES. TRAVAUX DE LÉGISLATION ET DE JURISPRUDENCE DE NICOLINI.

Il sera souvent fait allusion, dans le cours de cet ouvrage, à l'ancienne législation du royaume des Deux-Siciles. Je crois donc utile d'indiquer au moins par leur date les principales transformations qu'elle a subies jusqu'à nos jours. J'exposerai en même temps la part qu'a prise Nicolini à la rédaction des lois modernes de sa patrie.

Le droit romain, en ce qui touche la législation criminelle, les derniers livres du *Digeste*, formèrent le droit commun des duchés de Naples, de Pouille, de Calabre, ainsi que du comté de Sicile, jusqu'au douzième siècle.

A cette époque, le Normand Roger, souverain de Sicile et d'Italie, donna à ses États un code composé de trente-neuf lois, qui prouvent, par la sévérité de certaines de leurs dispositions, la dépravation des mœurs de l'époque. Elles punissent de mort le magistrat qui aura vendu son suffrage; elles déclarent infâme le mari qui aura toléré l'adultère de sa femme; elles prononcent les peines les plus sévères contre les mères qui prostitueront leurs enfants (1).

Au treizième siècle, Frédéric II, de la famille de Souabe, abolit un grand nombre de priviléges, fit respecter la propriété, défendit, sous peine de mort, les guerres privées, les épreuves de l'eau glacée et du fer rouge, établit des juges dans tout le royaume, et fonda l'université de Naples qui rivalisa bientôt avec les plus célèbres de l'Italie.

Les *Constitutions* de Frédéric sont un Code à la fois civil et criminel. L'illustre *Pierre des Vignes* fut chargé par le roi de former cette vaste compilation. Elle contient celles des constitutions des prédécesseurs de Frédéric qui parurent mériter d'être conservées, et toutes celles qu'il avait lui-même promulguées. Ces diverses lois y sont distribuées avec méthode et soin sous différents titres (2).

(1) Delacroix, *Constitution des principaux peuples de l'Europe.*
(2) Nicolini, voy. dans l'introduction l'*Hist. du droit pénal.* — Orloff, *Mémoires sur le royaume de Naples.*

Les princes angevins succédèrent aux princes de la dynastie normande, et régnèrent deux cents ans environ, depuis Charles Ier jusqu'à Ladislas. Leurs ordonnances prirent le nom de *Capitulaires du royaume.* Elles commencent à 1266 et finissent à 1414.

Les coutumes (*riti*) de la Grande Cour de la *vicaria*, qui se composent des ordonnances de Jeanne II jusqu'à Isabelle, femme de René, et comprennent depuis 1424 jusqu'en 1434, firent suite aux Capitulaires.

Alphonse le Magnanime, premier roi de la dynastie aragonaise, établit en 1442, sous le nom de conseil sacré, un tribunal suprême chargé de veiller à l'observation des lois dans toute l'étendue du royaume. Les ordonnances de ce prince et celles de ses successeurs sont connues sous le nom de *Pragmatiques royales.*

C'est sous la domination des princes aragonais que le royaume de Naples devient une province de l'Espagne. Des vice-rois le gouvernent plutôt d'après leurs passions que d'après les règles de la justice et de la loi. Ce malheureux royaume tombe alors dans un état déplorable de décadence et d'abaissement, et, pour le voir s'en relever, il nous faut franchir plus de deux siècles, aller du règne d'Alphonse le Magnanime à celui de Charles III, de 1501 à 1736 (1).

On peut dire que c'est du règne de Charles III que date dans l'histoire moderne l'existence politique et

(1) Foucher, *Collection des lois des peuples modernes.* — Nicolini. 1re question, §§ 6, 10 et suiv.

civile du peuple napolitain. Après avoir gémi près de trois siècles dans la dépendance la plus déplorable et la plus funeste, ce peuple acquit, sous le règne de Charles III, son indépendance politique et reçut une généreuse impulsion vers un nouvel ordre de choses. Il sut ce que c'était que l'esprit national, il sentit l'utilité des lumières. rendit un culte au génie.

Le roi et son ministre Tanucci portèrent l'ordre et la réforme dans presque toutes les branches de l'administration et réprimèrent la puissance des barons. *Je ne connais que des sujets et le roi,* disait Tanucci pour faire sentir l'égalité qui devait exister entre tous les sujets.

Le premier objet de la sollicitude du gouvernement fut la rédaction d'un Code de loi qu'on appela *Codex carolinus.* Le roi nomma à cet effet une commission ou junte, composée des meilleurs jurisconsultes du temps. Giuseppe Pasquale Cirillo, le plus célèbre d'entre eux, rédigea en français et en latin ce Code, qui, malgré le talent et les efforts de ses rédacteurs, fut loin d'atteindre la perfection désirée (1).

Ferdinand Ier, fils de Charles III, chercha à perfectionner l'œuvre entreprise par son père, et donna au royaume une organisation judiciaire aussi parfaite qu'elle pouvait l'être au milieu du désordre, de la confusion, de la diversité des lois de cette époque.

(1) Nicolini, *Della discussione publica.* — Orloff, *Mémoires sur le royaume de Naples.*

Son ordonnance de 1774, qui mérita un commentaire de Filangieri, eut pour but principal de faire cesser les fluctuations de la jurisprudence et d'en fonder une nouvelle, basée non plus sur l'opinion des auteurs, mais sur la philosophie et sur la loi. Elle prescrivit que les jugements seraient motivés et basés toujours sur des lois expresses et littérales.

L'ordonnance de 1789 régla la procédure et les formes à suivre dans les jugements militaires. Elle établit une espèce de discussion publique des témoignages et des preuves en présence de l'accusé et de ses défenseurs. Ces dispositions eurent la plus heureuse influence sur les jugements ordinaires. Ferdinand donna, par cette ordonnance, un grand exemple à l'Europe en déclarant la torture complétement abolie.

Disons du reste, à l'honneur de la magistrature napolitaine, que ce moyen barbare d'instruction avait disparu de la presque universalité des procédures. Dans les cas où la loi obligeait le juge à l'appliquer on n'en faisait plus que le simulacre, en conduisant, pour la forme, le patient auprès des instruments de torture.

Les juges étaient devenus si indulgents, qu'ils n'appliquaient presque plus la peine de mort, et reconnaissaient des excuses à tous les crimes, même les plus horribles. La loi de 1758 fut obligée de déclarer non excusables l'empoisonnement et l'homicide commis sur la personne *innoxii pro noxio*, afin que les auteurs n'en restassent pas impunis (1).

Comme le remarque Ulloa, les lois de 1808 ne doivent donc pas être considérées comme ayant les premières opéré d'utiles réformes dans le royaume des Deux-Siciles, puisque, dès le siècle précédent, les plus graves abus de la législation pénale avaient disparu. Cependant ces lois, calquées sur le Code français de 1791 et sur les anciennes ordonnances napolitaines, opérèrent une sérieuse amélioration, un changement heureux et radical dans les institutions judiciaires des Deux-Siciles, en établissant pour la première fois, dans ce pays, un système d'administration uniforme et complet. Elles séparaient nettement les matières civiles des matières criminelles ; faisaient cesser l'arbitraire des magistrats en déterminant les divers degrés de peine de chaque délit, et en attribuant à des juridictions différentes la connaissance des crimes, des délits correctionnels et des contraventions de police ; distinguaient le juge d'instruction du juge pénal, le droit de recueillir les preuves du droit de punir ; plaçaient une cour de cassation au-dessus de tous les tribunaux du royaume. De plus, elles établissaient une distinction nette et bien tranchée entre le pouvoir judiciaire et le pouvoir exécutif ; et, pour mieux assurer l'indépendance des juges, leur accor-

(1). Ulloa. *Dell' amministrazione della giustizia criminale nel regno di Napoli*, 1855. — V. Nicolini, Ire question : *Des attributions de la Cour suprême.*

daient l'inamovibilité trois ans après leur entrée en fonctions.

Ces principes, on le voit, sont ceux admis par les rédacteurs du Code français de 1791. Ils ont depuis servi de base à nos nouveaux Codes et aux lois de la plupart des peuples de l'Europe.

Lorsqu'eurent été promulgués en France les Codes de 1810, une commission fut instituée à Naples, avec mission de traduire et d'accommoder au royaume de Naples le Code pénal et le Code d'instruction criminelle, que le gouvernement de Joachim Murat déclara vouloir adopter. La commission accomplit son travail : le Code pénal fut adopté ; le travail sur le Code d'instruction resta en discussion.

Ferdinand 1ᵉʳ, en remontant en 1815 sur le trône des Deux-Siciles, eut la sagesse de maintenir les lois et l'organisation nouvelles, jusqu'à ce qu'il pût les remplacer par une législation générale conçue dans un esprit analogue, rédigée également sur le modèle des lois françaises. Cette législation générale fut réalisée dans le Code du royaume des Deux Siciles de 1819, embrassant dans cinq parties diverses : les lois civiles, les lois pénales, celles de procédure civile, de procédure pénale et les lois commerciales. Ce Code est le même pour le royaume de Naples et pour la Sicile ; mais deux lois organiques règlent l'administration particulière de chacun des deux pays, et établissent entre eux certaines différences nécessitées par les mœurs et les circonstances locales. Ces différences prennent le nom de *priviléges*. Le plus important de ces priviléges, sous le rapport judiciaire, est celui qui établit à Palerme une Cour suprême indépendante de celle de Naples. Il y a donc, au-dessus des tribunaux du royaume, deux Cours suprêmes; leurs conflits sont tranchés par la Consulte d'État (1).

Dans cette longue élaboration, et sous les divers gouvernements qui se sont succédé depuis le commencement du siècle, Niccola Nicolini a toujours fait partie, surtout pour ce qui concerne les matières pénales, des commissions législatives du royaume. C'est par lui, finalement, qu'ont été rédigés les livres I et II du Code pénal, c'est-à-dire tout ce Code, moins ce qui concerne les contraventions de police, et les livres I et II du Code de procédure pénale, c'est-à-dire tout l'ensemble de l'instruction et de la procédure ordinaires.

En qualité d'avocat général, il n'a pas moins contribué à hâter les progrès et les améliorations de la jurisprudence napolitaine.

Dès que, par la loi de 1808, les Codes français formèrent, en grande partie, la législation du royaume des Deux-Siciles, les magistrats de ce pays cherchèrent l'interprétation des points obscurs ou controversables dans les auteurs français, dans la jurisprudence de la Cour de cassation, dans les arrêts, dans les décisions des Cours, des tribunaux français. L'ancienne

(1) D'après la loi du 20 août 1825. Voy. la 6e question, note 1.

législation, l'ancienne jurisprudence napolitaines furent tout à fait mises en oubli ; il n'y eut plus de
jurisconsultes, de commentateurs napolitains, les auteurs français semblèrent devoir suffire à tous les besoins : Merlin, Sirey, Locré, furent aussi souvent con-
sultés et cités à Naples qu'à Paris.

Nicolini, qui, dès 1812, remplissait les fonctions
d'avocat général près la Cour suprême de Naples, s'é-
leva souvent contre cet usage, qu'il regardait comme
humiliant pour les tribunaux et le barreau napolitains, comme une espèce d'aveu d'incapacité de leur
part. Il fit remarquer, avec beaucoup de raison, que
les lois nouvelles s'étaient inspirées des lois fran-
çai ses sans les copier, qu'elles en différaient sous beaucoup de rapports et renfermaient un grand nombre de
d ispositions et quelquefois d'améliorations empruntées
évidemment aux anciennes constitutions, aux anciennes or donnances napolitaines. Pour les interpréter, ce
n'était donc pas toujours aux jurisconsultes, aux arrê-
tistes étrangers, qu'il fallait recourir, mais souvent
aussi aux écrivains napolitains, aux vieilles coutumes,
à la jurisprudence constante des anciens tribunaux du
royaume (1). Ces efforts, ces exhortations, furent cou-
ronnés de succès, et bientôt les commentateurs, les
écrivains de droit, abondèrent à Naples et en Sicile.

Nicolini fit également sentir l'utilité qu'il y aurait à
recueillir les décisions des Cours suprêmes de Naples

______

(1) Voy. *Des attributions de la Cour suprême*, § 4.

et de Sicile, afin de les faire servir de règle aux tribunaux et de base à la jurisprudence du royaume. Ce
vœu, méconnu pendant plusieurs années, fut enfin
entendu, et le décret royal du 25 août 1817 chargea
plusieurs magistrats de recueillir et de publier les
arrêts de la Cour suprême de justice, les rescrits et
les dispositions ministérielles relatives à l'application,
au mode d'exécution, au développement des principes
de la loi.

Cette publication commença en mai 1818, sous le
titre de : *Supplément à la collection des lois* ; mais elle
ne fut continuée que pendant deux années. Interrompue par les événements de 1820 à 1821, elle n'a
pas été reprise depuis.

M. Nicolini était particulièrement chargé de la
compilation des décisions relatives au droit pénal. Les
conclusions prononcées devant la Cour, de juin 1812
à 1819, formaient une partie considérable de ce *supplément*. Plusieurs autres conclusions, jusqu'en juin
1821, devaient être comprises dans la suite de ce
travail. Ce sont ces dernières conclusions, et celles
qu'il a prononcées depuis, qui ont été publiées par
leur auteur sous le titre de *Questions de droit* ; elles
forment la matière de six volumes. Les autres principaux ouvrages de Nicolini sont : La *Procédure pénale*,
où se trouve renfermée l'*Histoire de l'instruction des
preuves*, 9 vol.; *de l'Analyse et de la synthèse*, 1 vol.
*Ancien système hypothécaire en Sicile; de la Tentative; de
la Complicité; Instructions sur les nouveaux Codes*, etc.

III

ORGANISATION ACTUELLE DES TRIBUNAUX CRIMINELS DANS LE
ROYAUME DES DEUX-SICILES (1).

Le royaume des Deux-Siciles se compose des royaumes de Naples et de Sicile, ou des *domaines royaux d'en
deçà et d'au delà du phare*.

Les possessions d'en deçà du phare se divisent,
sous le rapport administratif, en provinces, qui correspondent à nos départements, en districts, qui peuvent être comparés à nos arrondissements, et en communes.

La même division administrative existe en Sicile ;
seulement les provinces y prennent la dénomination
de *Vals* ou *Vallées*.

Sous le rapport de l'organisation judiciaire, la division du territoire du royaume subit quelques modifications :

1° Entre les communes et les districts se place une
subdivision appelée *circondario*, et correspondant à
notre canton.

2° Au-dessus des provinces ou des vallées existe un
dernier fractionnement, les ressorts des grandes
Cours civiles, correspondants aux ressorts de nos
cours d'appel.

(1) J'ai extrait la plus grande partie des détails qui vont suivre de
l'excellente préface de M. V. Foucher, placée en tête des *Lois des
Deux-Siciles*, dans sa *Collection des lois des États modernes*.

Dans chaque commune se trouve un juge concilia-
teur, dont les fonctions se rapprochent de celles de
nos juges de paix, sauf qu'ils n'ont dans aucun cas la
connaissance des contraventions.

Dans chaque canton (*circondario*) existe un juge
royal de canton, qui connaît de certaines affaires civiles, de tous les délits de police correctionnelle, et de
toutes les contraventions de police.

Il est, en outre, officier de police judiciaire, et,
comme tel, il est chargé, concurremment avec les juges instructeurs, de constater les crimes, d'en recueillir les preuves et de décerner les mandats de comparution et d'amener, selon la gravité des cas.

Les fonctions du ministère public sont remplies,
près du juge de canton, par le premier élu (adjoint),
ou, à son défaut, par le deuxième ou par un décurion
(conseiller municipal).

A Naples et à Palerme, ces fonctions sont exercées,
pour les affaires criminelles et de police seulement,
par les commissaires de police ou par ceux qui les
remplacent.

L'appel des décisions correctionnelles et de police
du juge de canton se porte à la Grande Cour criminelle de la vallée ou de la province.

Dans chaque district ou arrondissement, il existe
un juge d'instruction; c'est un officier de police judiciaire chargé, comme en France, de l'instruction des
affaires criminelles. Mais il est, le plus souvent, sup-

pléé par les juges de canton, qui instruisent la majeure partie des procès.

Dans chaque province ou vallée se trouve une Grande Cour criminelle, composée d'un président, de six juges, d'un procureur général et d'un greffier.

Cette Cour connaît de tous les crimes, tant comme tribunal de mise en accusation que comme juge de fait et de droit, puisque l'institution du jury n'existe pas dans le royaume des Deux-Siciles.

L'acte d'accusation dressé par le procureur général précède l'arrêt sur la mise en accusation, et il est ensuite rectifié selon la décision de la Cour.

Les décisions sur la mise en accusation doivent être prises par la Cour, composée de trois à cinq juges, siégeant en nombre impair, sur le rapport du président ou de l'un des juges.

Dans les arrêts sur le fond, les questions sur le fait y doivent être toujours résolues séparément des questions de droit.

Toutes les questions sont résolues à la pluralité des voix, et les arrêts motivés, tant en fait qu'en droit.

Au sommet de l'ordre judiciaire du royaume des Deux-Siciles, se trouvent deux Cours suprêmes de justice qui, jusqu'en 1849, ont porté le nom de Grandes Cours de cassation. L'une siége à Palerme, l'autre à Naples.

La Cour de Naples est composée d'un président, de deux vice-présidents, d'un procureur général, de deux avocats généraux et de seize conseillers; à Palerme, la Cour est composée d'un président, d'un vice-président, de huit conseillers et d'un avocat général.

Ces Cours ont les mêmes attributions que la Cour de cassation en France ; seulement, il n'existe plus de chambre des requêtes. La Cour de Palerme n'a qu'une chambre ; celle de Naples se divise en deux chambres, dont l'une connaît des affaires civiles, et l'autre des affaires criminelles (1).

Pour donner une idée complète de l'organisation judiciaire dans le royaume des Deux-Siciles, je devrais parler des *Grandes Cours spéciales*, qui jugent en dernier ressort un grand nombre de crimes, des *commissions militaires*, et des *commissions suprêmes pour les affaires d'État*, auxquelles est dévolue plus particulièrement la connaissance des crimes et délits politiques ; mais, bien que ces tribunaux subsistent, depuis un grand nombre d'années, dans le royaume de Naples, ce ne sont là évidemment que des juridictions exceptionnelles, qui doivent disparaître avec le temps et dont l'institution est plutôt politique que judiciaire.

En 1848, la commotion que la révolution française produisit dans toute l'Europe engagea le roi de Naples à promettre à ses sujets, dans plusieurs proclamations, l'abolition des juridictions exceptionnelles et l'établissement du jury ; mais ces promesses n'ont jamais reçu même un commencement d'exécution.

(1) Voir, sur les attributions de ces Cours suprêmes, la Ire question, §§ 25 et suivants.

DEUXIÈME PARTIE.

OPINIONS PHILOSOPHIQUES ET HISTORIQUES DE NICOLINI.

I

DU PRINCIPE ET DU BUT DES PEINES (1).

Dans mes *Questions de droit*, j'indique souvent comme principe, ou comme but des peines, tantôt le droit de légitime défense, tantôt l'utilité sociale, tantôt la juste réparation du dommage causé, tantôt la nécessité de prévenir les délits, ou d'exciter les coupables au repentir. Mais, dans ces questions, je m'adresse aux tribunaux, et je leur parle de la peine dans le sens juridique et ordinaire de cette expression.

(1) Ces idées, sur la nature et le but de la peine, sont extraites d'une lettre, ou plutôt d'un traité envoyé par Nicolini à M. Ortolan, en réponse à quelques passages de l'article publié par ce dernier dans le numéro de la *Revue de législation* du mois de mars 1845. — M. Ortolan, à la bienveillance et à l'obligeance duquel je ne saurais trop rendre hommage, a bien voulu mettre à ma disposition ce document encore inédit.

Pour employer, au contraire, le véritable langage de la science, je dis que le principe ou le but de la peine ne se trouve dans aucun des faits ci-dessus, qui ne sont que des moyens et des résultats accessoires de la peine.

Le principe de la peine est la *nature humaine;* son but est l'*ordre*, et, quelle que soit la diversité de ce qu'on appelle ordinairement les *peines*, c'est-à-dire des moyens employés pour produire la peine proprement dite, tous dérivent de ce principe, et se dirigent vers ce but.

Pour établir nettement ces idées, *pour découvrir le principe et le but de toute peine*, examinons successivement :

1° L'homme individuel,

2° L'homme dans la société *naturelle*,

3° L'homme dans la société *civile*.

1° *L'homme individuel.*

Le mot même *individu* nous apprend qu'on ne peut diviser, séparer les facultés de l'homme, sans le détruire lui-même; leur réunion constitue son organisation, son unité, *unum est quod uno spiritu continetur.*

Si l'homme était un être purement physique et animal, la sanction de sa loi agirait, comme dans tout autre corps organique, par la force brutale et mécanique. Ainsi, par exemple, la loi alimentaire, qui l'oblige à se nourrir pour ne pas périr, est une loi purement physique qui a pour sanction nécessaire l'affaiblissement, la souffrance, la mort de l'individu, toutes les fois qu'il ne prend pas de la nourriture en quantité suffisante.

Mais l'homme n'est pas seulement un être physique, il est, de plus, un être moral. La conscience, l'intelligence, la volonté, constituent son principe intérieur, sa partie morale, et de ces facultés naît la série de ses actes volontaires.

Comme les forces physiques, d'où résulte la vie de l'homme, lui font sentir elles-mêmes la sanction de la loi physique à laquelle il est soumis, de même les facultés intérieures, d'où résulte son existence morale, lui font sentir la sanction de la loi morale à laquelle il doit obéir. Cette sanction résulte donc de l'action naturelle de l'intelligence, de la volonté, de la conscience, et, en l'examinant avec attention, on voit qu'elle procède par degrés qui peuvent se ramener à trois.

Du moment que nous comprenons la nécessité de mettre nos actes volontaires en harmonie avec les lois de notre nature, si nous avons conscience, par exemple, d'avoir pris volontairement un aliment nuisible, la maladie et la mort sont la sanction pénale de la loi physique que nous avons violée. Mais, à cette sanction physique, la loi morale en ajoute une autre, qui consiste dans la conscience d'avoir conçu un jugement faux et téméraire qui a fait prendre à notre volonté une mauvaise détermination.

Cette conscience devient un tourment cruel, non-seulement à cause du préjudice que nous éprouvons, mais, de plus, parce qu'elle éveille notre amour-propre et nous rend honteux d'avoir eu si peu de prudence et de prévoyance, *ignorati veri pudor*. C'est là la peine proprement dite ; elle consiste dans la sanction morale, elle réside tout entière dans l'intelligence, dans la volonté, dans la conscience.

Cette peine devient d'autant plus grande, que le préjudice causé est plus grand, et que ce préjudice, c'est-à-dire la sanction de la loi physique, résulte davantage d'un acte volontaire de notre part. Ainsi, le second degré de la sanction morale est *prave facti conscientia;* la honte va alors jusqu'au remords.

Le dernier degré de cette honte est l'*horreur de soi-même;* le coupable *ipse se fugit,* pour avoir volontairement renié sa propre nature, agi contrairement à sa loi. Cet état peut aller jusqu'au désespoir et au suicide ; mais je ne pense pas que ce degré extrême puisse s'appeler une peine, du moins en ce qui concerne l'individu.

La peine n'est pas autre chose que la force pondératrice, et, par cela même, conservatrice de la conscience ; tant que cette force ne détruit pas l'espérance, elle produit toujours ce tourment, ce souci (*senium*), qui nous engage à corriger notre premier jugement faux et précipité, à éviter d'en commettre de pareils, à recouvrer la puissance de notre intelligence et de notre volonté ; tourment cruel, souci dévorant, *souci qui se nourrit de crainte, et que la crainte accroît encore.*

De *bis senium* est venu le mot *besoin*. Le *besoin* de s'améliorer soi-même naît du repentir et de la crainte du châtiment. L'homme ne peut détruire les effets préjudiciables et nécessaires de la sanction de la loi physique ; mais il peut s'efforcer de ne plus violer à l'avenir la loi morale par des actes volontaires.

Tout jugement par lequel nous prenons la résolution de posséder un bien se transforme dans notre conscience en un besoin qui est d'autant plus vif, que nous craignons davantage de rester dans le même état, qui nous semble malheureux sans la possession du bien souhaité. La persévérance dans ce sentiment devient une passion, un penchant, qui nous excitent à changer d'état, à nous déranger de notre *siége, de sede ;* de là le mot *desiderium*. C'est donc un jugement, un besoin, un penchant, qui nous engagent à désirer ou à faire une chose contraire à la loi. Si nous nous apercevons de la fausseté de ce jugement, il en résulte un jugement contraire, et, par suite, un besoin, un penchant, un désir de réparation, de correction, de prévention.

Ainsi, un jugement combat un jugement, un besoin combat un besoin, un penchant combat un penchant, et cette sanction morale rétablit l'équilibre dans l'individu. La sanction physique est également pondératrice et conservatrice, mais plutôt de l'ordre général que de l'individu, parce qu'elle va quelquefois jusqu'à la destruction de l'individu, dont la dissolution et les cendres sont cependant utiles à l'ordre entier, comme cela arrive, par exemple, dans l'ordre végétal.

C'est donc dans l'ordre moral que la peine mérite surtout ce nom, puisqu'alors elle tend à rétablir l'équilibre entre les facultés morales même chez l'individu.

Sans cela comprendrions-nous pourquoi le sens commun du genre humain, dans tous les temps et chez tous les peuples, a personnifié la justice pénale sous la forme d'une déesse tenant une balance dans la main? Si nous nous arrêtons aux seuls faits matériels, comment pourrons-nous les peser les uns avec les autres, et établir la proportion entre l'homicide et l'*ergastolo*, entre le faux et les travaux forcés, entre la fraude et la prison? Comment peser entre elles toutes les violences physiques auxquelles nous donnons le nom de peines? Les quantités qui n'ont entre elles et par leur nature aucun principe commun sont incommensurables entre elles. Ainsi, les éléments si nombreux et si variés dont se compose l'univers ne s'équilibrent dans la balance de Galilée et de Milton que par les forces intimes qui leur sont communes, et ce n'est que par les forces intimes, communes à tous les sentiments humains, que les âmes s'équilibrent dans la *psycostasie* d'Eschyle. Par la même raison, Astrée ne peut peser dans le for intérieur de l'homme la conscience de la faute et la conscience de la peine que d'après les rapports nécessaires de la nature humaine.

Dès que l'homme s'aperçoit que la peine est salutaire à celui qui la subit, elle lui est salutaire à
lui-même, en l'engageant par la force de l'exemple à
réprimer ses mauvais penchants. C'est ainsi que la
peine devient *exemplaire* et produit l'expérience, première source de la prudence, qu'on ne peut acquérir
que lorsque, après s'être engagé dans les mauvaises
voies, on rentre dans les bonnes par la crainte du
châtiment. L'habitude fait de cette expérience la
vertu, qui non-seulement rétablit l'ordre d'après lequel doivent être dirigés nos actes internes et exter-
nes, mais, de plus, ramène nos actions aux véritables
principes, première source de toute amélioration. De
là l'autre effet de la peine, qui est le retour de l'homme
sur lui-même et son amélioration progressive.

La peine n'est donc pas autre chose que la menace
d'un préjudice, pour l'homme tenté de suivre les
calculs pernicieux qui l'entraînent vers la faute. La
puissance de cette menace réside tout entière dans la
raison humaine, où réside aussi le mobile de tout acte
coupable volontaire. Si la raison qui nous montre la
peine contrebalance la raison qui nous conseille l'acte
coupable, alors cette dernière ne va pas jusqu'à concevoir une détermination coupable, mais elle s'amende,
elle recouvre ses forces, et l'acte n'est pas mis à exécution.

Si, au contraire, le mauvais dessein est conçu, ou
si l'acte coupable est accompli, l'équilibre de l'ordre
est déjà troublé, et *factum infectum fieri nequit*. Infliger

un préjudice pour ce fait serait inutile, et, par cela même, injuste ; ce serait une vengeance, et non une peine. La vengeance est de la passion, et la peine ne doit jamais être que de la raison. Comment donc concevoir la légitimité de la peine, lorsqu'elle ne peut se faire sentir qu'après l'accomplissement de l'acte coupable ?

Cette légitimité naît de la nature même de la peine. Lorsqu'elle s'applique à l'acte accompli, elle n'en retient pas moins son caractère primitif de menace, mais de menace plus forte, plus efficace. Ainsi, lorsque dans la balance la faute pèse de tout son poids pour avoir bravé la peine, c'est-à-dire la menace d'un préjudice, l'équilibre ne peut se rétablir qu'en ajoutant à la première menace devenue impuissante le poids de l'exécution, c'est-à-dire la force d'une menace réalisée et toujours prête à le réaliser de nouveau.

On ne peut que déplorer le fait accompli ; mais l'exécution, abstraction faite de sa partie brutale et matérielle, est une menace incessante suspendue sur la tête du coupable, qui craint toujours de la voir se renouveler. Cette menace, cette crainte, sont une réparation pour le passé, une correction pour le présent, une prévention pour l'avenir, et c'est là ce qui constitue la nature propre de la peine. L'exécution n'est donc autre chose qu'une souffrance qui ne rétablirait nullement l'équilibre si elle ne renfermait une menace pour l'avenir et un exemple efficace. La souffrance brutale, dépouillée de ces rapports intellectuels, ne mérite pas le nom de peine.

Les peines ainsi ramenées à leur vrai principe, considérées comme la raison pondératrice et conservatrice par la crainte salutaire qu'inspire la menace, sont certainement, et dans toute la force du mot, *utiles*, nécessaires même à l'ordre moral.

De leur utilité résulte leur valeur usuelle, pour me servir des termes d'un grand économiste ; mais comme la valeur du blé et du pain résulte de leurs rapports avec la nature physique de l'homme, ainsi la valeur de la menace, qui seule mérite le nom de peine, consiste dans ses rapports avec notre nature morale. La consommation du pain, comme l'application de la peine, ne sont que des exemples du fait qui prouvent l'idée et la rendent plus sensible. Nous pouvons par nous-mêmes nous rendre compte de toutes ces idées, *testimonium reddente conscientia*. Et si on en demande davantage, la réponse est toujours la même : *Imperat hoc natura potens : atque nude nisi intus monstratum.*

2° *L'homme dans la société naturelle.*

La faculté la plus apparente de l'homme est celle d'où résulte sa nature essentiellement sociale ; ses organes d'action et de communication sont tout à fait conformés dans ce but. De la conscience de cette faculté commune résulte entre les hommes une communion perpétuelle d'affections, de pensées, de besoins ; aussi les désirs coupables, lorsqu'ils se manifestent, excitent-ils dans ceux qui les ont conçus une espèce de honte que produit en eux le sentiment d'avoir outragé la nature humaine. Si le coupable a des remords, ses anxiétés se communiquent aux autres hommes et excitent en eux la compassion et le désir de le voir revenir à des habitudes honnêtes, conformes à l'ordre ; s'il en est arrivé à l'horreur de soi-même, au désespoir, il se mêle à la pitié qu'il inspire une certaine horreur : on le fuit, on l'évite ; il semble que celui qui a renié les lois de la nature humaine se rapproche plus de la brute que de l'homme.

Si le coupable s'est livré à des actes coupables qui ne nuisent particulièrement à personne, les sentiments qu'il excite vont jusqu'au mépris et à la haine. C'est là le commencement de l'infamie. Mais si, de ces actes, il résulte un dommage pour quelqu'un, ou du moins la crainte d'un dommage, alors s'élèvent contre lui la colère qui repousse les attentats, ou la vengeance qui les châtie par des représailles.

Tous ces divers sentiments, exaltés chez le coupable par la communication naturelle de sa conscience avec celle de ses semblables, rendent nécessairement sa honte plus accablante, ses remords plus déchirants, l'horreur de soi-même plus vive ; il se voit couvert d'infamie, il vit dans la terreur de ses semblables ; tels étaient les sentiments de Caïn : *Ero vagus et profugus in terra : omnis qui invenerit me, occidet me.*

Or, ces sentiments qu'inspire le coupable à tous ceux qui l'entourent réagissent sur lui et rendent ses tourments plus cruels, et, par suite, la peine plus efficace. C'est là le commencement naturel de la punition qu'il reçoit des autres hommes pour ses désirs, pour ses desseins, pour ses actes coupables. C'est l'origine de ce que nous appelons le *droit de punir.*

Si le coupable nous disait : D'où vous vient le droit d'avoir honte de moi, de me mépriser, de m'avoir en horreur, de fuir ma société, de m'exclure en quelque sorte de l'humanité, et enfin de m'immoler pour mieux vous débarrasser de moi? La réponse serait facile : *Imperat hoc natura potens;* la nature du droit doit se chercher dans la nature de l'homme.

Cette punition que le coupable reçoit de la société ne mériterait pas par elle-même le nom de peine (*de pendenda*), si elle n'éveillait pas naturellement en lui le repentir du passé, si elle ne lui rendait la force d'âme dans le présent, si elle ne prévenait pas en lui, pour l'avenir, le retour des desseins, des sentiments et des actes coupables.

Elle est une peine, non parce qu'elle est préjudiciable, mais parce qu'elle menace le coupable d'un préjudice, parce qu'elle fait naître en lui la crainte d'une nouvelle punition; crainte qui, par suite de la communication entre la conscience de chaque homme, passe dans la conscience universelle et devient un gage d'ordre et de conservation pour le genre humain.

S'il arrive qu'un injuste agresseur soit blessé, mutilé ou tué, par suite de la légitime défense ou du juste ressentiment de celui qu'il a attaqué, les blessures qu'il reçoit ne sont pas une peine par cela seul qu'elle le font souffrir, mais parce que, s'il y survit, leur souvenir déchirant pour lui devient un frein à ses passions coupables et une excitation à changer de mœurs, et, soit qu'il y survive, soit qu'il succombe, elles sont toujours un frein et un exemple pour le reste des hommes. Ainsi le désespoir, le suicide lui-même, qui est certainement un mal et un préjudice, ne peut s'appeler une *peine* pour celui qui en est victime ; mais il en est une pour les autres hommes qui voient le danger du crime et à qui cet exemple sert de leçon.

La punition extérieure est ainsi un exemple tant pour l'homme pervers qui se détermine à commettre le mal que pour les autres hommes. Elle est une peine par cela seul qu'elle surexcite en nous l'énergie de la force pondératrice qui se produit en nous dès qu'en vue d'un intérêt mal entendu nous concevons une idée, une détermination contraires à l'ordre.

3° *L'homme dans la société civile.*

Grâce à la faculté naturelle en vertu de laquelle l'homme, par le moyen de sa raison, tend à se perfectionner dans la société de ses semblables, nous voyons se former la société civile. Alors l'homme pourvoit mieux à ses besoins, dont le premier est celui de la défense et de la conservation , alors il perfectionne, il fortifie sa propre nature en s'appropriant l'intelligence et la force des autres hommes ; alors les habitudes sociales prennent une telle puissance, que, dans la société, la nature semble vaincue par les habitudes.

Dans la société civile, si le fond de la nature humaine subsiste toujours, tout le reste est imité et artificiel. L'art du gouvernement enfante les lois positives, qui ne sont qu'une imitation des lois naturelles, comme la société qu'elles créent n'est qu'une imitation de la société naturelle. La sanction de ces lois est artificielle ; la mort elle-même, *ultima linea rerum*, prend, dans les lois pénales positives, un caractère artificiel, grâce aux formes et aux moyens mis en usage pour l'infliger. La haine spontanée et naturelle contre les coupables devient une raison d'État et un calcul de prévention civile. La *vengeance*, ce mot employé par les hommes encore barbares, se change en *animadversatio* chez les peuples civilisés. La répression privée est interdite, et du cœur même de l'homme sort le cri de Dieu à ceux qui auraient voulu immoler Caïn : *Omnis qui occiderit Caïn septuplum punietur.*

Ce septuple ne consiste certainement pas à punir sept fois de mort l'homme qui, de sa propre autorité, immole son semblable, même coupable ; mais il a pour but d'élever à sa plus haute puissance la crainte intérieure qui constitue la peine. Les lois civiles ont le même but. Dans la société civile, les volontés et les forces individuelles s'unissent, se relient, pour ne former qu'une force, qu'une volonté, qui sont la force, la volonté, la sagesse publiques, *vis et potestas universorum,* car il est dans la nature de l'homme de ne former qu'une société, qu'une unité, non-seulement physique, mais encore morale.

Au milieu de tous ces changements, que devient la peine? Elle est artificielle, elle diminue, elle augmente, elle peut rendre triple, septuple la force originaire de sa nature, mais non la changer. Elle conserve sa nature de *peine* tant qu'elle est *prescripta,* c'est-à-dire écrite *avant* que ne se produisent les délits prévus par la loi. Quand elle est appliquée, elle n'est plus une *peine,* si ce n'est en ce qu'alors la menace devient plus certaine et plus irrévocable. La peine, bien qu'artificielle, bien qu'extérieure, bien qu'imaginée par un législateur, consiste donc toujours essentiellement dans la *conscience interne de la crainte d'un préjudice,* mais cette conscience doit être intelligente, elle doit comprendre le rapport qui existe entre l'acte illicite et le préjudice qui en résulte nécessairement : c'est la conscience de la faute, du préjudice qu'elle entraîne, de la raison qui rend le dommage inséparable de la faute.

L'art n'est que l'imitation de la nature. Si donc la nature rend communes à tous les hommes ses lois et leur sanction, en donnant à tous les hommes les mêmes sentiments, l'art de gouverner fait de même par la promulgation de ses lois, par la publicité des jugements, par l'exemple public de l'exécution. Au moyen de cette publicité, si la peine est de nature à produire cette triple conscience dans l'âme du coupable et dans l'âme des autres hommes, et si cependant ce but n'est pas atteint chez le coupable, soit parce qu'il succombe, soit parce qu'il est corrompu au delà de toute limite, alors le supplice est pour lui une souffrance et non une peine ; mais ce supplice garde cependant le nom de peine, par rapport à la société tout entière.

Pour tous ceux, en effet, qui en ont connaissance, il devient une correction pour le passé, un encouragement pour le présent et une prévention pour l'avenir ; la prison, la réclusion, les travaux publics, ne sont pas des *peines*, à proprement parler : ce ne sont que des moyens artificiels pour faire naître la peine dans l'âme, en éveillant, par cette triple conscience, ces trois effets salutaires.

Nous devons conclure de ces observations que toute prescription législative qui n'est pas propre à éveiller cette triple conscience, est un supplice, une violence, mais non une peine. Ainsi, les actes arbitraires, les cruautés exercées secrètement et sans jugement, les prescriptions non conformes au vrai but de la peine, détruisent l'ordre, bien loin de le conserver, et sont la première source de ces révolutions civiles que Dante nous représente comme faisant passer si promptement les empires *d'une nation à une autre et d'une race à une autre.*

Ces révolutions sont l'éternelle sanction d'une loi placée bien au-dessus de nos lois factices; sanction d'un exemple on ne peut plus salutaire, parce qu'elle corrige les erreurs législatives, rectifie l'art de gouverner, et prévient les maux qui détruiraient de fond en comble la société civile : c'est la sanction pénale de la loi universelle de l'humanité.

Il résulte de ces observations que la partie la plus difficile peut-être de la législation est celle qui a pour but de proportionner les peines aux délits, pour faire naître chez les peuples la triple conscience dont nous avons parlé, *distinctio pœnarum ex delicto*. Cette proportion, dont on parle tant, serait inexplicable si on considérait la peine et le délit comme des faits extérieurs et matériels. Quelle peut être, par exemple, la proportion entre le meurtre et les travaux forcés? Il faut prendre ces mots dans leur sens psychologique, et dire que le législateur doit d'abord dresser une échelle idéale de tous les degrés de la perversité humaine, si prompte à se traduire en infractions de la loi positive, et ensuite dresser en regard une autre échelle de tous les genres de préjudice que l'homme peut infliger à l'homme, et dont la menace, dans l'état social dans lequel on se trouve, peut le mieux communiquer à l'âme humaine la crainte salutaire d'où résulte le repentir et la force nécessaire pour résister aux mauvais penchants. De cette manière, le degré le moins élevé de la crainte peut correspondre au degré le moins élevé de la force productrice du délit ; le degré le plus élevé de la crainte au dernier degré de l'échelle des crimes, et les degrés intermédiaires correspondent entre eux. L'un de ces degrés peut alors se pondérer avec l'autre ; mais cette pondération s'opère toujours dans notre for intérieur ; c'est un calcul, un échange d'un jugement contre un autre jugement, d'un penchant contre un autre penchant, d'un besoin contre un autre besoin. De la part du coupable, c'est une menace de mettre l'individu au-dessus de l'intérêt public ; de la part de la la loi, c'est une menace de mettre l'intérêt public au-dessus de l'individu, et à la menace du coupable doit correspondre au même degré la menace de la loi.

Si le législateur est assez sage pour trouver une seule espèce de préjudice qui puisse se graduer sous mille formes, et à des degrés divers d'intensité, et qu'il l'adopte comme moyen de peine, alors la graduation en est assez facile, et chaque degré de peine, de menace, peut aisément être mis en balance avec le degré correspondant de culpabilité : telle est, par exemple, dans les lois napolitaines et françaises, la menace de contraindre la liberté des mouvements extérieurs de l'homme, menace qui est graduée en confinement, exil, réclusion, relégation, travaux forcés, déportation, et chacune de ces peines est déterminée très-minutieusement, quant à sa durée, à ses modes d'application, à ses effets civils. Cette menace ainsi graduée devient plus utile, car l'homme peut plus facilement comparer le préjudice qu'elle lui causera, aux avantages qu'il espère retirer de la faute.

Transportons ces idées individuelles dans la société civile, ce grand marché des *utilités* humaines, et aussitôt l'*humanitatis commercium* dont parle Tacite s'opère entre les hommes par l'échange réciproque des conseils et des exemples. La menace du législateur, rendue plus frappante par l'exemple, devient une espèce de métal marqué du coin de l'autorité publique, et, en quelque sorte, la monnaiee avec laquelle s'achètent et se vendent ces utilités. Cela nous apprend pourquoi le sens commun de toutes les nations et de tous les âges a fait passer dans le droit pénal les termes de la science économique, *prix, échange, rachat, payement, exaction*, etc., etc., et a transporté dans l'économie politique un grand nombre de termes du droit pénal. Nous avons dit, en offrant une monnaie : *voici l'équivalent de ton blé*, comme nous disons à un condamné : *voici l'équivalent de ton délit*. Mais ces expressions seraient étranges, et ne se comprendraient pas, si on ne remontait pas à la première idée de l'utilité qu'on espère retirer de l'achat du blé ou de la perpétration du délit.

La nature de l'échange est la même, qu'il s'agisse d'une marchandise quelconque ou d'un délit, bien que, dans le premier cas, l'échange soit volontaire, et que, dans le second, il soit obligatoire. En effet, du moment que la loi existe avant l'accomplissement du délit, le coupable, en commettant volontairement ce délit, est sensé consentir au marché, abandonner de son plein gré sa personne à la peine. C'est ce qu'expriment les expressions solennelles *suscipio, do, satisfacio, solvo pœnam, pœnas pendo temeritatis meæ*, et, de la part du juge, *pœnas peto, exigo, repeto*. La peine, dans la société civile, est encourue au moment même où se commet le délit ; l'échange a ainsi lieu à l'instant même, bien que le coupable ne soit puni que plus tard.

Or, une chose ne se paye pas, ne se répète pas, si elle n'a pas une utilité échangeable, et cette utilité ne peut s'apprécier dans la peine qu'en la ramenant aux sentiments et aux idées qu'elle fait naître dans l'esprit, et qui contrebalancent l'espoir des avantages qu'on espère retirer du délit. Il peut se faire que la peine n'atteigne pas son but vis-à-vis de l'individu coupable ; mais elle l'atteint toujours vis-à-vis de la société. Dans la société, en effet, les hommes les moins coupables échangent sans cesse les sentiments qui les poussent aux actes coupables, contre ceux qui, par crainte de la peine, les excitent au bien et à la perfection morale.

Telles sont mes opinions sur la nature et le but des peines ; elles se réduisent à cette idée, que la peine n'est que le sentiment d'anxiété intérieure que produit en nous la conscience d'avoir pris une détermination coupable ; sentiment qui nous porte à corriger nos déterminations en fortifiant les bons instincts de notre âme, et en nous abstenant à l'avenir de tout acte coupable. Les peines, dans le sens vulgaire de ce mot, ne sont que les moyens extérieurs, artificiels, em

ployés pour produire dans l'homme la peine naturelle, unique, et seule digne du nom de peine.

II

ESQUISSE PHILOSOPHIQUE DE L'HISTOIRE DU DROIT PÉNAL (1).

On peut concevoir une société sans philosophie,
sans art, sans agriculture, mais non sans droit pénal.
Une cité, une famille, une société de deux ou plusieurs personnes unies, même dans un but coupable,
ne peut subsister sans la crainte, pour celui qui veut
la troubler, d'éprouver un dommage, et sans le pouvoir, dans ceux qui veulent la maintenir, de le lui
faire éprouver.

Supposons qu'à la suite d'un cataclysme universel
un seul homme est resté en présence de Dieu : ce rapport est déjà une loi pénale. Si cet homme est assez
fou pour se dire dans son orgueil : *Il n'y a pas de
Dieu*, il ne peut respirer, il ne peut subsister une seconde sans obéir aux lois de la vie, aux nécessités de
l'existence. Sa conscience l'avertit qu'il y a une loi pénale établie pour lui, mais indépendamment de lui; et,
en dépit de lui-même, il doit reconnaître et adorer
l'éternel législateur. « Tout rapport est une loi, » disait

---

(1) Extrait du discours d'ouverture du cours de droit pénal, in-
séré dans les questions de droit sous ce titre : *Dell' indole et del
corso del dritto penale.*

Montesquieu : « Toute loi est une loi pénale, » répondait Genovesi du haut même de cette chaire.

Le droit pénal est le premier besoin de la vie (1), la condition indispensable de la vie sociale. Pendant que les autres besoins enfantent les arts de première nécessité sous la cabane du sauvage, et développent les arts d'utilité, d'agrément et de luxe dans les villes et les académies, la justice pénale accroît le nombre de ses moyens d'action, et éprouve le besoin de les contrôler et de les choisir. La possibilité qu'elle a d'être moins sévère, plus humaine, tend à la rendre telle effectivement.

Il y eut d'abord une nécessité terrible de dévastation et de mort : la justice devait agir sur une masse informe au milieu des mouvements désordonnés des passions les plus terribles et les plus indomptables ; ses agents étaient peu nombreux et incapables d'une action unanime et soutenue ; tout devait s'opérer par secousses et seulement par la force brutale. Mais, à mesure que l'édifice social se débarrassait d'éléments hétérogènes, à mesure qu'il prenait une forme plus certaine, plus architectonique et mieux équilibrée, son point d'appui devenait plus certain ; les agents de la justice se multipliaient ; leur action, rendue plus prompte, était non-seulement incessante, mais encore régulièrement croissante, et, par la force même des choses, ils produisaient, avec moins d'efforts, des effets mieux calculés et plus puissants.

(1) « Le droit, c'est la vie. » Lherminier, *Phil. du droit.*

La Justice apparut d'abord au milieu des Furies, tenant dans sa main de fer des poignards, des torches et des vases de plomb fondu ; mais bientôt elle prit un aspect plus doux : la Piété, l'Espérance, la Foi devinrent ses compagnes ; elle n'eut plus pour devise l'effrayante Gorgone, mais la douce Paix ; elle changea le glaive cruel contre les tables de proportion, l'équerre et le compas. Déesse salutaire même pour ceux qu'elle frappa, sa loi, invoquée par les hommes, ne leur parut plus imposée, mais volontairement acceptée et convenue.

Alors, avec les arts de luxe, commença le dévergondage de la pensée ; les esprits égarés s'imaginèrent qu'une loi qui semblait volontaire, parce qu'elle était une conséquence nécessaire de la nature humaine, était réellement un pacte, un contrat qui n'obligeait que ceux qui y étaient intervenus, c'est-à-dire personne. Alors surgirent les questions interminables sur le droit de punir et sur la nature des peines ; alors, enfin, naquit le scepticisme, qui s'imagine qu'on ne peut rien savoir, et qui conduit au bouleversement de tout ordre, et à la barbarie, qui ne sait rien.

Malgré ces germes de décadence, la justice pénale progresse et se modifie sans cesse ; elle évoque enfin ses premiers ministres, et, mêlant leurs fureurs aux fureurs civiles, elle renverse, jusque dans leurs fondements, les États et les cités ; mais, toujours fidèle aux desseins de la Providence, elle va cacher jusqu'au fond des déserts les débris épars de la société, qui, nouveau phénix, renaît bientôt de ses cendres plus puissante et plus belle.

Les anciens disaient que tous les arts, toutes les institutions, ont entre eux un lien commun, une espèce de parenté qui les fait naître les uns des autres, se corrompre ou se perfectionner réciproquement. Le droit pénal, étant une nécessité continuelle de la vie civile, marche toujours de pair avec la masse des connaissances d'un peuple, et suit nécessairement les progrès et la décadence de la civilisation. Son principe est toujours un et immuable : préserver et garantir des passions antisociales la nature sociale de l'homme. Et telle est la puissance de la Providence, que ce principe reçoit son accomplissement malgré l'homme lui-même, quels que soient l'objet qu'il se propose et les moyens qu'il emploie, fussent-ils même opposés à ce principe. Cet objet et ces moyens sont changeants et variables comme l'homme; ils peuvent bien intervertir un instant l'ordre ordinaire des choses, mais non s'écarter beaucoup des principes immuables de la justice, avec lesquels, de changement en changement, ils finissent par se confondre pour célébrer avec eux l'humanité universelle.

Le droit pénal fournit ainsi la preuve constante d'un ordre éternel, d'une Providence vigilante. Dans ces évolutions perpétuelles, il est la mesure certaine du degré des connaissances d'un peuple, le thermomètre le plus sûr de sa civilisation.

Je ne puis retracer ici l'histoire de toutes les transformations du droit pénal; je me bornerai à indiquer les principales, celles auxquelles se rattachent toutes les autres.

Nous trouvons trois de ces transformations dans l'époque *barbare*, trois dans l'époque *civilisée*.

La combinaison de ces six systèmes dans toutes les proportions, dans toutes les combinaisons possibles, nous fournira l'histoire du droit pénal, tirée de sa nature propre, et la preuve de sa nature, tirée de l'histoire.

La première forme du droit pénal, celle qui a laissé les traces les plus vivaces, est celle des jugements par le duel. En observant cette époque récente encore, on voit que les hommes étaient alors divisés en familles, qu'aucun bien commun ne reliait entre elles, et qui cherchaient la réparation de leurs torts réciproques dans des vengeances atroces et de sanglantes représailles. Lorsqu'un besoin commun les contraint à se réunir, chaque individu conserve, en se soumettant au duel, une portion du pouvoir souverain, en vertu de laquelle il ne reconnaît d'autre autorité que la raison du glaive, sous les yeux de ses pairs, et le jugement de Dieu, représenté par la chance du combat. Le but que l'homme se propose, c'est la vengeance privée. Y satisfaire pour de tels hommes, dit le premier peintre des mœurs antiques, c'est s'abreuver de nectar. Leur mobile est la colère, ce féroce ennemi de la raison, suivant l'expression de notre grand poëte épique. Alors, si Achille pardonne, c'est en se reprochant à lui-même la pitié qu'il ressent pour un roi suppliant. Le mot *justice* résume confusément mille idées ou plutôt mille sentiments divers, l'injuste offense, l'impossibilité de la supporter, la honte qui s'attache à différer sa vengeance; il rappelle vaguement les idées d'information, de preuve, de conviction, et évoque dans le lointain l'image d'une divinité terrible comme la passion dominante du temps, et tenant en main la foudre et le tonnerre. Toutes ces idées, tous ces sentiments, reposent sur la pointe d'une épée.

L'origine des jugements par la torture est antérieure peut-être à celle des jugements par le duel; mais certainement elle ne lui est pas postérieure.

La torture fut un mode d'information plutôt que de peine, et nous voyons que la condition civile de celui qui infligeait la torture et de celui qui la subissait n'était pas la même. En même temps que le seigneur se bat en duel avec ses pairs, il fait donner la torture à ses esclaves, et le peuple, suivant Tacite, était considéré comme esclave.

La cruauté stupide ne pouvait employer d'autres moyens que ceux qui étaient à sa portée, pour se faire révéler les faits qu'il lui importait de connaître, et cela nous explique pourquoi ce fléau disparut si tard des instructions criminelles. L'autel votif que l'humanité avait élevé, par la main de Cicéron et de Boccace, au premier souverain qui abolirait la torture,

resta sans divinité jusqu'en 1786. A cette époque,
deux princes italiens, Léopold de Toscane et Ferdinand de Naples, méritèrent d'y être placés, et deux
écrivains italiens, Beccaria et Filangieri, en devinrent les grands prêtres. Ce culte sacré, se dévelop-
pant avec les moyens logiques d'instruction, torture
morale de l'esprit, a fait, de nos jours, de tels progrès, que notre auguste monarque, Ferdinand II, a
brisé les instruments de torture et dissipé pour jamais la ténébreuse horreur des cachots, sépulcres ef-
froyables des vivants, derniers vestiges de l'antique
torture.

Les épreuves de l'eau et du feu contribuèrent beaucoup à faire disparaître les vengeances privées, et à
habituer les esprits à se soumettre à des règles fixes.
Le but des jugements criminels changea alors totalement, tant pour le fond que pour la forme. Le Tout-
Puissant se montra toujours aux hommes environné
des attributs terribles de sa divinité; mais il se ré-
serva à lui seul les moyens de découvrir les coupables. Le but des jugements fut moins la vengeance
privée que la vengeance divine; le mobile fut la
crainte religieuse, et le jugement fut un miracle.
Alors, point de rémission, point de grâce, si ce n'est
dans l'asile d'un temple, aux pieds du Dieu de misé-
ricorde. Que d'idées à développer dans cette période !
que de conséquences fécondes à en faire jaillir !

Les esprits devenant de plus en plus calmes, et les
sentiments de piété se fortifiant toujours, on eut re-

cours, en troisième lieu, au serment sur la tombe des saints, avec un long cortége de répondants et de conjurateurs, première origine des jugements publics par témoins.

Le but qu'on se propose ici est l'accomplissement d'un acte religieux; le mobile est la piété animée d'une foi vive dans la protection des cieux.

Ainsi, la vengeance confiée aux particuliers, la vengeance confiée à la providence divine, la vengeance adoucie par la piété, telles sont les trois formes successives de la justice criminelle des premiers âges.

Les lois parurent, mais elles parurent terribles et cruelles. L'union de la volonté et de la force est représentée par un faisceau de verges surmonté d'une hache. Alors, si l'individu est offensé, l'État l'est aussi; point de différence entre le meurtrier et le duelliste. Alors naît la vindicte publique; les jugements pénaux ont pour but d'assurer le respect de la souveraineté par la terreur de l'autorité. La publicité des jugements existe, mais pour ceux seulement qui font partie du gouvernement; pour les autres, rien de certain : l'arbitraire est leur seule loi.

Décimer une armée, raser une ville, faire périr en un jour des milliers de citoyens, tels sont les moyens de restaurer les institutions, de fortifier l'État, de ramener les choses aux principes primitifs. Si on pardonne à Horace le meurtre d'une sœur éplorée, ce n'est pas en considération de la cause qui l'a poussé à ce crime, mais par admiration d'un héroïsme qui a trouvé le salut de l'État dans le sang ennemi. — Époque barbare, mais époque de jeunesse et de force, remarquable par la grandeur et l'éclat des événements.

L'amour du bien public naît alors, parallèlement à l'amour du travail ; l'homme recherche la gloire des camps et celle du forum. La seconde forme des jugements pénaux dans les temps civilisés prend naissance ; la vengeance privée n'est presque plus en usage, on l'immole au bien public. Le salut public est, comme toujours, la principale loi de l'État ; mais la certitude d'y avoir pourvu fait qu'on s'occupe surtout de la prospérité publique. La vengeance divine est toujours en vénération ; mais la justice est surtout guidée par l'amour de la paix publique.

Dès lors, pour faire grâce, on considère principalement le motif du crime. Les grands intérêts agités dans les jugements publics éveillent toutes les passions, créent la langue, enfantent l'éloquence. Les idées générales exprimées par des formules certaines, sensibles et frappantes, ouvrent à l'homme le monde intellectuel, et rattachent aux principes généraux les principes particuliers, les idées individuelles ; les esprits s'élèvent, on voit trôner l'Art et la Science.

Dirai-je toute ma pensée, ou la crainte d'être entraîné au paradoxe, par amour pour la science que je professe, me fermera-t-elle la bouche ? — Je la dirai : Il est certain qu'à une époque où les arts et les sciences n'étaient encore enseignés nulle part, déjà les jugements étaient publics.

Sans doute les arts étaient déjà nés des divers besoins de la nature humaine ; mais ils existaient isolés, jaloux les uns des autres, et divisés par une inimitié plus qu'insulaire. L'histoire naturelle, la chimie, l'innocente science de la botanique, n'osaient franchir les limites étroites de l'empirisme. Les manufactures, le commerce, l'économie publique elle-même, servaient mystérieusement les intérêts suspects du négoce ; le droit purement civil était moins le protecteur de la propriété que du privilége, et n'avait de bienveillants sourires que pour les riches et les puissants.

Toutes ces institutions vivaient à l'ombre de la justice criminelle. L'éloquence qui se développait dans les débats publics recueillait les plus beaux résultats de chacune de ces sciences, pour les communiquer aux autres et les en faire profiter. La justice fit ainsi découvrir le lien qui relie entre elles les diverses branches des connaissances humaines ; elle créa la philosophie, cette science divine qui permet à l'âme humaine d'affirmer qu'elle participe de l'essence de Dieu. Il est vrai que, à peine née, la philosophie prit la place du droit pénal, et fut proclamée reine des sciences ; mais elle fut redevable de ce triomphe aux orateurs qui, les premiers, dans leurs plaidoiries devant la justice criminelle, l'avaient dégagée des entraves de la barbarie. Elle rendit, du reste, avec usure au droit pénal ses bienfaits ; elle pénétra tout, elle présida à la création, au développement de toutes les institutions, de toutes les sciences, et les unit par

des rapports bien plus intimes que des relations extérieures et de vains ornements ; son souffle vivifia leur
essence même, et, de nos jours, l'esprit philosophique
pénètre toutes les branches du savoir humain, devient
comme l'âme unique de la science entière.

Quel législateur en Europe sentit le premier l'influence du souffle divin de la philosophie ?

Permets-moi, ici, de t'adresser mes hommages, illustre fondateur de notre glorieuse université ; toi qui
ceint la triple couronne de poëte, de législateur et de
guerrier ; prince valeureux et trop supérieur à ton
siècle !

Frédéric (1), le premier de tous les souverains,
depuis l'invasion des barbares, appela les lois pénales
lois de paix ; le premier il abolit le duel judiciaire et
les épreuves de l'eau et du feu, égalisa toutes les conditions sociales, et rendit uniformes pour tous les règles de la procédure criminelle. Il fallut plusieurs siècles avant que ces réformes ne s'opérassent dans le
reste de l'Europe, et, à l'extinction de la dynastie de
Frédéric, l'influence des usages étrangers étouffa,
pour longtemps encore, le développement des germes
bienfaisants qu'il avait semés dans notre pays.

Pourtant, ni Frédéric, qui ne connaissait pas d'obstacle à ses desseins, ni, après lui, le divin Alighieri,
qui brisa tant d'entraves de l'esprit humain, ne pu-

---

(1) Frédéric de Souabe ; il régnait au treizième siècle. Voir la
première partie de cette introduction.

rent surmonter une difficulté qui, aujourd'hui, dans
l'état de la civilisation actuelle, nous paraît bien légère.

La loi du talion, principe éternel du rapport entre
les délits et les peines, est la loi de tous les temps, de
tous les peuples ; elle est, selon la sublime expression
de Tacite, gravée dans la conscience du genre humain.
Dans le premier état des compensations pénales, on
donnait dent pour dent, œil pour œil, main pour main ;
la peine était un dommage, le prix d'un marché coupable, et il se réglait d'après les règles communes à
tous les marchés. Le commerce changea bientôt les
rapports d'utilité des divers objets, et avec eux le
rapport entre les délits et les peines.

Ce changement vint surtout de la manière d'exprimer les idées. Les figures, et, en particulier, les métaphores, nées du besoin de rendre dans une langue
pauvre des idées qui se multipliaient de jour en jour,
toutes les images qui animaient et personnifiaient la
pensée, rendirent sublime, et presque divine, la poésie antique, mais firent souvent prendre, dans les affaires civiles, les abstractions pour des êtres véritables,
et l'ombre pour la réalité. Ainsi, lorsqu'un délit résultait de faits complexes, difficiles à concevoir et à exprimer autrement que par des allégories tirées des
objets physiques et sensibles, l'allégorie se transfor-
mait en réalité dans l'application de la peine Il en
a toujours été ainsi, tant qu'on n'a pas enseigné la
science du langage, et telle a été, presque jusqu'à nos

jours, la forme du talion pour les plus grands crimes.

Un homme avait-il, par exemple, manqué à une promesse solennelle : lié à deux chars, dirigés en sens opposé, déchiré en deux parties, il réalisait cette métaphore, qu'il avait déchiré la foi jurée. Le lâche qui fuit en face de l'ennemi, laissant la patrie en danger, est plongé dans la fange jusqu'à la mort, afin de prouver qu'il avait véritablement une âme de boue. Le vil débauché est jeté dans un bûcher, pour qu'il soit convaincu d'avoir souillé la pure flamme qu'un Dieu d'amour a allumée dans le cœur de l'homme. Enfin, un jeu de mots bénévolement écouté par notre roi, Guillaume le Bon (1), lui fit décréter un supplice atroce contre un juge prévaricateur. Les Siciliens, qui ont, par-dessus tous les peuples, l'imagination vive et ardente, allaient répétant qu'en fin de compte ce juge ne faisait qu'amplifier un peu le précepte d'Horace, qui conseille de devenir gras et vermeil, de bien soigner sa personne. Il y ajoutait seulement, disaient-ils, que, pour soigner sa peau, il lui fallait à discrétion de la graisse d'autrui. Le bon roi, émule de Cambyse, s'empressa d'infliger à ce malheureux le supplice de Marsyas, et il fit clouer sa peau sur le siége même du tribunal, voulant, par ce terrible exemple, mieux que les anciens avec la tête de Méduse, terrifier ceux qui seraient tentés de faire ou de penser comme ce juge coupable.

(1) Mort en 1189.

Les lois de Frédéric, les enfers du Dante, sont remplis de supplices de ce genre. Qu'on se figure, d'après cela, l'état de la législation dans le reste de l'Europe.

Parlons maintenant de la procédure. — Frédéric fut encore le premier qui, depuis l'invasion, la ramena aux principes logiques; mais quels étaient alors ces principes? Ils étaient tous puisés dans la science des lignes, dans les mathématiques encore dans l'enfance; on connaissait l'étendue matérielle, le poids matériel, les nombres, et rien de plus. Aussi l'esprit humain, qui tend toujours à aller des choses physiques aux choses morales, en vint-il à peser, à mesurer les dignités civiles et à régler leurs rapports uniquement d'après les nombres. Entre pairs, le témoignage de l'un balançait celui de l'autre; le témoignage de deux ou de plusieurs l'emportait sur celui d'un seul; calcul bien excusable, puisque le grand Montesquieu l'a adopté. Mais, pour l'emporter sur un baron, il fallait quatre chevaliers et huit bourgeois; pour l'emporter sur un comte, il fallait quatre barons, huit chevaliers, seize bourgeois. Et cependant, l'Éternel a si heureusement favorisé notre beau pays, qu'au bout de peu d'années l'erreur, non du législateur, mais de l'époque, s'évanouit subitement à la merveilleuse et divine lumière que notre grand *Aquinate* (1) fit jaillir de sa métaphysique. Tous les esprits, laissant alors de côté la marche lente et progressive du temps, prirent en

____

(1) Saint Thomas d'Aquin.

un instant une direction toute nouvelle, une tendance tout intellectuelle : révolution merveilleuse et qui ferait croire au miracle. Le barreau suivit la même impulsion ; les métaphores donnèrent de l'énergie au langage, mais perdirent toute influence sur les idées. On chercha les termes du rapport entre les délits et les peines tout autre part que parmi les objets physiques et matériels ; et d'obscurs avocats donnèrent dans leurs œuvres des mesures d'imputation si justes, des calculs de probabilité si remarquables, qu'ils ne seraient pas indignes des premiers philosophes de nos jours.

L'usage d'aller toujours des idées matérielles aux idées abstraites ne nous fut pas inutile. Gio Battista La Porta (1), comme Bacon et dans le même temps que lui, érigea cet usage en science, et, le plaçant à la base de toutes les sciences, il conçut le premier le plan d'une encyclopédie. De même en droit pénal, notre pays, le premier de l'Europe, reconnut que la preuve du délit doit être le fondement de toute information, et que ce n'est que lorsque cette preuve est bien établie qu'il faut rechercher l'auteur du fait incriminé et le genre d'imputation qui doit être dirigé contre lui. Cette distinction importante, ignorée peut-être des anciens, et très-négligée aujourd'hui, même dans la législation française, a épargné bien des larmes à la justice, et forme une des parties les plus

(1) Mort à Naples, en 1515.

belles et les plus philosophiques de notre procédure.

Le siècle de Sannazaro et de Pontano (1) eut beaucoup d'influence sur l'adoucissement des peines; mais notre ciel s'obscurcit bientôt, la belle sirène perdit la couronne, et, jusqu'à l'époque où elle la recouvra de la main triomphale du premier roi de la glorieuse dynastie qui nous gouverne, elle serait restée plongée dans les ténèbres de la barbarie, si les génies tutélaires de l'Europe n'avaient tenu le flambeau de la civilisation allumé auprès d'elle, pendant ces deux siècles de progrès général, de découvertes et de génie.

Après ces deux siècles, qui furent comme l'aurore d'une ère nouvelle, le savant de Roggiano (2), sans lequel la France n'aurait pas eu Montesquieu, osa développer, dans ses *Origines du Droit*, les principes éternels des révolutions des empires, et surtout des lois pénales. Il fut suivi du grand Vico, qui, dans une sphère plus vaste, appliqua, d'après un principe unique tiré de la nature même de l'homme, le progrès et la décadence des nations. Il trouva, dans le droit civil, l'origine de tous les arts, de toutes les sciences physiques, métaphysiques et morales. Selon lui, la religion, dont la justice pénale est le ministre, est le principe moteur du monde civil, la puissance universelle. OEuvre immense, où jaillissent toujours de la main de l'auteur des vérités nouvelles, et, sui-

(1) Le quinzième siècle.
(2) Gravina, mort à Rome en 1718.

vant l'expression de Manzoni, on sent qu'il vous a transporté dans la seule sphère où peuvent se rencontrer de pareilles vérités.

Filangieri se plaça aussi dans la même sphère. Fier de son triple savoir, il rangea sous les lois de la science toutes les nécessités de la vie sociale. Comme Vico, il plaça le droit pénal à la base de son système, et en revint à l'idée primitive de rapports intimes entre les diverses espèces d'échange et les compensations pénales. Expliquant alors, d'après de nouveaux principes, l'économie politique et le commerce, il trouva le véritable rapport des délits et des peines. De la logique et de la métaphysique dans leur dernier état, il tira le calcul des preuves; enfin il rectifia et augmenta, des résultats généraux des jugements pénaux, la statistique, science nouvelle qui prouve et favorise en même temps les progrès de la civilisation humaine. Gravina, Vico, Filangieri, illustre triumvirat, flambeau et gloire non-seulement de la patrie, mais de l'humanité tout entière, où prendrai-je ma méthode d'enseignement, si ce n'est dans vos œuvres?

Puisque la nature du droit pénal varie suivant le degré et la masse des connaissances d'un peuple. Mon premier devoir est d'expliquer ses rapports avec toutes nos institutions civiles actuelles. Je puiserai la plus grande partie de mes documents dans notre histoire nationale et dans nos écrivains les plus dignes de foi. Frédéric au treizième siècle, Charles de Bourbon en 1758, Ferdinand en 1774, 1786, 1789, 1817, seront les points lumineux qui éclaireront ma marche.

Dans la chimie, dans la botanique, dans toutes les sciences naturelles qui ont pour objet la nature immuable des choses, il est possible de refaire la langue scientifique lorsque les termes anciens peuvent occasionner des erreurs ; il n'en est pas de même de la langue du droit pénal. Les termes de ce droit, nés de besoins divers, dans la succession progressive de la vindicte publique et divine à la vengeance privée ; dans les périodes où le nombre et le calcul servaient de règle à la justice ; dans la transition du règne de la violence à celui de la religion, et de la raison dirigée et soutenue par la piété ; ces termes, dis-je, ont changé de signification en parcourant les divers degrés de civilisation, et les plus nouveaux ont pris le sens des plus anciens.

Ainsi, tandis que le droit change sans cesse, les termes du droit ne changent pas. Il est donc nécessaire de faire l'histoire de chaque terme. Ce sera la seconde partie de ma tâche, partie toute d'érudition, et qui n'est pas la moins essentielle de mon enseignement.

Enfin, dans une université aussi illustre, cette chaire n'a pas été instituée seulement pour vous enseigner la procédure matérielle d'une affaire ; s'il en était ainsi, ma longue habitude du barreau me donnerait aujourd'hui plus de confiance en moi-même. Je dois vous expliquer les principes fondamentaux du droit et en pénétrer vos esprits. Ce ne sont pas les lois dans l'ordre où elles sont placées, ce n'est pas un commentaire aride des articles que je dois vous exposer ici, cette partie de l'enseignement naîtra d'elle-même et comme conséquence de ma méthode.

Après avoir exposé ma méthode générale, j'arrive à la division de mon cours. Certains principes généraux régissent la législation pénale tout entière. Tous se résument dans ce grand principe, que la volonté de la loi est de réprimer, non de satisfaire les passions; la loi n'a pas de passion, aussi ne doit-il y avoir ni vengeance privée ni vengeance publique : le mot même *amour de l'ordre* n'est pas un mot scientifique. Les faits accomplis ne sauraient ne pas être accomplis; une peine inutile serait un second crime. La peine ne peut être envisagée aujourd'hui que comme une réparation du dommage causé par le délit ; c'est le prix dont on le paye. La monnaie représente, dans la vie ordinaire, la valeur et l'utilité des choses : la peine représente la valeur des dommages. Les règles du titre de cette monnaie sont les règles de notre talion, elles déterminent la division et les divers degrés des peines.

Mais un grand nombre de ces dommages, un grand nombre des moyens de les réparer, sont prévus par les lois civiles proprement dites. Les dommages que doit réparer le droit pénal sont ceux seulement qui touchent directement à l'intérêt public. C'est ainsi que le droit pénal se rattache au droit public, et

que l'action, le jugement, la défense, l'exécution
sont publics. L'action privée, dont le but est la réparation des dommages particuliers, n'est que subsi-
diaire et dépendante de l'action publique.

De là diverses particularités des lois pénales. Le
législateur et le magistrat calculent d'une manière bien différente la proportion entre les délits et
les peines. Le premier doit apprécier le dommage
causé et sa réparation équitable, et il divise les peines
d'après les diverses espèces de délit; le second ne
peut refaire ce calcul : il n'a à considérer que
le fait particulier dont il s'agit et la loi, et il divise
les délits d'après la nature de la peine.

Admirons ici avec reconnaissance la sagesse de
notre auguste législateur : il a amélioré les règles
de l'accusation aux lumières de la plus saine philosophie; diminué le nombre des crimes punis de la
peine capitale; aboli les fers perpétuels, peine par
trop sévère; effacé l'infamie indistinctement attachée
à toutes les peines criminelles; fait disparaître le carcan pour un grand nombre d'entre elles; détruit
pour toutes la marque, peine dégradante moins encore pour le coupable que pour la nature humaine;
analysé plus minutieusement les caractères constitutifs des délits, et établi des degrés pour la tentative,
des degrés pour la complicité, des degrés pour la
récidive, des degrés pour l'excuse; il a rendu le repentir efficace et tracé, d'après la seule utilité publique, les règles de la grâce, droit précieux, joyau

le plus splendide qui puisse orner la couronne d'un
prince. Mais ce qui fait son plus bel éloge, c'est d'a-
voir su s'appropirer la gloire dont Trajan seul avait joui
jusqu'ici, en abolissant, même pour les crimes d'État,
une peine qu'on lit encore dans les Codes de l'Europe qui nous ont le plus été cités comme exemple, je
veux dire la confiscation, supplice inique d'un héri-
tier innocent, qui tend à corrompre la raison sereine
de la justice en intéressant le juge à punir, et qui au
lieu de prévenir les méfaits, en transmet le germe
coupable à une génération entière condamnée au supplice du besoin et de la faim, ces horribles conseillers
du crime.

Souvent la nature du délit, quelquefois la classe de
la société à laquelle appartient le coupable, plus rarement le temps, le lieu, les circonstances, changent
la juridiction et la procédure. C'est ce qu'on appelle
des exceptions. Certaines conditions civiles nécessitent, de la part de la justice, une action plus concentrée et plus rapide. La première, la plus ancienne de
ces exceptions et la plus nécessaire, est celle qui naît
des jugements relatifs aux délits militaires.

J'envisagerai la procédure comme une logique pratique (1), non-seulement parce qu'elle se rattache,
dans sa partie générique, à toutes les sciences naturelles, et particulièrement à l'anatomie et à la chimie, base et point de départ de toute procédure, mais

____

(1) Voir, ci-après, le n° III de l'origine de la procédure.

encore parce que, dans sa partie spécifique, elle se confond avec les sciences qui traitent principalement de la synthèse et de l'analyse.

Tout mon enseignement sera divisé en traités et les traités en leçons.

Il n'y a pas d'art ni de science qui ne se rattache au droit pénal. Les sciences divines, l'étique, le droit naturel et des gens par leurs principes généraux; les sciences du langage, l'archéologie, la politique, l'économie politique, les mathématiques dans la détermination de la proportion entre les délits et les peines; les sciences militaires en ce qui touche l'exception relative à la force publique; les sciences naturelles, la logique et la métaphysique pour la recherche des délits, et pour arriver à découvrir et à convaincre les coupables, et cela indépendamment des rapports qui existent entre ces sciences et les lois positives tant anciennes que modernes.

Je ne pourrais, sans présomption, espérer de tracer même une partie de cet immense tableau; que dois-je donc faire? L'esquisser seulement, et plût au ciel que je le fisse toujours d'une manière convenable (1)!

(1) Le cours de droit pénal de M. Nicolini n'a pas été livré à l'impression.

III

ORIGINE ET PROGRÈS DE LA PROCÉDURE PÉNALE (1).

J'appellerai la procédure pénale une *logique pratique* dont le but est de découvrir, d'ordonner, de juger les faits qui donnent lieu aux affaires criminelles; et je l'appelle ainsi, non par de vagues idées d'analogie ou pour le plaisir de lui appliquer une dénomination philosophique, mais parce que ses règles, depuis la première jusqu'à la dernière, sont uniquement et exactement les règles de la logique.

Les autres branches de la législation suivent les progrès des connaissances humaines et particulièrement de l'art de gouverner qui applique tous les arts, toutes les sciences aux usages de la vie civile; mais, la procédure ne fait des progrès qu'autant que les méthodes employées pour arriver au vrai se perfectionnent, s'améliorent.

Tout vice des méthodes généralement admises réagit sur la procédure, qui est comme le thermomètre exact des connaissances logiques d'un peuple; car, si ce peuple avait de meilleurs procédés pour découvrir la vérité, il les appliquerait certainement à un sujet aussi grave, aussi important. Les délits s'instruisent

---

(1) J'ai extrait ces idées du *Sunto di due lezioni* qui se trouve placé à la suite de la *Storia de' principii regolateri della instruzione delle pruove*; elles sont en quelque sorte un résumé de cette histoire.

de telle ou telle manière, parce que la vérité, dans les autres branches de l'activité humaine, s'estime et se recherche de la même manière.

Toute procédure se divise naturellement en trois périodes bien distinctes : 1° Recherche du délit; 2° exposition de l'accusation et de la défense, et disposition des preuves; 3° discussion qui termine l'affaire, et décision.

Or, cette marche est la marche logique de toute décision, de tout jugement humain : recueillir d'abord les faits relatifs à l'objet des recherches; les examiner, les choisir, les classer; les contrôler ensuite avec soin, afin de les purger de toute erreur qui *aut incuria fudit, aut humana parum cavit natura* (1), et enfin juger. Voilà l'unique moyen d'arriver à la vérité, de former une détermination raisonnée. Dans la chimie et dans les autres sciences naturelles, dans les sciences abstraites elles-mêmes, dans l'agriculture, dans tous les arts qui font le charme et l'ornement de la vie, on ne peut procéder autrement.

(Après avoir posé ces principes, M. Nicolini cherche leur application dans l'histoire; il contrôle la théorie philosophique par les preuves historiques et philologiques.

Il suit en cela la méthode de Vico, et, de plus, il emprunte à l'illustre philosophe sa division des temps en âge divin ou théocratique, âge héroïque, âge hu-

---

(1) Horace, *Art poétique*.

main ou civilisé (1). Nous l'avons déjà vu appliquer la même division à l'histoire du droit pénal).

PREMIÈRE PÉRIODE (âge divin).

La philologie est la seule lumière qui puisse nous guider dans l'étude des temps primitifs dont il ne nous reste aucun monument ou dont le peu de monuments encore subsistants ont été altérés par les âges postérieurs.

Pour connaître la logique des premiers hommes chasseurs, agriculteurs, constructeurs de huttes, nous n'avons pas de documents plus certains que ceux que nous ont transmis, avec leur langue, les anciens peuples de l'Italie, et l'on peut dire que cette langue est encore vivante dans les expressions du droit et de la procédure.

Necessitas constituit jus (2), telle était leur devise. Ils n'avaient pas encore d'Aristote ni de Genovesi. La méthode et la logique commencèrent pour eux *ipsis rebus dictantibus, usu exigente et humanis necessitatibus* (3); leurs procédés pour arriver au vrai étaient rudes et grossiers comme ceux qu'emploient chaque jour nos gens de campagne qui ne connaissent ni les méthodes, ni les préjugés de l'école; si, toutefois, les différences résultant nécessairement du temps, de l'é-

(1) Vico, *Scienzia nuova.*
(2) L. 4° D. I, 3, *de Legibus.*
(3) L. 2, § 11, D., *de Or. jur.*

ducation, de l'influence des arts et des sciences même
sur les esprits les plus incultes, nous permettent de
faire cette comparaison. Mais il est certain que ces
procédés, cette méthode, ont dû naître et se développer de la manière suivante :

La curiosité naturelle de l'homme produisit les premières questions : *Quæ res? quæ est res?* D'où les mots
quærere, quæstio, quæsitio, amquisitio, inquisitio.

Mais comment chercher sans se rapprocher de la
chose? — *In rem venire*, par syncope produisit *inve-
nire.* Voilà l'invention.

Un peuple chasseur sait bien vite que ce n'est pas
en s'avançant négligemment vers sa proie qu'on parvient à la saisir, mais que ce n'est qu'à force de persévérance et d'adresse qu'on découvre le gibier et
qu'on s'en empare ; le terme de chasse *indago* (indu
ago) fut bientôt appliqué à toute espèce de recherche,
d'investigation diligente et assidue. Et quel est le professeur de logique qui enseigna ce premier degré de
l'*invention?* La nature. *Imperat hoc natura potens.* La
langue elle-même nous apprend cette vérité.

C'est ce premier degré de toute instruction judiciaire que nos hommes de loi appelaient *premières
recherches* et *diligences.* On les appliquait, en matière
pénale, aux faits purement physiques qui tombent immédiatement sous les sens, comme le flagrant délit,
les dénonciations, les plaintes, les *vestiges* permanents
du délit, d'où est venu le mot *investigare*, les aveux
de l'accusé, les témoins présents à l'événement, tout

ce qui apparaissait à première vue et dès les premières investigations.

Là se bornait autrefois toute l'instruction; des hommes d'une intelligence peu développée ne voyaient pas au delà, de telle sorte qu'ils prenaient souvent l'*apparence* pour la *réalité* et que le mot *apparent* était pour eux synonyme d'*évident*. Ce n'est pas, pourtant, qu'ils fussent tombés dans le vice du juge qui *quœrit et inventis miser abstinet et timet uti* (1); ce vice ne naît que dans les temps de bassesse et de corruption. Ces hommes primitifs en étaient bien éloignés; s'ils s'en tenaient là, c'est qu'ils ne voyaient pas plus loin. Et, lorsque l'évidence qui tombe sous les sens venait à leur manquer, ils avaient recours au *jugement de Dieu* comme au seul moyen de connaître une vérité qui n'était pas tout à fait évidente. *Nec Deus intersit nisi dignus vindice nodus* est une règle répétée par une civilisation plus avancée; mais, dans les premiers âges, toute difficulté était insoluble, si ce n'est par l'intervention divine. Cette croyance était, du reste, parfaitement en rapport avec les préjugés populaires d'après lesquels, en toute circonstance de la vie, on avait recours aux astrologues, aux sorciers, aux oracles.

Les esprits plus développés s'aperçurent bientôt que des faits connus et des vestiges du délit ressortent souvent des faits éloignés, des considérations, des rapports, qui ne tombent pas sous les sens extérieurs.

(1) Hor., *Art poétique.*

De *inde citum*, de *inde ductum*, naquit le mot *indicium*, et le terme logique d'*induction*.

Les huttes devinrent des maisons, et les mots *struere, instruere*, après avoir désigné d'abord les premiers procédés d'une architecture grossière, furent appliqués aux méthodes de l'information judiciaire, qui ne consista plus seulement dans les faits *apparents*, mais dans les *indices* et dans les arguments obtenus par voie d'induction. Aussi disons-nous encore aujourd'hui : *indices, instruction, instruction des preuves*. Et nous nommons *instrumenta* tous les moyens, tous les éléments dont se compose l'instruction, et qui sont simplement *documenta* ou *monumenta*, parce qu'ils enseignent *docent, monent*, d'après ce qu'on a vu et entendu, ce qui n'a été ni vu ni entendu.

C'est là le second degré de la méthode logique naturelle, et, par conséquent, de la méthode judiciaire. Plus un peuple raisonne facilement des choses prochaines aux choses éloignées, et du connu à l'inconnu, mieux se fait l'instruction dans les affaires criminelles.

Que chacun s'interroge soi-même, et il verra si son esprit n'a pas suivi ce mode de développement progressif.

Mais l'intelligence humaine n'eut pas plutôt, d'après les phénomènes extérieurs et apparents, pénétré ceux qui le sont moins, qu'elle voulut approfondir les mystères de toute chose, et *indiciis monstrare recentibus abdita rerum*.

Cette opération, toute intellectuelle, ne put se faire qu'en étudiant la nature intime des choses, *vim et potestatem*, leurs causes et leurs rapports mutuels.

On en vint ainsi à rechercher, dans les affaires criminelles, *quid, quis, ubi, quibus auxiliis, cur, quomodo, quando*, et cette recherche d'après les phénomènes évidents rendit manifestes les phénomènes latents.

On s'aperçut alors que cette manière de procéder pouvait seule utiliser les matériaux recueillis dans le premier et le second degré d'investigation, les éclaircir, les mettre en ordre ; cette troisième génération intellectuelle, en montrant *abdita rerum*, *informa* la procédure, c'est-à-dire la mit en ordre et l'amena à distinguer clairement les effets et les causes, d'où vint le mot *information*.

Ainsi, ces trois termes, à la fois de logique et de procédure, *indago, judicium, informatio*, expriment le progrès naturel de l'investigation, qui commence par les *premières recherches*, se continue par les *inductions* qu'on en tire, et se termine par l'*information*, qui est le complément légal de l'instruction.

Les mots *information, information fiscale*, étaient des termes solennels de notre ancien droit, mais ne le sont plus du nouveau. La chose n'en subsiste pas moins aujourd'hui, et constitue le dernier degré de la police judiciaire.

Lorsque l'affaire est ainsi instruite d'après les procédés logiques particuliers à ces trois degrés de toute

méthode naturelle d'investigation, alors vient le jugement.

Mais l'homme a alors conscience à la fois de sa faiblesse et de la possibilité où il est d'arriver, au moyen
du doute et à force d'art, d'essais et de preuves, à
voir ce qu'il ne voyait pas d'abord, à changer le doute
en certitude. Il comprend ainsi combien il lui est nécessaire de se préparer peu à peu, par de nouvelles
investigations souvent répétées, à rendre le jugement.

Les trois opérations, les trois modes d'investigation
dont nous avons parlé jusqu'ici, ne sont que la première partie de la procédure préparatoire du jugement, que le *premier degré* de l'instruction criminelle.

SECONDE PÉRIODE (âge héroïque).

Le second degré de l'instruction criminelle appartient à la seconde période de la civilisation humaine.

Alors naît le besoin de passer au *crible*, d'examiner
un à un tous les documents réunis par l'information,
et d'en faire disparaître tout ce qui est inutile ou mal
démontré.

Les peuples agriculteurs de l'Italie de *cernere* firent
cribler, et appelèrent *cribrum* le crible du blé ; de là
sont venus les mots *discernere, discrimen, decernere,
decretum. Cerna*, dans Dante, signifie distribution,
choix, arrangement méthodique.

Aux *premières recherches*, aux *investigations*, à l'*information*, on ajouta, dans la procédure pénale, l'ar-

rangement méthodique des faits et des documents, et de là naquirent les expressions *criminari, crimen*, qui servirent à désigner, non pas l'accusé, mais l'accusation, basée sur des faits et des circonstances certains, dirigée contre un accusé déterminé, contre lequel s'élèvent des preuves nettement exposées et dépouillées de tout document étranger à l'affaire.

Longtemps la décision définitive, *decretum*, fut uniquement basée sur cette partie de l'instruction en laquelle consiste l'espèce de procédure appelée *jugement sans défense, jugement inquisitorial*, basé sur la seule *information* ou *inquisition*.

Mais, grâce aux progrès de la science logico-critique, on observa bientôt qu'en n'allant pas au delà on était exposé à commettre bien des erreurs, à tomber dans bien des préventions funestes.

La méthode n'a pas d'autres degrés que les quatre que nous avons exposés ci-dessus, mais on peut les contrôler, les revoir plusieurs fois, les soumettre à de nouvelles preuves tant synthétiques qu'analytiques. Il faut, de plus, que l'accusé ait le droit et le pouvoir de discuter la légalité et la vérité de la procédure tout entière.

TROISIÈME PÉRIODE (âge civilisé).

Enfin, vint la troisième phase de la procédure; elle se divise en trois degrés bien distincts : 1° discussion publique en présence de l'accusé, assisté d'un défenseur ; 2° délibération ou dernier examen de tous les moyens de l'accusation et de la défense ; 3° publication de la décision.

Dans cette troisième période s'accomplit ce qu'on peut proprement appeler *cernere, discernere, decernere* : la procédure est close par le jugement d'absolution ou de condamnation, *decretum*.

La méthode judiciaire, ou, en d'autres termes, la procédure se divise donc en neuf degrés, comme la méthode philosophique naturelle, qui a pour but la recherche de la vérité.

La première période, *invention* ou recherche des preuves, comprend les trois premiers degrés, à savoir :

1° Les premières investigations, qui sont confiées à tous les officiers de police judiciaire, car il importe que les premières traces du délit soient promptement recueillies, et ne s'effacent pas en attendant les autorités supérieures ;

2° L'induction proprement dite : elle est confiée aux seuls juges d'instruction et aux juges royaux quand ils en remplissent les fonctions ;

3° Le complément de la preuve qui amène la mise en accusation, ou l'ordonnance de non-lieu ; elle rentre dans les attributions des juges qui doivent connaître du fond de l'affaire.

Les trois degrés de la seconde période ont pour but de coordonner les moyens déjà obtenus et de préparer le jugement :

1° En examinant les rapports des preuves avec l'accusation;

2° En épurant, en choisissant les preuves;

3° En les classant et en s'assurant de leur légalité.

Dans les trois degrés de la troisième période,

1° On passe à la discussion définitive de toute la cause et à l'audition complète de toutes les parties;

2° On délibère;

3° On rend publiquement le jugement.

Tels sont les divers degrés de la procédure, les divers moyens qu'elle emploie pour arriver à la découverte de la vérité, et ces moyens ne sont autres que les procédés de la logique. Entre la logique et la procédure, il y a un lien si intime, qu'en comparant les procédures de tous les temps et de tous les lieux on verrait qu'elles ont été surchargées d'erreurs, ou qu'elles s'en sont affranchies selon le système logique qui prévalait à cette époque.

Le droit a ses racines, ses principes dans la nature; ce ne sont d'abord que des germes faibles et peu nombreux; mais bientôt ils s'accroissent et se multiplient avec une merveilleuse fécondité, et produisent les fruits les plus abondants et les plus salutaires. — Si l'homme s'écarte de ces principes, il n'a, pour les retrouver, qu'à remonter vers leur source, qu'à les demander à la nature.

FIN DE L'INTRODUCTION.

QUESTIONS DE DROIT.

I^{RE} QUESTION.

DES ATTRIBUTIONS DE LA COUR SUPRÊME DE JUSTICE.

> Nec omnia apud exteros meliora, sed nostri
> quoque majores multa laudis et artium imi-
> tanda posteris tulerunt. Certamina ex honesto
> maneant.
>
> Tac., *Ann.*, III, 55.

SOMMAIRE.

Section I. — Occasion, méthode et division de ce discours.

I. Comme préliminaires de l'affaire *Lepore*, l'orateur trai-
tera 1° de l'origine, 2° de l'objet, 3° des attributions de la
Cour suprême, § 1 et 2.

II. Pourquoi l'auteur démontre d'abord que cette institution, qui paraît toute française, est moins une importation
française dans le royaume de Naples qu'un progrès naturel

des anciennes lois napolitaines, qui étaient bien plus avancées que les lois françaises de la même époque.

III. Les Français n'ont fait que nous donner l'exemple; mais le germe de cette institution se trouve dans nos anciennes lois, et, lorsque nous aurons à interpréter quelque point douteux, c'est dans nos anciennes lois et non dans celles de la France qu'il nous faudra chercher la lumière, l'explication et le commentaire, § 5.

SECTION II. — A quels principes de nos anciennes institutions judiciaires se rattache l'institution de la Cour suprême.

I. Première institution du conseil sacré en 1442 ; ses points de ressemblance avec la Cour suprême actuelle, § 6, 7 et 8. — Ses décisions sont recueillies comme émanant d'une cour régulatrice. — Autorité qu'elles ont en Europe, § 9.

II. Bouleversement de tous les principes (1500). — Conseil collatéral. — Gouvernement de la vice-royauté; longue et triste nuit civile. — Il faut franchir tout l'intervalle de 1500 à 1735, § 10 et 11.

III. *Première époque.* Restauration du sacré conseil (1735); institution de la chambre royale, § 12 à 15.

IV. *Seconde époque.* Lois de 1774, § 16. — Principes sur lesquels est basé le système judiciaire depuis 1774, § 17.

V. *Troisième époque.* Dans la Cour suprême se trouvent fusionnés les principes de l'institution aragonaise du sacré collége et de l'institution bourbonnienne de la chambre royale, § 18.

SECTION III. — Objet de l'institution de la Cour suprême.

I. Aussitôt qu'on annonce, dans un royaume, la publication d'un corps complet de lois, il en résulte deux conséquences : 1° La faculté d'amplifier ou de restreindre la loi disparaît; 2° la justice devient indépendante du pouvoir législatif, § 19.

II. Pourquoi Justinien, qui attachait tant d'importance à la première de ces conséquences, n'a-t-il pas établi la seconde?

§ 20. — Comment nos lois suppléaient en partie à cette omission, § 21.

III. Aujourd'hui la seconde conséquence est sanctionnée par une loi expresse; pour que l'intervention du législateur dans les jugements ne soit pas nécessaire, il a donc fallu établir un tribunal chargé de veiller sur les limites des diverses juridictions, § 22.

IV. Ce tribunal est la Cour suprême; elle juge *de jure constituto*, non *de jure litigatoris*, § 22.

V. Futilité qu'il y a à vouloir substituer à cette surveillance légale des limites des juridictions, le jugement *double conforme*, § 23 et 24.

Section IV. — Attributions de la Cour suprême.

I. Pourquoi on a donné à la Cour suprême le droit de casser les jugements, et non de juger les affaires quant au fond, § 25 et 26.

II. Cas dans lesquels la Cour suprême prononce définitivement sur le débat, § 27.

III. Ces observations établissent nettement l'objet et le caractère de la Cour suprême, § 28.

IV. Annulation dans l'intérêt de la loi, § 29 à 31.

V. Cas extrême et très-rare où l'intervention du roi devient nécessaire dans les causes particulières, § 32, 33, et 34.

VI. Quel est l'indice certain, la marque sensible de cette nécessité, § 34.

VII. Pourquoi alors l'autorité judiciaire est suspendue et cesse dans l'affaire, § 34 et 35.

VIII. La cause est alors décidée par le roi, comme par interprétation législative de la loi, § 36. — Explication des mots *interprétation législative*, § 36.

IX. Autres attributions de la Cour suprême, § 37 et 38.

SECTION I.

Occasion, méthode et division du discours.

Messieurs (1), il vous semblera peut-être qu'il y a quelque inconvenance et quelque présomption de ma part, la première fois que je prends la parole devant vous, et avant de vous exposer la cause que vous êtes appelés à décider, à venir ainsi vous exposer l'histoire et l'origine de cette illustre Cour, rechercher son but, et définir les limites de ses attributions. Mais, puisque c'est aujourd'hui la première fois que votre autorité, restaurée et régénérée par de nouvelles lois, a l'occasion de se déployer, il me semble nécessaire de m'étendre quelque peu sur ces divers sujets, pour en faire la base et l'appui de toute mon argumentation (2).

(1) Première partie des conclusions dans l'affaire de Tobia Lepore, 2 juin 1812.

(2) La *Cour suprême de justice*, sous le titre de *Grand-Cour de cassation*, fut instituée par la loi du 20 mai 1808. Elle fut alors divisée en deux chambres seulement, l'une à la fois civile et criminelle, l'autre des pourvois, et entra en exercice le 7 janvier 1809. Mais ses attributions avaient été déterminées par des règles trop vagues, trop générales; il fut donc nécessaire de mieux les définir par une multitude de décrets, de rescrits, et d'ordonnances ministérielles.

Le décret du 5 avril 1812 réunit tous ces divers actes du gouvernement dans une seule loi, et divisa la *Cour de cassation* en trois chambres, l'une *civile*, l'autre *criminelle*, et la troisième des *pourvois*. Elle entra en activité le 2 juin de la même année. Enfin la loi

2. — La nature de l'affaire qui vous est soumise me force presque à suivre cette marche. Elle naît, en effet, d'un délit commis le 5 janvier 1809, c'est-à-dire à une époque où, bien que les nouvelles lois fussent déjà publiées, les anciennes étaient encore en vigueur (1). Elle fut agitée deux fois devant la Cour suprême, sous l'empire de la loi organique du 20 mai 1808; et elle vient devant vous pour la troisième fois, aujourd'hui que le décret du 5 avril dernier a changé la composition et l'organisation de cette Cour. Ces circonstances particulières ont fourni à l'habile avocat du requérant l'occasion de développer les diverses lois de ces trois époques, ainsi que les lois françaises, et d'en tirer tout le parti possible en faveur de la cause qu'il soutient. Je ne pourrais combattre un à un les motifs multipliés qu'il présente pour obtenir l'annulation de la dernière condamnation, sans mettre constamment en parallèle les lois de ces trois époques. Je serais ainsi entraîné à des répétitions continuelles et fatigantes pour vous. Il est donc plus rationnel, plus méthodique, que j'explique d'abord ces lois, en vous en signalant les motifs et les différences. Cette exposition sera comme la *majeure* commune de tous mes syllogismes.

organique du 29 mai 1817 changea son nom en celui de *Cour suprême de justice*. La chambre des *pourvois* fut abolie, et la division en chambres *civile et criminelle* continua de subsister. Elle entra en activité le 21 juin de la même année 1817.

(1) Les nouvelles lois devinrent exécutoires le 7 janvier 1809.

5. — Pour faire ce travail, je ne me bornerai pas à vous citer tout ce que nous lisons sur ce sujet dans les auteurs français. La méthode malheureusement trop souvent suivie par nos tribunaux, et qui consiste à ne résoudre les questions de droit que d'après l'autorité des jurisconsultes français, me semble servile, indigne du sujet que nous traitons, et révolterait votre dignité et votre amour-propre national ; non que je ne tienne en haute vénération les noms de Locré, de Merlin, de Sirey ; mais, avant la promulgation des lois nouvelles, nous n'étions certes pas dépourvus de lois et de jurisprudence. La mission honorable qui nous est confiée par le gouvernement ne nous impose pas l'obligation de faire disparaître toute relation entre les lois anciennes et les nouvelles, mais bien de considérer ces dernières comme une amélioration et une continuation des premières, qui, selon la loi, restent toujours en vigueur relativement aux matières non traitées par la nouvelle législation. Cette disposition suppose nécessairement que le législateur a entendu établir entre ces deux législations un lien, non-seulement d'analogie, mais de filiation ; car on ne peut lui supposer l'intention de vouloir trancher les procès au moyen de deux législations aussi contradictoires et opposées que peuvent l'être la barbarie et la civilisation, les ténèbres et la lumière. Le principe de la *non-rétroactivité* de la loi ne dérive pas de là, je le sais ; mais il devient, grâce à cette succession de nos lois, d'une application facile, et ne présente pas les

nombreux inconvénients qu'il aurait, s'il en était autrement.

4. — Il ne faut pas oublier que notre législation et
la législation française étaient, avant les nouvelles
lois, pareillement basées sur un code italien, sur la
législation romaine. Ce code subit, par la suite, dans
l'un et l'autre pays, de nombreuses modifications nécessitées par les lois et les usages des peuples du Nord,
par les coutumes locales, par les dispositions législatives que produisirent les événements, les circonstances, chez chacun de ces peuples. Mais, si ailleurs on
avait beaucoup fait pour ramener à l'unité les diverses
parties de la législation, celles surtout relatives au
droit pénal et au règlement des juridictions, de notre
côté, nous avions fait, dans ce sens, des progrès considérables, et nous étions bien plus rapprochés que
la France de l'unité du code, et de la perfection de
l'organisation judiciaire. Ouvrons les œuvres de Vou-
glans, jurisconsulte, qui nous a conservé les lois et la
procédure des tribunaux français, peu avant les inno-
vations de 1791 et du 3 brumaire an IV, et rappro-
chons leur mode barbare de procéder de la philosophie et de l'humanité progressivement introduites dans
nos lois et dans notre jurisprudence, surtout depuis
1774. Ajoutons à cela la jurisprudence de nos tribunaux, et notre ordonnance militaire de 1789 qui con-
corde en tout point avec les principes d'un autre code
purement italien, le *Leopoldino*, publié, en 1785, à
Florence ; et nous jugerons de suite où en était resté

le droit français avant 1794, et jusqu'où le nôtre était parvenu. Il nous manquait, il est vrai, comme à tout le reste de l'Europe, un corps de droit complet et homogène ; souvent les tribunaux, chez nous comme ailleurs, étaient obligés, par la contradiction des diverses lois, de recourir aux principes de la justice universelle, et même à l'autorité des lois et des décisions étrangères, pour s'éclairer sur l'étendue, la portée et le sens des dispositions de la loi ; pour savoir quand il fallait les faire plier, les adoucir, les restreindre ou leur donner plus de latitude. On ne saurait douter cependant que sur toutes les matières nous n'eussions des principes lumineux.

Les juridictions qui ne ressortaient pas du pouvoir royal, comme la juridiction ecclésiastique et la baronale, avaient été, la première, renfermée dans de justes limites ; la seconde, presque abolie. La torture n'existait plus (1) ; il était défendu de rendre des jugements d'après les opinions de commentateurs particuliers (2) ; les jugements devaient être motivés en fait et en droit (3) ; et, dans les cas qui n'étaient prévus expressément par aucune loi, le premier tribunal du royaume était autorisé à proposer au roi de convertir en lois les opinions constantes des tribunaux et leur jurisprudence habituelle (4). C'était là autant

(1) Ordonnance du 14 mars 1738, ordonn. de 1789.
(2) Ordonn. de 1738 et de 1774.
(3) Ordonn. de 1774.
(4) Ordonnance de 1738, § 3, art. 1. — Deux ordonnances du 23 septembre et du 26 novembre 1774.

d'acheminements vers l'unité et la perfection des principes de la législation, et vers la fusion dans un seul code de tant de lois si diverses. Un de nos ministres (1), vers le milieu du siècle dernier, conçut, pour la première fois depuis Justinien, cette noble pensée, et en confia l'accomplissement à des jurisconsultes éminents, parmi lesquels brillait notre illustre Giuseppe-Pasquale Cirillo.

5. — Si donc nous avons cherché avant les Français à ramener aux véritables principes les diversités, les contradictions, les anomalies de l'ancien droit; et si la loi nouvelle semble avoir été non-seulement annoncée, mais presque enfantée, par nos anciennes institutions, pourquoi la considérer comme une étrangère venant usurper au milieu de nous une place qui n'est pas la sienne, au lieu de l'envisager comme un complément et un perfectionnement de nos anciennes institutions? Il y aurait, chez moi, folie et orgueil à dire avec le grand Galilée : *Mon but, dans cet ouvrage, est de montrer aux nations étrangères que l'Italie a autant de connaissances sur ce sujet qu'en peuvent avoir les ultramontains les plus éclairés, et que la vivacité de l'esprit italien enfante non-seulement d'ingénieuses découvertes* (2), mais encore les plus habiles conceptions législatives. Je ne saurais sans doute montrer cela dans mes faibles œuvres; mais je veux du moins qu'on le voie

(1) Le marquis de Tanucci, sous le règne de Charles III ; il fit rédiger le *Codex Carolinus*.

(2) Galilée, préface *a quattro dialoghi delle quattro giornale*.

dans celles de nos pères ; je veux qu'on ne croie pas
notre patrie assez dégradée pour ne pouvoir produire
rien de bien, pas même les germes du bien. Ces germes cependant, par leur développement spontané et
par la nature même des choses, ont produit enfin ce
tribunal suprême, ont déterminé son objet ; et de cette
détermination, comme autant de branches, ressortent
naturellement ses attributions.

SECTION II.

**Quels sont ceux de nos anciens tribunaux auxquels se rattache le
principe de l'institution de la Cour suprême ?**

6. — Je me réjouis de voir ici parmi vous le magistrat qui fit l'ornement des dernières années de notre conseil sacré. Avant l'institution de ce tribunal
suprême (1442), pour obvier aux injustices qui pouvaient résulter des jugements sans appel, il n'y avait
qu'un moyen, et il était en dehors de la justice ordinaire : c'était le recours au roi par voie de supplica-
tions ou de mémoires. Le roi s'éclairait souvent de
l'avis de quelques magistrats ou de simples jurisconsultes, et, d'après cet avis, il prononçait en dernier
ressort. Il arrivait souvent ainsi que les affaires les
plus importantes étaient tranchées d'après l'opinion
d'un seul. Pour remédier à cet abus fut institué le
conseil sacré, dont la juridiction s'étendait à tous les
royaumes d'Alphonse le Magnanime, son illustre fondateur, et comprenait ainsi l'Aragon, Valence, Ma-

jorque, la Sardaigne, la Corse, le comtat de Barce-
lone, le Roussillon, la Sicile au delà du détroit. Il ne
reconnaissait d'autre chef que le roi, dont il était le
conseil privé; l'état de la législation de cette époque
ne permettait pas que l'exercice de l'autorité judiciaire fût tout à fait indépendant du pouvoir royal.
Cette institution permanente d'un conseil qui, d'après
des règles fixes, sous la présidence du roi ou de ses
représentants, connaissait en dernier ressort de toutes
les affaires, fut un grand progrès de la civilisation.

Des nombreuses prérogatives de ce conseil nous
n'en mentionnerons que trois. La première consistait
en ce que tous les tribunaux des domaines du roi
relevaient du conseil sacré; la seconde en ce qu'il
était principalement institué pour trancher les points
de droit controversés; la troisième, en ce qu'on ne
procédait pas devant lui, par acte de citation, par
libelle ou *instance* comme devant les magistrats ordinaires, mais par voie de supplique et de recours
adressés au roi. Le roi lui-même, dans les premiers
temps, et plus tard par l'organe du président qui le
remplaçait, les signait et les soumettait au conseil (1).

7. — L'institution analogue en France ne valait
certainement pas la nôtre. Les rois de France, comme
les nôtres, avant l'établissement du conseil sacré,
suspendaient ou cassaient eux-mêmes les jugements.
Par l'ordonnance de 1453, Charles VII prescrivit

(1) Giannone, *Histoire civile*, lib. 26, chap. 4.

qu'il ne lui serait plus présenté de demande de suspension, et que, si l'importunité lui arrachait quelqu'une de ces ordonnances, personne ne serait tenu de s'y soumettre. Mais la nécessité d'élever une digue contre les violences et l'arbitraire des tribunaux sans appel rendit ces prescriptions inutiles. On n'institua cependant pas en France un corps judiciaire supérieur à tous ceux du royaume ; les rois furent ainsi contraints de distinguer, dans les jugements qui leur étaient soumis, l'erreur de droit de l'erreur de fait. Le roi lui-même, dans son conseil, réformait la première ; pour la seconde, le jugement était remis, pour être réformé, aux divers parlements : ce système prévalut jusqu'en 1789. Mais comment la distinction du droit et du fait pouvait-elle être nettement établie dans un pays où la confusion des lois était encore plus grande que dans le nôtre ? Le droit de notre patrie était écrit dans les constitutions de Frédéric et dans les capitulaires du royaume. Nos coutumes avaient été collationnées, et reconnues par le pouvoir royal dès 1309. Ces lois générales, tout en modifiant les lois romaines, laissaient peu de cas qui ne fussent pas prévus par un texte formel. La jurisprudence qui réglait notre procédure avait été mise d'accord avec elle-même et fixée de 1424 à 1431, dans les *Riti della gran-corte della Vicaria* (1). Mais en France, sans parler des

---

(1) L'ordonnance de 1453 fut la première loi de procédure qu'eut la France, trente ans après qu'eut été publié à Naples ce code de droit.

autres abus, on commençait le procès en recherchant
quelle était la coutume locale d'après laquelle devait
être rendu le jugement, et chaque parlement tran-
chait la question par cette formule, qui était la même
pour les jugements de fait : Il est prouvé, *non liquet.*
Il n'y avait pas au-dessus d'eux un tribunal suprême
purement judiciaire qui devînt comme le centre de
toutes les juridictions. Il était donc impossible de les
ramener toutes par des moyens ordinaires et légaux
à l'unité des principes.

8. — Chez nous, au contraire, la juridiction supérieure d'un seul tribunal rendait la jurisprudence
uniforme et concordante. Ce tribunal, dans les premiers temps de son institution, était extraordinaire
comme le vôtre; il était, comme vous, le censeur suprême de tous les tribunaux, et il protégeait et sau-
vegardait surtout le *jus constitutum*, c'est-à-dire l'intérêt de la loi, comme nous disons aujourd'hui. Devant
lui, comme devant vous, les pourvois étaient intro-
duits par voie de recours et de mémoires; et, sans
chercher d'autre ressemblance, les juges de ce tribunal prononçaient, comme vous, au nombre de
neuf (1).

9. — La nature de l'institution d'une seule Cour
suprême et régulatrice suggéra à *Matteo degli affliti*,
professeur de notre université des études, et en même
temps conseiller du sacré collége, l'idée d'en réunir

_____

(1) Giannone, lib. 26, cap. 4.

et d'en publier les décisions. Le premier, il donna à l'Europe l'exemple d'un pareil recueil (1). Et, précisément parce que ces décisions portaient plutôt *de jure constituto* que sur les faits particuliers, le conseil sacré acquit bientôt une telle réputation, que ses arrêts étaient cités comme des oracles dans tous les tribunaux étrangers ! Pourquoi, hélas ! les préjugés du temps et l'amour du pouvoir le firent-ils s'écarter, dès son origine, d'un si noble objet ; pourquoi au nom de *tribunal de la loi* préféra-t-il celui de *tribunal des appels ?* Il ne fut plus que cela, et moins que cela peut-être, lorsque ses prérogatives les plus éminentes lui furent enlevées et passèrent au conseil collatéral.

10. — Il s'était à peine écoulé un demi-siècle depuis l'établissement du conseil sacré, lorsque (1501) nos rois de la dynastie aragonaise tombèrent victimes de la haine et de la vengeance des barons, dont la pernicieuse influence sur les ordres militaires et civils du royaume corrompit et abaissa toutes les forces de la nation avant les armes étrangères, avant ce Gonzalve de Cordoue, que la jactance espagnole appela le *grand capitaine*. Plusieurs parties de l'Espagne, sous Alphonse le Magnanime, étaient devenues des provinces napolitaines, Naples devint alors lui-même une province de l'Espagne. Nous fûmes, pendant les premières années, arbitrairement gouvernés par le *grand capi-*

(1) Vers 1499 ou 1509.

taine, qui, *sine lege certa, sine jure certo, omnia gubernabat* (1). Les cris de l'humanité et de la justice n'arrivaient qu'affaiblis et souvent importuns aux oreilles d'un prince éloigné. Il fallut donc recourir à d'autres moyens contre Gonzalve, et le rendre suspect d'aspirer au trône. Mais le roi qui n'avait pas hésité à priver à la fois de toutes ses dignités et à faire conduire en Europe, chargé de chaînes, le grand Italien qui, par un plus noble courage et des moyens plus simples, lui avait donné le sceptre d'un nouveau monde, n'osa pas agir de même contre le chef d'une armée victorieuse. Il vint donc en personne à Naples (2), flatta la ville plutôt par la concession de priviléges et de grâces que par des mesures vraiment utiles au bien public, et reconduisit lui-même en Espagne, sous prétexte de lui rendre des honneurs, le duc redouté (5). Alors il laissa, pour gouverner le royaume, le comte de *Ripacorsa*, à dater duquel commença véritablement la domination étrangère, l'affaiblissement, pour ne pas dire l'extinction de toute vertu nationale, et la série, presque toute déplorable pour nous, de nos vice-rois, pendant deux siècles. Pour modérer, diriger et surveiller leur autorité, mais dans un tout autre but que de les empêcher d'en abuser contre les sujets, on leur donna des assesseurs presque toujours étrangers. Ceux-ci, sous le nom de régents de la chan-

(1) Guicciardini, lib. 5, chap. 2 et suiv.
(2) Le 19 octobre 1506, suivant Giannone.
(3) Le 4 juin 1507.

cellerie, se tenaient à leur côté : d'où leur est venu le nom de *conseil collatéral* (1).

11. — Cette époque dépeupla, appauvrit les provinces du royaume et en fit un nid de malfaiteurs et de brigands. La confusion des pouvoirs, particulièrement dans la justice criminelle, était au comble. Nous avons des ordonnances qui semblent soustraire à la juridiction du conseil collatéral les causes ressortant des tribunaux judiciaires (2) ; mais la vérité est que tous les pouvoirs, tant judiciaires que législatifs, étaient concentrés dans ce corps : rien alors n'était plus commun que de voir les causes particulières décidées, ou les décisions judiciaires cassées par le conseil collatéral; indice certain d'une époque déplorable. Si quelques vicerois ont fait preuve de quelque amour de la gloire, certes aucun d'eux n'a été accessible aux sentiments de la véritable justice et de l'amour national. Il serait donc désirable de voir effacer de notre histoire ces années douloureuses, si elles ne rappelaient le souvenir de plus d'un effort généreux pour améliorer le sort de la patrie, si elles ne faisaient retomber sur leurs véritables auteurs des fautes qu'on nous attribue injustement, et si on n'avait vu à cette époque, briller sous notre ciel, par leur génie naturel et comme par eux-mêmes, Angelo de Costanze, Torquato Tasso, Gio-Battista La Porta, Camillo Porzio, Ottavio Sammarco, Gio-Vincenzio Gravina, Donato-Antonio d'Asti, Pietro-Giannone,

(1) Giannone, *Histoire civile*, lib. 30, chap. ii.
(2) Ordonn. 1, *de Officio regia cancellariæ*, de 1627.

Gio-Battista Vico, et tant d'autres éminents philosophes, historiens, jurisconsultes et poëtes. Mais, pour ce qui concerne l'histoire de la véritable législation de notre patrie, il faut aller d'un bond de 1501 à 1735, quand le royaume se recomposa, que le conseil collatéral fut aboli, et qu'un conseil d'État fut créé. Alors le conseil sacré recouvra toute son ancienne splendeur et l'autorité judiciaire fut de nouveau séparée de l'autorité législative, autant du moins que les temps le permettaient (1).

12. — Cinq grandes améliorations restaurées ou accomplies depuis cette époque ont fait avancer notre législation vers le but qu'elle devait se proposer.

La première fut de restreindre effectivement les attributions ordinaires du conseil sacré aux appels des tribunaux inférieurs. Ce conseil fut rétabli, sinon dans toutes ses anciennes prérogatives, du moins dans un grand nombre de celles attribuées aux préfets du prétoire. Ainsi, aucun tribunal d'appel ne lui était supérieur ; aucun recours n'était admis contre ses décisions, si ce n'est pour cause de nullité, ou pour réclamation d'*exequuto decreto*, et encore les discutait-il lui-même (2). Tout autre tribunal sans appel, déjà existant ou établi depuis avec une autorité indépendante de celle du conseil sacré, fut investi des mêmes

(1) Ordonn. 2, *de Officio regiæ cancellariæ sublato*, 7 juin 1735.

(2) Ordonn. 1, *de Officio regiæ cancellariæ S. Claræ*, § 1, du 8 juin 1735. — Ordonn. 18, *de Ord. et form. judic.*, § 3, 14 mars 1738.

prérogatives. Telle fut, par exemple, la chambre *sommaire*, et, à une époque plus rapprochée de nous, la *junte des délits atroces des ecclésiastiques*, la *junte des poisons*, l'*audience de guerre* et la *maison royale*. Ces tribunaux, comme les préfets du prétoire, n'avaient aucun tribunal au-dessus d'eux ; de sorte que si les parties *contra jus se læsos affirmabant, non provocandi, sed supplicandi licentiam habebant* (1). C'est ainsi que le conseil sacré n'étant plus un tribunal suprême au-dessus de tous les autres, les recours et les suppliques en révision vinrent aussi des autres tribunaux, et continuèrent à être adressées au prince. Ces moyens extraordinaires de leur nature s'appliquaient plutôt à la violation de la loi (*contra jus læsos*) qu'à l'intérêt privé des parties. Mais alors, des quatre chefs de rote, c'est-à-dire des présidents de salle du conseil, se forma, au-dessus de toutes les juridictions, la chambre royale, qui était en même temps le conseil consultatif du prince dans les questions de droit les plus douteuses, et le juge unique et suprême dans quelques cas, non d'appel ordinaire, mais de recours extraordinaire au prince et de révision. Cette institution est celle qui s'est le plus rapprochée de la vôtre.

15. — La seconde amélioration fut que ce recours au prince, ainsi que l'appel, étaient déniés chez nous dans les affaires criminelles, tant à l'accusateur privé

____

(1) L. 1, c. 7, 42, *de Sent. præf. prætorii.*

qu'à l'accusateur public, toutes les fois que l'accusé avait été absous (1). S'il était condamné, les accusateurs pouvaient en appeler d'après les règles ordinaires; mais leur recours, et celui de l'avocat du fisc, ne pouvaient se produire que pour les deux chefs de nullité irréparable de droit, et de violation manifeste de la loi. Ce recours devait être formé immédiatement après la prononciation du jugement avec la formule solennelle écrite de la main même de l'avocat du fisc : *Fiscus petit recursum.* Il devait être divisé en chapitres motivés et présenté au prince, qui le transmettait, pour les délits ordinaires, à la chambre royale, et, pour les délits militaires, au conseil suprême de guerre, afin qu'on y discutât, non le fond de la cause, mais le mérite du recours, dans le but unique de signaler les infractions à la loi. Nos coutumes étaient si sévères à cet égard, que l'admissibilité était réputée de droit strict, non-seulement quant à la forme même du recours, mais encore quant aux délais dans lesquels il devait être formé. Si le recours était déclaré valable, le jugement était annulé, et l'examen de l'affaire était porté devant un autre tribunal. On était cependant moins rigoureux pour les suppliques des condamnés; il n'y avait pas de délai fixe pour leur production ou leur présentation; et le tribunal auquel le prince les remettait,

(1) L'art. 8 du décret du 12 sept. 1811, et ensuite l'art. 318 pr. pen., contiennent la même disposition relativement à l'appel du ministère public et de la partie civile.

après avoir admis le pourvoi, examinait, avant de prononcer, l'affaire en elle-même, afin de réviser le jugement, s'il y avait lieu.

14. — Ne voit-on pas apparaître ici notre recours fiscal, et, dans la méthode d'examen, ne voit-on pas non-seulement l'avant-coureur, mais la véritable image de nos recours actuels? On n'a fait que les soustraire entièrement à l'intervention de la royauté, et les rendre communs aux causes civiles et criminelles, à l'accusateur public et au condamné.

15. — La troisième amélioration de notre législation de 1735 à 1774 fut de remettre en vigueur les anciennes lois d'après lesquelles un jugement ne pouvait être argué de nullité, si on ne désignait formellement la loi qu'il violait; et il fallait, de plus, que le pourvoi fût signé d'un avocat et qu'une amende fût consignée pour le cas de rejet, à moins que la partie ne fût indigente : c'est d'après ces mêmes règles que les nullités vous sont aujourd'hui proposées, et qu'a lieu la consignation en matière civile.

La quatrième imposa au collége sacré l'obligation de ne jamais décider arbitrairement, comme par le passé; de suspendre les jugements ou d'en référer chaque fois que la question n'était pas décidée par une loi expresse ou par un argument tiré de la loi, et de discuter quatre fois l'an, en chambres réunies, les points de droit controversés les plus importants, pour les exposer ensuite au roi, afin qu'il les conver-

tît en lois (1). C'est ainsi que vous procédez aujour-
d'hui, en chambres réunies, dans le cas de doute de
la loi, et que vous envoyez chaque année une députation au gouvernement pour lui signaler les nouveaux
besoins qui réclament de nouvelles mesures législatives (2).

La cinquième consista à renvoyer à la chambre
royale toutes les causes de conflits et de débats relatifs à la juridiction; elle les décidait en forme de règlements de juges (3). A une époque plus rapprochée
de nous, ces dernières attributions passèrent à la
junte des questions, et, plus tard, elles vous ont été
confiées.

16. — Nos lois imposèrent trois autres digues à
l'arbitraire des juges : de tout temps, la publicité de
la discussion; depuis 1774, l'obligation de motiver
les jugements; quelquefois, l'adjonction de juges en
cas de nullité.

La publicité de la discussion, destinée à réveiller
chez les juges les sentiments de justice, était portée
chez nous presque jusqu'à l'excès; elle était obligatoire

(1) D. ordonn. du 14 mars 1738, § 3, art. 1. — Ordonn. du 26
nov. 1774.

(2) Art. 27 et 28 du décr. du 3 avril 1812. — Aujourd'hui l'art.
141 de la loi organ. du 29 mai 1817, et l'art. 149 de la loi organ.
du 7 juin 1819, n'autorisent plus cette députation, mais elles exigent que tant la Cour suprême de Naples que celle de Palerme dé-
libèrent une fois l'an sur les améliorations à apporter à la législation, et en fassent un rapport au roi.

(3) D. ordonn. 1, de Offic. reg. canc. S. Claræ, § 5.

dans toutes les affaires criminelles et civiles, à l'exception des affaires d'État, et même dans les matières purement consultatives. Il en résultait que la défense jouissait d'une liberté sans réserve, que l'éloquence du barreau avait plus d'influence chez nous que chez toute autre nation; que la profession d'avocat était entourée de la plus haute considération, et pouvait conduire à tous les honneurs.

L'exposé des motifs était un moyen de rendre compte aux parties, au public et au gouvernement, de l'équité et de la bonne foi qui présidaient aux jugements; le public, qui est toujours enclin à suspecter et à dénigrer ce qu'il ne comprend pas, pouvait ainsi apprécier par lui-même la justice des décisions; c'est en cela que consiste la véritable majesté de la magistrature, et non dans une apparence d'oracle que quelques-uns auraient voulu lui donner.

Enfin les nullités auraient été un moyen de peu de valeur et insuffisant, devant les mêmes juges, si, dans les causes graves, le roi n'avait pas adjoint des assesseurs aux premiers juges, non-seulement pour que le tribunal ne fût pas le même, mais encore pour qu'il fût plus nombreux. « Il faut que les juges soient nombreux, disait le plus grand publiciste de l'Italie; car le petit nombre favorise toujours le petit nombre. »

Notre collége sacré ne pouvait prononcer autrefois qu'au nombre de neuf juges; du temps de la vice-royauté, il suffisait de trois.

17. — On ne pouvait, certes, faire davantage avec

une législation aussi confuse et contradictoire que l'é-
tait celle de toute l'Europe, et la nôtre en particulier, depuis le gouvernement des vice-rois. Ramener
à l'unité d'un principe et soumettre à l'autorité de la
seule chambre royale toutes les juridictions; donner
le droit à ce tribunal de remédier, par des moyens
extraordinaires, aux violations manifestes de la loi;
obliger les juges à exposer la raison de leur décision
et tous les motifs sur lesquels le jugement était fondé,
de sorte que la majeure de ce syllogisme devait être
toujours une loi précise et textuelle, ou au moins un
argument de la loi, et que la mineure devait en être
déduite d'après des règles logiques et d'après une
méthode indiquée par la loi; rendre ainsi, en quelque sorte, palpable l'observation ou la violation de la
loi, pour bien établir les cas de nullité; et lorsque
enfin l'espèce était si nouvelle, ou les lois si diverses
et si douteuses, qu'on ne pouvait décider ni d'après
la loi ni par argument de la loi, régler la forme des
représentations à faire au souverain; tel était l'ensemble de notre ancien système judiciaire, tracé par
les deux pragmatiques de 1738 et de 1774. Il n'était
sans doute pas exempt de vices, les anciens abus se
reproduisaient sans cesse; la chambre royale ne s'abs-
tenait pas de juger le fond même des affaires qui ne
lui étaient soumises qu'en mode de pourvoi. Mais tant
que les règles des droits et des obligations n'avaient
pas été nettement établies dans un code unique et
concordant, ou il fallait tout abandonner à l'arbi-

traire illimité des magistrats, ou ces institutions étaient aussi bonnes que possible pour l'époque.

18. — Le vœu, depuis si longtemps formé, d'avoir un corps de lois unique et concordant, est enfin accompli. Les lois civiles proprement dites nous sont venues de France, pour la plus grande partie, mais elles conservent, dans chaque article, la physionomie et les principes de leur origine romaine et de la sagesse italienne ; les lois pénales et de procédure pénale ont moins de rapports avec les lois françaises qu'avec les lois romaines ou les lois de notre patrie ; les lois qui règlent les juridictions sont ce qu'elles doivent être pour une pareille législation. Si donc l'institution de cette Cour suprême se rattache à ces lois de juridiction, il est intéressant de rechercher comment la fusion de nos anciennes lois dans le Code a opéré en même temps la fusion des attributions de l'ancien collége sacré et de la chambre royale dans la Cour suprême.

SECTION III.

Quel est l'objet de l'institution de la Cour suprême.

19. — Chez les peuples qui ont des lois, mais des lois obscurcies par le temps, mal comprises par suite du changement du langage et des mœurs, peu précises, insuffisantes, contradictoires, si le législateur promet une législation complète et concordante, et qu'il veuille en même temps, pour satisfaire aux be-

soins publics qui se développent au milieu de cette
confusion, réprimer l'arbitraire des magistrats, il est
obligé, jusqu'à l'accomplissement de sa promesse, de
faire de larges concessions à la doctrine, à l'interprétation. Il doit, en même temps, se réserver ou le jugement des réclamations les plus graves, comme le
faisaient nos rois avant 1442, ou la faculté de délé-
guer les pourvois, comme cela s'est pratiqué depuis
l'établissement de la chambre royale. Cette dernière
époque a été pour nous une époque de maturation,
et d'expérimentation, pour arriver à connaître les véritables besoins de l'État.

Mais lorsque se publie enfin un corps de lois complet, on doit supposer que le législateur pense que ces
lois pourront suffire à tous les besoins de la justice.
De là deux conséquences : la première, que toute faculté législative, et, par cela même, toute interprétation extensive ou restrictive est interdite aux juges,
comme la leur interdit Justinien dans une pareille
circonstance (1); la seconde, que Justinien n'a pas
vue, ou n'a pas voulu appliquer, que le législateur,
après avoir constitué les lois et les juridictions, et
pour n'être pas en contradiction avec l'idée qu'il a
de leur suffisance, n'intervient plus dans les causes
particulières, pas même dans les cas extraordinaires
de recours ou de révision : double conséquence qui se
réduit à une seule : séparation absolue du pouvoir judiciaire et du pouvoir législatif.

(1) L. 2, § 24, c. 1, 17, *de veteri Jure.*

20. — Il est évident que Justinien ne pensa pas à instituer une Cour régulatrice, parce qu'il ne voulut pas sanctionner la seconde de ces conséquences. S'il avait laissé, en l'absence d'une pareille institution, le pouvoir judiciaire tout à fait libre et indépendant, il en serait nécessairement résulté l'arbitraire indéfini, le despotisme même. Les magistrats en dernier ressort, investis d'un pouvoir suprême en vertu duquel leurs décisions ne pouvaient être rescindées en aucun cas, pas même par le prince, n'auraient trouvé aucun obstacle à recourir chaque jour à de nouvelles interprétations législatives. La tendance naturelle des hommes à l'arbitraire, le désir de donner le plus d'extension possible à leur autorité, et l'ambition de montrer l'importance toujours croissante de leurs fonctions, auraient peu à peu placé les magistrats au-dessus des lois, et le tribunal suprême serait finalement devenu l'arbitre de la fortune et de la vie de tous.

21. — Les anciens avaient des corps et des magistrats permanents, gardiens et conservateurs vigilants des principes gouvernementaux, et qui ramenaient aux vrais principes les divers ordres de l'État, lorsqu'au péril de la chose publique ils tendaient à s'en écarter (1). Mais, à l'exception de ce qui se faisait dans notre chambre royale en cas de recours fiscal, nous ne voyons pas qu'on ait jamais songé à instituer un corps purement judiciaire qui, sans être lui-même

(1) *Discours sur la première décade de Tite-Live.*

juge du fond des affaires, et sans que le prince in-
tervînt jamais, eût pour mission de casser les jugements rendus au mépris de la loi, et de ramener ainsi
à son observation (1).

Ce n'est que dans les recours fiscaux que la chambre royale était investie de vos pouvoirs actuels ; mais
le recours devait nécessairement être adressé au
prince ; en sorte qu'elle agissait plutôt, dans ce cas,
par délégation du souverain que par un droit de juridiction, qui lui fut attribué par une loi générale.
Quant aux révisions introduites par une supplique
des condamnés, le roi jugeait toujours par lui-même
de l'admissibilité du pourvoi. De même la chambre
royale procédait aussi, par une délégation particulière
du souverain, dans les affaires de mort, de *forjudica-*

(1) Vico, *Science nouvelle*, lib. 4, dans les trois chapitres : *Garde
des limites, des Ordres politiques, des Lois*, a le premier aperçu cette
idée. Mais le préteur, le proconsul, le sénat même de Rome, n'é-
taient certainement pas des magistrats purement judiciaires, dont
l'unique mission fût de veiller à la juste application des lois. Les
deux premiers avaient une grande autorité législative, et n'avaient
au-dessus d'eux aucune autorité qui les forçât au besoin à se ren-
fermer dans les limites de la loi écrite : aussi les accusations *de re-
petundis* étaient continuelles.

Le sénat était un corps politique qui jugeait souvent par lui-
même, ou déléguait un juge dans les causes qui *ad summam rem
publicam pertinebant*. Il ne s'occupait nullement de veiller à ce que
les jugements fussent conformes à la loi. Celui qui se croyait jugé
contrairement aux lois n'avait d'autre moyen que d'agir par voie
civile ou criminelle contre le juge, en cas de dol ou de corruption :
moyens extrêmes qui produisaient plus de scandale que de bons
résultats.

tion ou de torture, qui étaient révisées par elle d'office, et sur les pièces mêmes de la procédure, pourvu qu'elles n'eussent pas été jugées en vertu d'une autre délégation extraordinaire. Le principe d'où dépendait l'admission, tant des recours fiscaux que de la révision, était celui que nous a conservé Macrus dans l. 1, D., XLIX, 8 : *Quæ sententiæ sine appellatione rescindantur*, c'est-à-dire *cum contra sacras constitutiones judicatur, et cum de jure constitutionis, de jure constituto, non de jure litigatoris pronuntiatur*. Mais ce principe fut-il toujours observé ?

22. — Dès que la seconde conséquence nécessaire de la publication d'un corps complet de lois est solennellement sanctionnée, et que le roi déclare qu'il ne veut plus prendre aucune part à l'administration particulière de la justice, on ne peut plus lui demander de remédier à l'injustice manifeste d'un jugement. Un jugement de révision rendu directement par le législateur, outre qu'il tendrait à confondre l'autorité judiciaire avec l'autorité législative, ne serait pas exempt du danger de la *rétroactivité* de la loi. La publicité des débats et l'obligation de motiver les jugements ne remédient pas à tous les abus. Le moyen tiré des nullités, vain, s'il est invoqué devant les mêmes juges. deviendrait contraire au principe que la loi doit suffire à tous les besoins de justice, s'il fallait, pour chaque affaire, demander au roi de nouveaux juges et des assesseurs. Il fallait donc confier le droit de connaître de ces nullités à un tribunal spécial,

institué pour cet objet d'une manière permanente; ce tribunal est la Cour suprême.

Il fallait également rendre à ces nullités leur véritable caractère, qui ne doit pas consister dans la violation du droit particulier de la partie, comme, par exemple, *quod judex negaverit aliquem de œtate sua, vel de numero filiorum probasse;* toutes les questions de cette espèce étant purement des questions de fait, trouvent des garanties suffisantes dans l'appel, dans les autres garanties ordinaires données par la loi, et dans le nombre des juges; l'ordre général ne peut y être intéressé qu'autant que le juge violerait l'ordre des juridictions, ou la forme prescrite pour les enquêtes, pour la discussion des preuves, pour la prononciation du jugement; dans ce cas, le législateur et le public y sont aussi intéressés qu'ils le sont à ce que le texte même de la loi ne soit pas violé: si, par exemple, à celui qui veut se faire exempter d'une tutelle *vel beneficio liberorum, vel œtatis, vel privilegii, judex dixerit neque œtatem, neque ullum privilegium ad excusationem prodesse* (1), ou lorsque le juge prononce au delà de sa compétence, ou intervertit les degrés de juridiction et l'ordre établi par les lois de procédure (2).

25. — Quelques personnes, qui croyaient voir une nouveauté trop hardie et un moyen de prolonger les

____

(1) Exemples donnés par d. l. 1, D. XLIX, 8, *quæ sententiæ sine appell. rescindantur.*

(2) L. ult. D. II, 1, *de Juridictione.* — L. 4 et 6, c. 7, 45, *de Sententis et interloc. omnium judicum.*

procès dans l'institution d'un tribunal qui ne juge pas *de jure litigatoris*, mais *de jure constituto*, auraient voulu admettre, de préférence, un troisième degré d'appel dans les causes qui ne présenteraient pas une décision *double conforme*. Mais d'abord, la vérité de la chose jugée, sur laquelle *status rei publicæ maxime continetur* (1), n'est elle-même qu'une présomption, lorsque, bien entendu : 1° les lois des juridictions; 2° les lois de procédure; 3° les lois qui règlent les droits et les obligations, ont été observées. Pour s'en assurer, on peut établir, et il a été établi en vous, un tribunal suprême qui, après s'être assuré que ces trois conditions ont été observées dans un jugement, lui imprime en quelque sorte le sceau de la présomption légale. Mais le second ou le troisième tribunal qui rendrait le jugement *double conforme* (2) ne serait pas seulement chargé de rendre de pareils jugements, ni de les rendre d'une manière uniforme dans tout le royaume. Le *double conforme* ne reposerait lui-même, comme le premier, que sur une présomption; et la vérité de la chose jugée ne serait alors qu'une présomption de présomption, qui serait toujours combattue dans le public par une présomption semblable et contraire. Notre ordonnance de 1774 ne dissimule pas que dans un, comme dans plusieurs tribunaux, surtout s'ils sont composés d'un petit nombre de juges, le fort a toujours raison contre le faible, et que les

(1) Cicer., *pro Sulla*, cap. 22.
(2) *Una doppia conforme.* (*N. tr.*)

passions et l'intrigue dictent souvent les jugements quand les magistrats ne sont pas surveillés par un tribunal de censure qui ne s'intéresse ni à l'une ni à l'autre des parties, parce qu'il n'est pas chargé de juger *de jure litigatoris.*

24. — En second lieu, il n'est pas aussi facile qu'on peut le penser de trouver dans les jugements, c'est-à-dire, tant dans leurs motifs que dans leur dispositif, une décision *double conforme*, surtout si les affaires sont compliquées de questions et de faits, comme le sont les affaires importantes. Pour rencontrer une *double conforme*, il faudrait donc aller d'appel en appel, et, si l'on disait qu'il faut s'arrêter à un dernier, le juge de ce dernier appel ne tarderait pas à devenir le juge arbitraire et despotique que l'on voulait éviter. Il ne faut pas oublier la maxime d'Ulpien, qui écrivait, précisément en parlant des juges d'appel : *Nonnunquam bene latas sententias in pejus reformant, neque enim utique melius pronunciat qui novissimus sententiam laturus est* (1). Que cela arrive quelquefois dans les questions purement de fait, qui ne concernent que le droit des parties, c'est un vice inévitable même dans l'hypothèse d'un *double conforme*, vice qui a sa source dans l'imperfection de la nature humaine; et, lorsque la loi est venue à votre aide par les diverses juridictions, par leur épuration au moyen des récusations et de la prise à partie, par les garanties ordinaires, par les règles de la procédure, qui pas

(1) L. 1, D. XLIX, 1, *de Appellationibus et Relat.*

à pas guident le juge dans les sentiers de la loi, il n'y a rien de plus à faire. Un tribunal supérieur chargé de terminer les litiges par un dernier et suprême jugement ne serait pas exempt des mêmes imperfections. Mais, pour veiller à l'observation des confins de la juridiction, dans lesquels réside la présomption de vérité de la chose jugée, c'est-à-dire pour faire observer les lois de juridiction, les règles du droit, les lois qui règlent les droits et les obligations respectives, on peut facilement faire plus en établissant un tribunal chargé uniquement de veiller à cette observation, et d'y veiller directement. Son office est assez simple : y a-t-il eu ou n'y a-t-il pas eu dans la procédure et dans le jugement infraction à ces triples conditions ? L'objet de son jugement est en quelque sorte intuitif, et, par évidence de raison, *non potest idem simul esse et non esse*. Aussi, si la loi est uniforme dans tout le royaume, ce tribunal, placé au-dessus de toutes les autorités judiciaires, doit être unique ; et, pour l'accomplissement de cette tâche, lorsqu'elle est confiée à des hommes aussi consommés que vous l'êtes dans la science du droit, un seul tribunal suffit parfaitement.

SECTION IV.

Attributions de la Cour suprême.

25. — Il résulte de ces observations que la principale de vos attributions est de veiller à la garde de la triple barrière opposée à l'autorité judiciaire par les

lois juridictionnelles, par les lois de procédure, par les lois régulatrices des droits et des obligations ; vous déclarez nuls et vous cassez tous les actes qui enfreignent leurs dispositions. Mais si, en prononçant qu'un acte de cette nature *nullius sit momenti, inefficaciter sit pronunciatum, vires non habet* (1) ; si, en le cassant, vous pouviez, de plus, prononcer sur le fond de la cause, qui ne voit qu'alors l'autorité judiciaire tout entière, sans aucun pouvoir modérateur au-dessus d'elle, résiderait en vous ? Votre révision serait alors véritablement une révision définitive, qui pourrait devenir d'autant plus arbitraire et dangereuse qu'elle n'aurait plus, comme les anciennes révisions, le pouvoir souverain pour lui servir de contrôle.

26. — Par ces motifs, lorsque vous avez rescindé un jugement, vous ne pouvez statuer sur le fond ; mais vous devez renvoyer la connaissance de l'affaire à un tribunal du même degré que celui dont la décision a été frappée de nullité. Le nouveau juge n'est pas obligé, pour cela, de se conformer à votre opinion, contre sa conscience et sa manière de voir. D'après nos anciens principes, cette indépendance du tribunal inférieur aurait été contraire à la prééminence d'un tribunal suprême ; mais alors il n'était pas à craindre que ce dernier usurpât tout à fait les pouvoirs d'interprétation législative, parce que les magistrats pouvaient, avant de prononcer, demander l'avis du roi, et que le roi lui-même, après

(1) Dig. *Quando sententiæ sine appell. rescind.*

le jugement, pouvait s'attribuer la connaissance de l'affaire, l'examiner ou la faire examiner de nouveau, et ramener les juges à l'observation de la loi s'ils s'en étaient, par hasard, écartés. Mais, aujourd'hui que le roi a déclaré que les magistrats doivent rendre la justice sous son nom, mais indépendamment de lui, à tel point que ce serait une grande faute d'en suspendre le cours pour consulter sa sagesse (1), si on avait obligé les autres cours et tribunaux inférieurs à suivre invariablement les opinions de la Cour suprême, celle-ci aurait pu peu à peu attirer tout à elle, et, à force d'extensions et de restrictions, se rendre arbitre absolue de toutes les controverses judiciaires, et devenir l'égale du législateur dans l'application comme dans l'interprétation de la loi. C'est pour cela que, dans vos arrêts de rejet des pourvois, vous ne faites que reconnaître dans le jugement l'existence des trois conditions qui font présumer légalement sa vérité, et que, dans les arrêts d'annulation, il n'y a rien de décisif, d'obligatoire, de définitif, que la rescision de l'acte nul (2). Cette rescision fait rentrer dans les limites de leur pouvoir les tribunaux qui les avaient dépassées, tandis que vos préceptes, vos principes et les motifs de vos arrêts deviennent, pour les cours et les tribunaux du royaume, un guide légal, un conseil

----

(1) Art. 4 du Code civil franç. et napol. — Art. 198 et 200 loi org. nap., et 229, 234 loi org. sicil.

(2) Art. 22 du décr. du 3 avril 1812, devenu l'art. 118 loi org. nap. du 29 mai 1817, et l'art. 227 loi org. sicil. du 7 juin 1819.

salutaire, une autorité respectable, mais rien de plus.

27. — Cependant, la Cour suprême peut statuer dans un grand nombre de cas qui ne sont pas relatifs à l'appréciation du fond de l'affaire, ou qui ne concernent pas purement le *jus litigatoris*, c'est-à-dire l'intérêt des parties. Telles sont en premier lieu les questions de compétence ; notre chambre royale, et après elle la junte des questions, agissaient de même, sans qu'une délégation particulière du roi leur fût nécessaire. Il en résulte qu'elle décide également les demandes de renvoi par motif de sécurité publique, ou de suspicion légitime, lorsqu'aux termes des lois de procédure ce renvoi ne peut être demandé aux mêmes tribunaux (1).

En second lieu elle prononce définitivement et sans renvoyer l'affaire à un autre tribunal, lorsque l'annulation est prononcée pour contrariété de jugements : car, la seconde décision une fois cassée, la Cour suprême ordonne l'exécution de la première : elle ne prononce pas alors sur le fond de la cause, mais elle ne fait qu'écarter l'obstacle qui s'opposait à l'exécution du véritable jugement. Et par la même raison, en annulant un arrêt de cour d'appel, relatif à un jugement dont on ne pouvait en appeler, elle rend possible l'exécution du jugement dont on avait appelé à tort (2).

(1) Art. 5 et 7 du décr. du 3 avril 1812. — Art. 133 et 134 de la loi 1817. Art. 132, 135 loi sicil., 1819.

(2) Art. 24 du décr. du 3 avril 1812. — Cette même faculté a été

En troisième lieu, en matière pénale, si le jugement ou l'arrêt est annulé, parce que le fait qui a donné lieu à la condamnation n'est pas un délit qualifié tel par la loi, elle ordonne la mise en liberté définitive de l'accusé sans ordonner le renvoi (1). C'est là le seul cas dans lequel, *contra rationem juris*, et à cause de la faveur toute spéciale qu'on doit accorder aux causes criminelles, il soit ainsi dévié aux principes sur lesquels est basée l'institution de la Cour suprême (2). En dehors de ces trois cas, elle doit toujours annuler les décision ou les renvoyer à une autre cour.

28. — Ainsi la nature de notre institution est celle d'un corps judiciaire sans doute, mais dont la mission spéciale est de faire observer les lois, et de veiller avec vigilance sur les triples confins imposés par le législateur aux diverses juridictions. Tout ce qu'elles font dans ces limites n'est pas de notre ressort : la loi y pourvoit par des garanties ordinaires, et quel-

conservée à la Cour suprême par l'art. 122 de la loi org. nap , et par l'art. 156 de la loi organ. sicil.

(1) Art. 25 du décr. du 3 avril 1812, qui a été révoqué depuis.

(2) Aussi la nouvelle loi organique ne reconnaît-elle plus cette faculté à la Cour suprême. Même dans le cas prévu par l'art. 25 du décr. du 3 avril 1812, qui est le même que celui du second parag. de l'art. 200 de la loi organ. nap. et de l'art. 251 de la loi sicil., la Cour suprême ne peut aujourd'hui qu'annuler ou renvoyer. En compensation on lui a donné la faculté de *réviser d'office* dans certains cas.

quefois aussi par des moyens extraordinaires. Mais votre juridiction est toujours extraordinaire, ayant pour but unique de substituer les vrais principes aux erreurs qui peuvent se glisser dans les décisions judiciaires.

Les autorités judiciaires se perdraient dans l'arbitraire et le désordre, si elles n'étaient pas sans cesse surveillées par un tribunal vigilant qui, coupant court à tout abus, à tout envahissement, les retient, les ramène aux principes de leur institution et rend ainsi à la justice toute sa considération et son importance primitives. Cet office de la Cour suprême n'était autrefois accompli qu'accidentellement et dans certaines affaires par le souverain lui-même : aujourd'hui il s'accomplit régulièrement, d'une manière stable, et par une sage disposition de la loi.

Ainsi, chacun de vos arrêts de rescision rend à la loi sa force et sa vigueur, et rappelle solennellement l'application du principe établi déjà en 1774, que ce n'est pas l'opinion incertaine des hommes, mais la loi seule, *res surda, inexorabilis, salubrior, meliorque inopi quam potenti* (1), qui est la règle inviolable du juge. La loi est ainsi, en toute occasion, ramenée à sa pureté, tous les écarts des tribunaux sont immédiatement réprimés, et il est fort rare que l'intervention du législateur dans l'administration de la justice devienne nécessaire.

(1) Tite-Live, II, 3.

29. — Quel est le cas, fort rare, où cette intervention est utile? à quel signe certain reconnaître ce cas? Pour répondre à cette question, reprenons les choses plus haut.

30. — Du moment qu'un juge est chargé d'appliquer la loi, il doit bien la comprendre, pour l'appliquer à tous les cas particuliers soumis à sa décision. La loi n'est pas une machine qui, touchée par un acte criminel, lance subitement sur la tête du coupable le châtiment qu'il a mérité. C'est ainsi cependant que la supposent certains écrivains éminents, qui, effrayés des abus que peut causer l'arbitraire dans l'application des peines, voudraient enlever aux juges même la faculté d'interprétation qui est nécessaire à tout homme pour bien connaître et appliquer une règle. La loi ne peut prévoir les cas particuliers, elle procède par règles générales. Cela suppose nécessairement dans le juge la faculté d'interpréter; c'est-à-dire de bien connaître la valeur des termes de la loi, sa force et son étendue, *verba, vim, potestatem* (1). C'est là ce qu'on appelle *l'interprétation judiciaire*, qui est indispensable à toute autorité judiciaire, et sans laquelle la juridiction ne pourrait s'exercer. Lorsque cette interprétation n'est expressément contraire à aucune loi, elle reste dans les limites de l'autorité judiciaire, et ne peut être censurée par la Cour suprême.

(i) L. 17, D. I, 5, *de Legibus*.

En outre, du moment que le juge ne peut plus suspendre ni différer un jugement sous prétexte d'obscurité ou d'insuffisance de la loi (1), il doit prononcer sur tous les cas, en expliquant la loi si elle est obscure, en appliquant d'autres lois si elle est insuffisante. C'est ainsi que se forme la jurisprudence, soutien nécessaire et complément de la loi. Quand il y a accord entre les décisions des juges du fait et celles de la Cour suprême, c'est le signe évident que ces juges n'ont point franchi les limites de *l'interprétation nécessaire*. *Matteo degli Afflitti* eut donc une idée fort utile, celle de publier les décisions du conseil sacré pour servir de règle aux tribunaux; à plus forte raison serait-il utile de publier de même les arrêts de la Cour suprême (2).

31. — C'est en vain que cet accord serait souhaité dans les cas ou la Cour suprême n'a pas occasion de connaître de la cause; ce qui arrive quand les parties sont satisfaites du jugement, ou quand leur pourvoi ne peut être admis pour n'avoir pas été régulièrement présenté. Mais le ministre des grâces et de la justice se fait toujours remettre, en exécution des règlements, une expédition de tous les jugements; et la Cour suprême elle-même peut les connaître, ou par d'autres jugements, ou par les parties elles-mêmes. Alors, s'il y remarque quelque inobservation des trois

(1) Art. 4, Cod. civ.

(2) On les a publiés depuis dans le *Supplément à la collection des lois*.

règles auxquelles est soumise *l'interprétation judiciaire*, le ministère public près la Cour suprême, soit
par la communication que lui en fait le ministre, soit
par la connaissance qu'il en acquiert d'une manière
quelconque, provoque l'annulation dans le seul *intérêt
de la loi*. Dans ce seul cas, la cour annule d'office
sans l'intervention des parties, statue sans renvoi sur
la question de droit, et lui donne sa véritable solution,
sans toutefois toucher en rien au droit de ceux que
protége l'autorité de la chose jugée, et considérant
la décision primitive non comme un véritable jugement, mais comme une transaction entre les parties.
Elle restaure ainsi la jurisprudence, censure les juges,
leur montre la véritable voie, et exerce la plus noble
de ses attributions.

32. — Quelquefois aussi, loin qu'il y ait accord
entre la Cour suprême et les juges du fait, le tribunal
lui-même auquel est renvoyée la décision, et pour
lequel votre arrêt n'est pas une loi, mais simplement
une autorité et un guide, peut, contrairement aux
motifs de l'annulation, prononcer dans le même sens
que les juges dont la décision a été cassée. C'est là
certainement un fait très-grave; aussi, s'il y a recours
contre cette seconde décision, la loi suppose que la
question est si sérieuse et si douteuse, qu'il y a lieu
de l'assimiler aux cas dans lesquels nos anciennes lois
exigeaient la réunion des rotes du conseil sacré; en
sorte que la Cour suprême ne peut discuter le second
recours qu'en chambres réunies, sous la présidence

même du ministre des grâces et de la justice (1). Si elle rejette le pourvoi, il y a alors accord entre les juges de fait et la Cour suprême, qui donne ainsi le plus bel exemple de modération et de retour volontaire aux vrais principes. Si le cas lui paraît si douteux qu'il lui semble évidemment excéder les limites de *l'interprétation judiciaire,* elle suspend le jugement, et fait un rapport au législateur, pour obtenir *l'interprétation législative.* Si au contraire elle estime que les deux cours sont dans l'erreur, elle annule de nouveau ; et par la réunion des chambres, son autorité devient plus solennelle, et doit peut-être obtenir des juges du fait une déférence méritée qui termine toute controverse. Mais si, cette fois encore, pour montrer son indépendance ou par conviction véritable, le troisième juge auquel l'affaire est soumise confirme, par les mêmes motifs, les deux premières décisions, comment alors venir au secours de la loi ?

33. — Le pouvoir royal est l'unique source de toute justice. L'administration judiciaire qui en découle se divise chez nous en deux branches, le contentieux administratif et le contentieux judiciaire. La première branche embrasse surtout les lois d'intérêt général ; mais les magistrats qui en sont chargés tranchent sou-

______

(1) Art. 27 du décr. du 3 avril 1817. — Mais l'art. 131 de la loi organ. rend cette intervention facultative au ministre de grâce et justice. L'art. 131 de la loi organ. sicil. ne parle pas de la réunion des chambres, parce que la Cour suprême de Palerme n'a qu'une chambre.

vent de graves questions d'intérêt privé. La seconde comprend les lois d'intérêt privé ; mais l'intérêt privé et l'intérêt public s'y trouvent souvent confondus : ainsi ce dernier domine dans toutes les affaires criminelles. Dans l'ordre administratif, le juge d'appel, comme la cour des comptes, par exemple, ne peut jamais prononcer de décision définitive : cette cour ne fait que donner des avis motivés au roi, qui statue ensuite lui-même sur l'affaire, parce que, les décisions de la cour des comptes pouvant avoir de l'influence sur l'ordre public, et faire règle pour toutes les matières analogues, le législateur, tout en lui déléguant le droit d'en connaître, ne veut cependant pas que ce droit soit complétement indépendant de son autorité.

34. — Or, cette règle du contentieux administratif devient, dans le cas ci-dessus, une exception dans le contentieux judiciaire. Lorsqu'ont été prononcés par la Cour suprême deux arrêts d'annulation, l'un en chambre ordinaire, l'autre en chambres réunies, et que trois décisions uniformes de trois cours criminelles ou d'appel y sont contraires, on ne peut permettre la prononciation d'une troisième, d'une quatrième, d'une cinquième annulation ; car ce serait soulever une lutte interminable et inconvenante, ce serait ôter toute confiance dans la magistrature, et multiplier à l'infini les dépenses et les inimitiés des parties. Cette divergence est la preuve certaine, le signe évident et légal, que la Cour suprême, ou le tribunal d'appel, allant au delà des limites de l'in-

terprétation judiciaire, sont entrés dans le champ
de l'interprétation législative. Dans ce cas, l'insuffisance de la juridiction pour décider l'affaire est
évidente (1); et alors, ou les parties devront se faire
justice par elles-mêmes, ou plutôt la disposition
de l'article 4 des lois civiles cessera d'être applicable à la cause; et, la juridiction des magistrats ces-
sant, l'affaire sera soumise au roi, qui, je le pense,
devra décider comme il le fait dans le contentieux
administratif (2). C'est le véritable cas où *necessitas
constituit jus*. Le nœud est digne du pouvoir souverain,
et ne peut être tranché que par lui :

> *Nec deus intersit, nisi dignus vindice nodus
> Inciderit* (3).

35. — Les autres attributions de la Cour suprême,
c'est-à-dire la censure des magistrats, la surveillance
de la discipline, la proposition annuelle des améliorations à apporter à la législation, nous montrent de
plus en plus qu'elle est l'image, l'héritière même, de
l'ancien conseil sacré, dont les présidents formèrent
plus tard la chambre royale. De là vient qu'elle juge
les affaires de suspicion des tribunaux en dernier

(1) Art. 27 du décr. du 3 avril 1812. — Art. 131 de la loi organ.
napol.

(2) Cette procédure n'a pas été appliquée de la manière que l'indique ici l'auteur ; il a rectifié son opinion à cet égard, comme on
le verra dans la conclusion suivante. (*N. tr.*)

(3) Horace, *Art poétique.*

ressort, ainsi que les cas dans lesquels un juge *litem fecit suam*, et les délits commis par les magistrats dans l'exercice de leurs fonctions.

36.—Mais tout cela est étranger à la cause présente, dans laquelle nous devons examiner d'abord s'il y a lieu à la réunion de vos chambres, et ensuite d'après quelle loi devront être discutés les motifs d'annulation. C'est dans ce but que j'ai étudié les principes sur lesquels est fondée votre institution ; ils m'aideront à résoudre ces questions préliminaires de la cause, qui ne me semblent pas suffisamment approfondies par les auteurs français. J'ai donc dû en revenir aux principes de notre droit. Tout ce que nous enseignent les étrangers n'est pas admirable et nouveau. Montrons-nous leurs émules dans tout ce qui est honnête et généreux : mais n'oublions pas que nos ancêtres nous ont laissé aussi de nobles exemples à suivre ; nous serons vénérés comme eux, si comme eux nous laissons à la postérité des choses à imiter ; mais ces choses doivent être créées par nous, et non emprun-tées aux étrangers (1).

(1) Ici venaient les conclusions.

IIE QUESTION.

DE LA PROCÉDURE A SUIVRE DANS LE CAS DE DOUTE DE LA
LOI, LORSQU'IL Y A CONTRARIÉTÉ DE JUGEMENT ENTRE LA
COUR SUPRÊME ET PLUSIEURS COURS APPELÉES A PRONON-
CER SUR LE FOND DE L'AFFAIRE.

SOMMAIRE.

I. Cette question n'est pas résolue de la même manière
par la loi org. de 1808 et par le décret org. de 1812, § 1.

II. Ma première opinion sur la procédure à suivre lorsque
ce cas se présente, § 2.

III. Système suivi par le législateur la première fois que ce
cas s'est présenté devant lui, § 3. — État de la question dans
la cause actuelle, §§ 4 et 5.

IV. D'après la manière abstraite dont le législateur a résolu,
dans cette cause, le doute de la loi, la Cour suprême doit statuer sur le second recours avec son autorité ordinaire, §§ 6 et 7.

V. Si le roi décide conformément à la décision uniforme des
deux cours d'appel, la Cour suprême rejettera le dernier pourvoi ; s'il décide conformément à l'arrêt de cassation, la Cour
suprême annulera de nouveau et renverra devant une autre
cour, §§ 8 et 9.

1. — Messieurs (1), l'article 68 de la loi organique du 20 mai 1808 prévoit le cas dans lequel deux cours ou deux tribunaux jugeant, en dernier ressort, rendraient sur une affaire un jugement uniforme et contraire aux principes d'après lesquels la Cour suprême avait précédemment cassé le jugement ou l'arrêt. Les articles 26 et 27 du décret du 5 avril 1812 prévoient le même cas, mais d'une manière un peu différente.

En effet, la loi de 1808 décidait que la Cour suprême ne pourrait discuter et juger le second pourvoi s'il était fondé sur les mêmes motifs que le premier, mais qu'elle devrait immédiatement suspendre la procédure, et déclarer qu'il y avait doute de la loi, et que l'interprétation législative était nécessaire.

Le décret de 1812 ordonne au contraire pour le second pourvoi la réunion des chambres sous la présidence du ministre des grâces et de la justice, et permet à la Cour suprême, ou de discuter de nouveau et de juger le pourvoi lui-même, ou de proposer le doute de la loi. Si elle prend le premier parti, et annule la seconde décision par les mêmes motifs qui lui avaient fait annuler la première, et si, malgré cela, la troisième cour ou le troisième tribunal rend

(1) Conclusions dans l'affaire de Croce Ciarrone, prononcées le 19 août 1815, à l'audience de la chambre criminelle de la Cour de cassation. — Ces conclusions servent de complément aux précédentes.

un jugement contraire aux principes de la Cour suprême, et conforme aux deux décisions annulées, alors
l'interprétation législative est de plein droit.

2. — Or, depuis l'institution de la Cour suprême
jusqu'à aujourd'hui, ce cas ne s'est pas encore présenté. Aussi, ayant eu déjà une fois à en parler,
sans autre guide que mes faibles lumières, j'ai dit (1),
l'an dernier, à l'audience de cette Cour suprême,
que, lorsqu'il se présentait, c'était une preuve de l'insuffisance des pouvoirs judiciaires pour décider une
affaire; que leur juridiction devait alors cesser, et que,
malgré l'article 4 du Code civil, il fallait faire un
rapport au roi pour qu'il tranchât la difficulté. Cela
ne fait l'objet d'aucun doute d'après les termes et
d'après l'esprit de la loi. Mais, pour suppléer à ce que
la loi ne dit pas, j'ajoutai, quant à la manière de procéder ultérieurement, que le roi lui-même, source et
principe de toute juridiction, recouvrait dans ce cas
le droit de juridiction, et, par une exception nécessaire, décidait souverainement par lui-même, comme
il le fait dans les affaires de contentieux administratif.
En cela j'avais cru devoir m'écarter du système français, non-seulement à cause de l'analogie qui m'avait
paru exister entre l'institution de la Cour suprême
et nos anciennes institutions judiciaires, mais encore
d'après ce principe que, lorsque la loi se tait sur un
point, il faut toujours le résoudre de la manière la

(1) Voir la question précédente, § 34.

plus convenable à trancher les difficultés ultérieures, et les nouveaux conflits, ceux par exemple, qui pouvaient survenir, en cassant et en renvoyant de nouveau devant une autre cour.

5. — Mais la manière dont le gouvernement a résolu le doute de la loi dans l'affaire de *Croce Ciarrone* me montre clairement que je n'étais pas dans les vrais principes, et que le législateur a sur leur application des idées bien différentes des miennes. En qualité d'organe de la loi, j'abandonne donc la première opinion que je vous ai exposée dans le silence de la loi, et aujourd'hui je n'ai qu'à vous demander d'appliquer ses prescriptions actuelles.

4. — *Croce Ciarrone*, dans une altercation survenue dans l'église paroissiale de son pays, saisi par les cheveux par une femme, la repoussa d'un coup de poing. La cour criminelle de Teramo non-seulement ne lui accorda pas d'excuse, mais encore aggrava sa peine à cause du lieu où le fait s'était passé. La Cour suprême, tout en retenant les faits élémentaires de la déclaration de culpabilité, annula la déclaration de la cour criminelle, ainsi que la condamnation prononcée contre l'accusé, et renvoya la cause devant la cour criminelle de Naples : le motif de cette annulation fut que dans les faits élémentaires il n'était pas rapporté par écrit que l'accusé, dans la vivacité de son action, eût eu aucune intention d'outrager la majesté du lieu. Mais la cour criminelle de Naples pensa que la circonstance du lieu était suffisante,

comme étant parfaitement connue de l'accusé au moment où il commettait son crime ; elle rendit donc pour les mêmes motifs, la même déclaration de culpabilité que la Cour de Teramo. — Nouveau pourvoi.

5. — La loi organique du 20 mai 1808 était alors en vigueur. On suspendit donc de prononcer sur l'affaire, et on provoqua l'interprétation législative de la loi. Le doute fut résolu par le décret du 5 avril 1812, en forme de règlement d'administration publique, c'est-à-dire par avis du conseil d'État approuvé par le gouvernement. Mais cet avis ne fait que poser en règle générale que la circonstance matérielle qu'un délit a été commis dans une église ne suffit pas par elle seule pour établir les circonstances aggravantes que les deux cours criminelles ont appliquées au crime. Pour qu'on pût les infliger au coupable, il faudrait, de plus, qu'il eût eu l'intention de profaner la sainteté du lieu.

6. — Le gouvernement n'a donc pas sanctionné et revêtu de la formule impérative et exécutoire l'opinion motivée de la Cour suprême, comme il le fait pour les opinions de la cour des comptes ; dans le cas qui nous occupe, il n'a fait que résoudre d'une manière abstraite la question de droit que les deux cours criminelles d'un côté, et la Cour suprême de l'autre, avaient résolue d'une manière toute différente. La dernière décision de la Cour de Naples n'a reçu du législateur aucune atteinte, et le pourvoi de

l'accusé n'a été ni admis ni rejeté. Il y a donc encore lieu de discuter ce pourvoi devant la Cour suprême, qui, toute suspension légale du jugement venant à cesser, reprend dès ce moment le libre exercice de ses attributions. Si elle casse de nouveau la partie du jugement attaquée par le pourvoi, elle n'a que la faculté ordinaire de renvoyer la cause devant une autre cour pour la prononciation définitive du jugement, en lui imposant de le prononcer dans le sens de l'interprétation émise par le législateur.

7. — Ainsi, l'avis adressé par la Cour suprême au gouvernement, la discussion de cet avis en conseil d'État, et l'opinion conforme émise par le conseil d'État, ne sont que des actes préparatoires de la discussion du pourvoi relatif à la dernière décision rendue dans cette affaire par la cour criminelle de Naples. Avant la solution du doute de la loi, votre juridiction était suspendue; aujourd'hui que l'obstacle a disparu, elle peut s'exercer de nouveau, et s'exercer d'après les règles ordinaires. Ainsi, pour puiser dans les lois anciennes l'interprétation des lois nouvelles, la pragmatique du 23 septembre 1774 ordonnait aux juges, lorsque le cas était si nouveau ou si douteux, qu'il n'avait pu être tranché d'après la loi, ni par interprétation de la loi, d'adresser un rapport au roi, pour qu'il décidât lui-même. Aujourd'hui, cette manière de procéder est interdite par l'article 4 du Code civil. Mais, s'il s'élève un conflit comme celui dont nous venons de parler, c'est le seul cas où la pragma-

tique puisse être appliquée, mais seulement par votre intermédiaire et en chambres réunies.

8. — D'après ces principes, pour appuyer le recours relatif à la dernière décision, je n'ai autre chose à faire qu'à vous lire l'avis du conseil d'État approuvé par le gouvernement. Si la décision du souverain avait été conforme à l'arrêt des deux cours criminelles, vous devriez rejeter le dernier recours. Mais, cette décision étant conforme aux motifs qui vous ont engagés à casser le premier arrêt, vous devez casser également le dernier arrêt, qui sera ainsi annulé définitivement, et la cour à laquelle vous le renverrez devra de nouveau statuer sur l'affaire.

9. — Je requiers donc, au nom de la loi, que, tout en retenant toujours les faits sur lesquels est basée la première déclaration de culpabilité, vous annuliez la déclaration qui suit le dernier arrêt de la cour de Naples, et que vous renvoyiez l'affaire à une troisième cour criminelle, qui devra seulement donner au fait une nouvelle qualification, appliquer régulièrement la loi, et se conformer à la décision souveraine (1).

(1) Ainsi décida la Cour suprême le 19 août 1813. .

IIIᵉ QUESTION.

———

QUEL GENRE DE CONNEXITÉ DOIT EXISTER ENTRE DEUX DÉ-
LITS (1), POUR QUE LEUR RÉUNION SOIT UNE CAUSE
D'AGGRAVATION DE LA PEINE.

SOMMAIRE.

I. État de la question, § 1 à 5.

II. L'art. 304 du C. pén. fr. ne peut être appliqué rigoureusement et à la lettre, § 6.

III. La première condition de cette connexité est que les délits soient l'un et l'autre commis par la même personne, § 7.

IV. Cela ne suffit pas, § 8 à 11. — Il faut cette espèce de
connexité qui fait de l'un des délits une circonstance, et une
qualité de l'autre, § 12 à 16.

V. Ces conditions peuvent se ramener à l'idée très-simple
qu'entre les deux délits il doit exister une relation non pas
purement physique et matérielle, mais dérivant de l'intention
même du délinquant, § 17 à 21.

(1) Je traduis *reato* par délit, en prenant ce mot dans son acception la plus étendue dans le sens que lui donne Merlin lorsqu'il dit :
« Ce mot désigne et les crimes proprement dits et toutes les actions
répréhensibles dans l'ordre social. » C'est le sens qu'avait le mot
délit dans la loi du 13 brumaire an IV. On le trouvera souvent aussi
employé, dans cette question et dans les suivantes, pour signifier,
comme dans le Code français actuel, l'*infraction* punie de peines
correctionnelles. (*N. du tr.*)

1. — Messieurs (1), les observations que vous a faites dans son rapport le conseiller rapporteur sont plus que suffisantes pour combattre les nullités de droit invoquées dans cette affaire. La question relative à l'application de la peine est plus grave ; mais, pour l'examiner avec soin, nous devons retracer de nouveau les faits sur lesquels la cour criminelle a basé la déclaration de culpabilité du condamné.

2. — *Saverio Vitoritti*, à la suite d'une querelle avec *Carolina Albano*, se jeta sur elle avec indignation, et lui donna un tel coup, qu'il fit tomber le mouchoir dont elle se couvrait la tête. Son mari accourut, et blessa Vitoritti de plusieurs coups de serpette. Celui-ci va alors s'armer d'un fusil. Furieux, il rencontre la mère de *Carolina : la voir, saisir son fusil* (ce sont les termes de l'arrêt) *et tirer le coup, fut pour lui l'affaire d'un instant*. La malheureuse, blessée, fut conduite dans une maison voisine, et placée sur un lit.

Vitoritti, furieux, pénètre dans l'endroit où gisait sa victime, la saisit violemment par le bras et la jette à terre. La chute n'ajouta rien au mal déjà fait, et la pauvre femme mourut bientôt des suites du coup de fusil.

3. — Pour apprécier ces faits, la cour criminelle a rapproché la loi ancienne de la loi nouvelle (2). D'après la première, elle qualifie l'homicide d'*innoxii*

(1) Conclusions prononcées, le 8 avril 1843, dans l'affaire de Saverio Vitoritti, condamné à mort par la cour criminelle de Salerne.

(2) Le Code français était en vigueur lorsque cet arrêt fut rendu. Il fallait donc comparer la loi de l'époque où le crime avait été com-

pro noxio (1). D'après la seconde, elle observe que l'homicide, précédé d'un coup porté à une femme, et suivi d'un outrage commis sur la belle-mère de cette femme, déjà blessée par l'accusé, doit être considéré comme précédé et suivi d'autres délits ; et mérite, en conséquence, les peines portées par l'article 504 de la loi nouvelle. Elle arrive ainsi à conclure que l'accusé, d'après l'une et l'autre de ces législations, mérite la peine de mort, et elle lui applique cette peine.

4. — Je ne m'arrêterai pas sur l'application de l'ancienne loi. Cependant plusieurs interprètes de l'unique ordonnance, *de Offendentibus innoxium pro noxio*, ont pensé qu'on ne pouvait qualifier d'*innoxii pro noxio* l'homicide commis dans le cours d'une rixe ; mais qu'il fallait nécessairement, pour appliquer cette qualification, être certain que le coupable avait pleinement agi avec intention. Mais les termes de l'article 196 du Code pénal du 20 mai 1808 sont aussi clairs que généraux : *Est qualifié, l'homicide commis sur la personne de l'innocent au lieu de celle du coupable.* L'article 179 n'admet l'excuse que quant aux individus véritablement engagés dans la querelle,

mis à la loi de l'époque où il était jugé, et appliquer la peine la moins rigoureuse. Voy. la 9e question.

(1) Cet homicide avait été commis sous l'empire de la loi pénale du 20 mai 1808, qui conservait la sanction pénale de cette espèce d'homicide telle qu'elle existait dans les anciennes ordonnances napolitaines. Mais cette sanction ne se trouve ni dans le Code français ni dans les dernières lois pénales napolitaines.

hormis pour l'exception contenue dans l'article 182. Je pense donc que l'application faite de la loi ancienne est irréprochable.

5. — Je m'arrêterai moins encore sur la question de savoir si les dernières violences commises sur la personne de la femme blessée sont une *contravention* ou un *délit*. Il me semble que l'article 511 les range au nombre des délits. Peut-être la cruauté qu'il y a à sévir ainsi sur une femme expirante aurait pu faire appeler ces violences *actes de barbarie*, et une nouvelle circonstance aurait ainsi été ajoutée à l'homicide ; mais le juge du fait ne les a pas définies ainsi, et l'action la plus cruelle, pour être qualifiée *d'acte de barbarie*, doit être estimée telle par le juge du fait. Je considérerai simplement comme coups et blessures tant l'acte de violence commis sur Caroline que celui commis sur sa belle-mère, après que celle-ci eut été blessée. Ainsi la question de droit devient plus simple et plus digne de vous. Elle est double : 1° Faut-il, pour l'application de l'article 504, une certaine connexité entre l'homicide et l'autre délit? 2° Quelle doit être la nature de cette connexité ?

6. — La première partie de l'article 504 (1) est conçue en ces termes : *Le meurtre sera puni de la peine de mort, lorsqu'il aura précédé, accompagné ou suivi un autre crime ou un autre délit.* Si on prenait cet article à la lettre, il faudrait l'appliquer indistinctement à tout meurtre qui suit, accompagne ou précède tout

____
(1) Art. 504 du Cod. pén. fr.

autre crime ou délit, quelque en soit l'auteur, en
quelque lieu et en quelque temps qu'il ait été commis.
Mais ne serait-ce pas une absurdité évidente?

L'artice 504 n'envisage pas l'homicide séparément
du délit ou du crime qui le précède, l'accompagne ou
le suit; il faut toujours supposer entre les deux délits
une certaine correspondance, une certaine relation,
qui sont indiquées par les termes mêmes de l'article :
*le meurtre qui aura précédé, accompagné ou suivi un autre
crime ou délit.* Ces termes indiquent le rapport, la relation intime qui doit exister entre les deux délits. Il
ne faut donc pas considérer d'une manière abstraite
l'ordre dans lequel ils se sont produits; mais il faut
nécessairement reconnaître entre eux une relation,
un lien, un point commun qui les réunit et les fait
tendre au même but.

7. — Cette connexité peut être envisagée sous qua-
tre points de vue : l'*auteur*, l'*acte*, le *lieu* et le *temps*.

L'article prévoit le cas d'un meurtre précédé, accompagné ou suivi d'un autre crime ou délit, et il ne
parle de l'auteur ni de l'un ni de l'autre. Qu'en con-
cluerons-nous? Toutes les fois que nous trouverons un
meurtre joint à un autre crime ou délit, le punirons-
nous de mort? Mais un événement peut en précéder,
en accompagner, en suivre un autre, et lui être intimement lié, sans que l'auteur du premier ait prévu
le second ou en soit l'auteur. Dans le cas, par exemple, où, pour venger l'homicide commis par Caïus, un
ami de la victime l'immolerait lui-même; ou bien

encore, si le vol commis un jour par Titius faisait
naître une rixe avec ses amis, et que de cette rixe ré-
sultât un meurtre. Il est évident que l'un de ces crimes serait la cause et l'occasion de l'autre, et que
l'un précède suit ou accompagne l'autre ; mais l'auteur du premier ne l'est pas du second, et il n'y a
pas d'exception à la règle que la peine ne peut s'appliquer qu'à l'auteur du délit ; il peut même arriver
souvent que le meurtre trouve une excuse dans le
crime ou le délit qui le précède ou l'accompagne, si
celui-ci a été commis par un autre. Ce n'est pas là le
nœud, la relation, qu'exige l'article 304 entre le meurtre et l'autre délit ; il faut nécessairement qu'ils soient
l'un et l'autre commis par la même personne.

8. — Cela ne suffit pas encore. J'admets que les
crimes ultérieurs sont si étroitement liés au premier,
que, si l'accusé n'avait pas commis le premier, il n'aurait peut-être pas commis le second. Dans ce cas, l'ancienne jurisprudence et la nouvelle décident que, lorsque deux ou plusieurs délits sont réunis sur la tête
d'un seul accusé, il doit être puni de la peine du délit
le plus grave. Dans aucun cas, le concours de deux
peines d'un degré inférieur ne peut entraîner l'application de la peine du degré supérieur. Dans le seul
cas de *récidive*, c'est-à-dire d'un nouveau délit commis par celui qui a été déjà condamné pour un autre
délit, la loi prescrit l'aggravation de la peine, d'a-
près les règles établies par les art. 156 et suivants ;
et cette aggravation n'a jamais lieu, si la première

condamnation a été prononcée pour délit, et que la seconde soit encourue pour crime. Il serait donc contraire à toutes les règles du droit de supposer qu'un homme poursuivi simultanément pour deux ou plusieurs crimes ou délits, dont un meurtre, dût être, en vertu de ce cumul d'accusations, condamné à mort.

9. — S'il en était autrement, il en résulterait des conséquences absurdes. En premier lieu, le Code se montre on ne peut plus sévère pour la *récidive;* mais il est rare qu'il traite aussi sévèrement les crimes et délits, bien que multipliés, bien que commis par le même accusé, lorsqu'ils sont jugés en même temps (1). Cela vient de ce que les coupables en état de récidive subvertissent le véritable objet de la peine, qui est : *ut eum quem punit emendet : nemo enim prudens punit quia peccatum est, sed ne peccetur :* de sorte que la loi voit, dans le nouveau délit de l'individu déjà condamné, la perversité incorrigible, le mépris des lois et des magistrats, l'insuffisance de la peine ordinaire, et le scandale public. Ces mauvais effets du crime ne se produisent pas lorsque le coupable n'a pas encore été effrayé par la voix du magistrat, c'est-à-dire lorsqu'il n'a pas encore tout à la fois tremblé par crainte d'un jugement public et éprouvé le poids de la peine. Et pourtant, si celui qui a été une première fois condamné correctionnellement pour un délit commet

____

(1) Les lois napolitaines suppléent à une lacune du Code pénal français par les dispositions relatives à la *réitération.*

ensuite un crime, ou si, condamné une première fois pour crime, il commet ensuite un délit, la circonstance de la récidive ne change pas la nature de la peine (1). Pourquoi donc, s'il est jugé simultanément pour meurtre et pour un autre délit, devra-t-on le punir de mort?

10. — En second lieu, le meurtre provoqué par des coups, l'homicide commis par le mari sur la personne de sa femme surprise en flagrant délit d'adultère, sont excusés par la loi. Or, peut-on croire que si l'auteur de ces crimes s'est précédemment rendu coupable d'autres crimes ou délits, il cesse pour cela d'être excusable? Peut-on croire que si, dans un premier mouvement de colère, il tue ou blesse le complice d'abord, la femme adultère ensuite, il faudra lui appliquer l'article 504? Et, s'il est assez malheureux pour se trouver souillé de plusieurs homicides tous excusables, ou d'un homicide commis par imprudence et d'un homicide excusable, quel sera son sort? Peut-on penser raisonnablement que, s'il est jugé successivement pour chacun de ces délits, il subira le maximum de la peine correctionnelle et la surveillance de la police (2), et que, si on le juge simultanément sur tous, il sera condamné à mort?

11. — En troisième lieu, un crime ne peut changer de nature par la circonstance accidentelle qu'il est

---

(1) D'après les art. 56, 57, 58 du Cod. pén. fr., cette partie de la législation est améliorée dans les art. 78 et suiv. du Code napolit.

(2) Art. 58, Cod. pén. fr. — Art. 83 du Cod. napolit.

poursuivi en même temps qu'un autre. S'il en était autrement, la mort et la vie d'un citoyen dépendraient de l'accusateur public. Il suffirait qu'il négligeât ou s'abstînt de poursuivre un accusé pour un délit antérieur ou subséquent, pour que la Cour considérât cet accusé comme un simple meurtrier; ou bien, dès que la Cour s'apercevrait de l'existence d'un autre délit, elle devrait suspendre le jugement et obliger le ministère public à poursuivre l'accusé pour les deux délits simultanément.

12. — L'argument ordinaire qui consiste à dire que, d'après ces principes, le coupable d'un seul homicide serait aussi puni que le coupable de cent n'a rien de sérieux. Si ces homicides sont de la même nature et sont jugés simultanément, le juge ne peut appliquer d'autre peine que celle que la loi l'autorise à appliquer. Il en est de même pour le vol, si ce n'est qu'il est puni plus sévèrement quand il est joint à des violences sur les personnes, et en particulier à l'homicide (1). Il serait donc juste que cette connexité des violences, ou de l'homicide avec le vol, servît de règle générale à l'application de l'art. 304, à tous les homicides précédés, accompagnés ou suivis d'autres crimes ou délits. On ne ferait ainsi que généraliser une règle particulière.

---

(1) Art. 382, Cod. pén. fr. — Art. 418, 419, 420 des lois napolit. Art. 418, lois napolit. : « Le vol accompagné d'homicide consommé ou de blessures ou coups constituant l'homicide manqué sera puni de mort. » (*N. du tr.*)

13. — Ce n'est que dans ce cas que les divers délits doivent être nécessairement jugés ensemble ; dans ce cas, ils s'éclairent réciproquement, et leur union aggrave la faute du coupable ; ce n'est que dans ce cas que l'article est en concordance avec le reste du Code.

14. — Nous ne pouvons trouver de meilleur interprète d'une loi française que les orateurs du gouvernement qui en ont présenté le projet. « Pour que l'ho-« micide, disent-ils, soit un crime, il faut qu'il soit « volontaire. Lorsqu'il l'est, il est qualifié *meurtre* ; s'il « est commis avec préméditation ou de guet-apens, « la loi le qualifie d'*assassinat*. L'assassinat est donc « un crime plus grave que le meurtre ; et le meurtre « ne mérite pas la même peine que l'assassinat, si ce « n'est dans les cas particuliers où il est nécessaire « de l'y assimiler, à cause de l'atrocité du crime, atro-« cité qui résulte tant de la qualité de la victime que « d'autres circonstances aggravantes. »

Un crime ou un délit précédents, qui ne sont pas essentiellement connexes à l'homicide, peuvent-ils donc jamais en devenir une qualité, une circonstance aggravante ? Les qualités sont inhérentes à leur sujet et ne peuvent exister sans lui.

15. — « La peine de l'assassinat, poursuivent les « orateurs, sera également celle de l'homicide pré-« cédé, accompagné ou suivi d'un autre crime ou dé-« lit. Un tel concours de circonstances qui s'aggra-« vent réciproquement est d'une nature si redoutable,

« qu'une peine inférieure ne suffirait pas pour tran-
« quilliser la société... Quant à l'homicide dépouillé
« de toute espèce de circonstance aggravante, il sera
« puni de la peine qui suit immédiatement la peine
« de mort, c'est-à-dire de la peine des travaux forcés
« à vie. »

Qui ne voit maintenant que les *circonstances* du fait
pour *s'aggraver réciproquement*, lorsque dans ce fait
se trouve compris un homicide, doivent être intimement unies, et connexes à l'homicide même?

16. — Dans le rapport fait ensuite au nom de la
commission de législation, les mêmes idées sont exprimées avec la même clarté. « Mais si l'homicide,
« y est-il dit, est précédé, accompagné ou suivi d'un
« autre crime ou délit, cette union doit influer sur la
« peine de l'accusé, qui sera puni de la même ma-
« nière que les malfaiteurs qui, pour l'*exécution* de
« leurs crimes, font usage de tortures ou de violences
« atroces, et ajoutent au crime des actes de barba-
« rie. »

Telle est la connexité exigée entre les deux actes,
c'est celle qui existe entre le moyen et la fin : *medius
conjunctus extremis suis et fine.* La même connexité est
exigée dans les meurtres commis pour faciliter l'exécution d'un vol ou d'un faux, ou pour faire disparaître
la preuve d'un crime.

17. — La procédure pénale donne aux délits le nom
de connexes, 1° quand ils sont commis en même
temps par plusieurs personnes réunies ; 2° lorsque,

dans des temps différents, des lieux différents et par
des personnes différentes, ils sont commis par suite
d'un accord formé à l'avance entre elles; 3° lorsqu'un
délit est commis pour se procurer les moyens d'en
commettre un autre; 4° ou pour en faciliter, pour
en consommer l'exécution, pour en assurer l'impunité (1).

Toutes ces espèces de connexité nécessitent, de la
part du ministère public, la réunion de ces divers
délits dans un seul acte d'accusation. Mais on ne re-
trouve pas, dans chacun de ces quatre cas, l'espèce
de connexité qu'exige l'art. 504 pour aggraver la
peine; nous ne la retrouvons que dans le troisième et
le quatrième cas.

18. — Nous avons ici la solution de la question,
sous le rapport du temps et du lieu. Le lien entre
l'homicide et l'autre délit doit consister non-seulement dans l'intention du délinquant, mais encore
dans une relation intime des deux actes, soit qu'ils
aient été commis dans le même temps et dans le
même lieu, soit qu'ils aient été commis dans des
temps et des lieux divers.

19. — Je crois donc qu'on pourrait formuler ainsi
le caractère général de cette connexité : *un rapport
existant dans l'intention du délinquant, et ayant pour
but, dans l'exécution, de faire servir le meurtre à l'accomplissement d'un autre crime ou délit,* ou *vice versâ.*

Nous nous trouverons ainsi d'accord avec notre an-

____

(1) Art. 226, Instr. crim. fr. — Art. 161, Cod. proc. pén. napolit.

cienne législation, principalement en matière de vol joint au meurtre. Les fluctuations de la jurisprudence française jusqu'à ce jour ne peuvent faire changer notre jurisprudence ancienne et constante. Nous devons réduire en règle générale les règles d'imputation observées jusqu'ici relativement aux vols joints au meurtre.

20. — Il faut, de plus, qu'il y ait effectivement deux délits. Si donc, en portant plusieurs coups, mais sans employer les tourments ni les actes de cruauté, vous commettez un meurtre, le juge ne pourra prononcer sur chaque coup en particulier, et faire servir le coup mortel pour convaincre l'accusé de meurtre, et les autres pour le convaincre de blessures, et le punir avec la rigueur de l'art. 304. Le but de l'accusé ne fut que de commettre le meurtre; les différents coups n'avaient pour but que cet unique crime, et il ne peut être accusé que d'un seul crime.

Vitoritti frappe une femme : de là naît une rixe dans laquelle il est frappé. Ivre de fureur, il porte un coup mortel à une autre femme, et, loin d'être calmé par ce crime, il jette à terre la malheureuse, qui rendait le dernier soupir. Quelle relation ont entre eux ces divers actes? aucun, si ce n'est que l'un est l'occasion de l'autre, que le second naît du premier et le troisième du second; mais à eux tous ils ne forment qu'un seul crime. Vitoritti ne commit pas le meurtre pour faire disparaître un témoin des coups; il ne porta pas de nouveaux coups pour tirer parti du meurtre. Il fut entraîné par le cours des événements et par la rapidité de l'action, il n'obéit qu'à un seul et même mouvement de colère.

21. — Je crois donc que l'art. 304 a été appliqué à tort, et que la décision qui a condamné le requérant à mort doit être annulée (1).

(1) La Cour fit droit à ces conclusions, et depuis lors toutes les causes analogues ont été jugées d'après les mêmes principes.

IVᴱ QUESTION.

SI UN ÉTRANGER DÉJA CONDAMNÉ DANS SA PATRIE A UNE PEINE CRIMINELLE, DOIT CHEZ NOUS ÊTRE PUNI DES PEINES DE LA RÉCIDIVE LORSQU'IL VIENT A COMMETTRE UN AUTRE CRIME OU DÉLIT.

SOMMAIRE.

Section I. — État de la question.

I. Motif d'annulation que produit le condamné; conviction *spécifique* tirée d'un procès-verbal d'expertise simplement lu aux débats, § 1.

II. Motif produit par le ministère public, § 2.

III. Fait sur lequel s'appuie ce motif, § 3 à 6.

IV. Peine appliquée sans l'aggravation qu'elle aurait dû recevoir de la circonstance de la récidive, § 7.

Raisonnement de la Grande Cour pour exclure dans la cause l'aggravation de la récidive, § 8.

V. Division de notre argumentation, § 8.

Section II. — Réfutation de la première partie des motifs.

I. Les galères, les travaux forcés, les fers, ne sont qu'une seule et même peine, et toujours une peine de haut criminel, § 9 à 11.

II. Exemples tirés d'autres jugements, §§ 12 et 13.

III. Une loi postérieure plus douce ne change pas la nature d'un jugement prononcé précédemment, en exécution d'une loi plus sévère, § 14 à 18.

IV. Exemples tirés de jugements étrangers, § 19 à 21.

V. Réfutation de quelques arguments, § 22 à 23.

Section III. — Réfutation de la seconde partie des motifs.

I. Termes de la loi, §§ 26 et 27.

II. Raison de la loi, § 28 à 31.

III. Premier argument. — Différence des deux législations, § 32.

IV. Second argument. — Difficulté de bien connaître la condamnation, § 33.

V. Troisième argument. — Juridiction territoriale, § 34.

VI. Quatrième argument. — Quelques articles de nos lois civiles, § 35 à 39.

VII. Cinquième argument. — Décision des quatre rotes du conseil sacré, § 40.

VIII. Sixième argument. — Prétextes absurdes, § 41.

IX. Récapitulation, § 42.

X. Conclusion, § 43.

SECTION I.

État de la question.

1. — Messieurs (1), la décision du 29 janvier de cette année, par laquelle la Grande Cour criminelle de Principato-Ultra a condamné *Raphaël Villani* aux travaux forcés à perpétuité, a été attaquée par le condamné et par le ministère public. De tous les motifs

(1) Conclusions dans l'affaire de Raphaël Villani prononcées à l'audience de la Cour suprême, le 1ᵉʳ décembre 1819.

d'annulation que produit le premier, il n'y en a aucun qui mérite de longues observations ; cependant, vous devez accueillir celui d'après lequel on prétend que la loi a été violée, parce qu'une partie de la preuve *spécifique* a été faite au moyen de pièces *génériques* (1) dont on a simplement donné lecture sans que les témoins aient été, sur ce point, cités et entendus à l'audience publique. Je ne m'oppose pas à ce que ce moyen produise l'annulation de l'arrêt de condamnation et de tous les actes qui le précèdent, en commençant par l'ordonnance d'assignation des témoins.

2. — Mais le recours du ministère public présente une question bien plus importante ; c'est celle de savoir : *si un étranger condamné dans sa patrie à une peine criminelle doit être chez nous puni des peines de la récidive quand il commet un autre crime.* Dans les tribunaux criminels d'un pays comme le nôtre, qui, accessible à tous les étrangers, leur présente non-seulement de nombreux moyens de vivre et de s'enrichir, mais qui de plus renferme, enclavées dans ses provinces, quelques villes soumises à la domination pontificale, une pareille question doit souvent se présenter. Permettez-moi donc de la discuter avec quelque soin.

(1) La preuve *générique* est la preuve générale du fait ; la preuve *spécifique* est la preuve spéciale, particulière, celle qui résulte non des faits généraux, mais de témoignages individuels, particuliers. Voir ci-après les *Principes généraux de la preuve*, avant la 6ᵉ question. (*N. du tr.*)

3. — Le condamné *Raphaël Villani* est de Bénévent ; en 1802, il fut condamné pour blessures graves à sept années de galères, par la *consulte sacrée* de Rome. Mais, au bout d'un an, Sa Sainteté lui fit grâce, à condition que si, par la suite, il commettait le plus léger délit, il retournerait aux galères.

4. — Grâce, non pas à sa bonne conduite, mais au soin qu'il eut de se soustraire immédiatement à la vigilance des magistrats chargés de le surveiller, Villani rendit cette menace vaine : et, en passant dans notre province de Principato-Ultra, il changea de pays, mais non de caractère. Il y fut poursuivi en 1812 pour coups portés avec des pierres ; en 1813, pour le même délit aggravé par la préméditation ; en 1814, pour tentative de viol sur une enfant de neuf ans ; en 1817, pour blessures ayant occasionné une incapacité de travail de moins de vingt jours. Pour tant de délits, il ne subit aucune peine, à l'exception de quelques semaines de prison, pour la tentative de viol ; mais, heureux une fois de plus, il fut subitement mis en liberté parce que la partie privée renonça à le poursuivre (1). Tous ces délits étaient plus que suffisants pour faire annuler sa grâce. Mais la *clause dérogatoire* n'eut aucun effet dans le royaume de Naples ; et, quelque perverse et criminelle qu'eût été sa conduite parmi

(1) « Il n'y a pas lieu à l'action pénale pour crime de viol, de rapt, d'adultère ou d'autres attentats à la pudeur commis avec violence, à moins de *déclaration* de poursuite de la partie privée. » Art. 40, Proc. crim. napolit. (*N. du tr.*)

nous, ses actes coupables ne furent point réprimés, et lui servirent en quelque sorte d'échelons jusqu'au méfait inouï de la condamnation duquel nous avons à nous occuper aujourd'hui.

5. — En 1812, on célébrait à Montefusco, comme dans le reste du royaume, l'heureuse guérison du roi, qui, après une maladie dangereuse, venait, grâce au ciel, de recouvrer la santé.

6. — Vers le milieu du jour, les autorités de Montefusco, réunies à l'église, assistaient aux cérémonies sacrées. Mais Villani, sur le seuil du cabaret voisin, vomissait des blasphèmes contre Dieu et contre le principal objet des vœux de la foule. Le jugement rappelle avec horreur qu'à chaque tintement des bronzes sacrés, surtout lorsque l'hymne ambroisienne annonçait que les fidèles élevaient vers Dieu leurs actions de grâce, il redoublait les cris sacriléges, au point de les faire retentir jusque dans l'église. Non content de cela, pendant les fêtes du jour, pendant les fêtes de la soirée, il parcourait les rues comme un forcené, mêlant à la joie publique des propos infâmes et des exécrations sacriléges. Gaëtano Russo, huissier de la justice royale du canton, l'entendit, et pensa qu'un employé du gouvernement ne pouvait garder le silence en présence d'une audace aussi coupable, et, se tournant dédaigneusement vers lui : *Ah! infâme!* (lui dit-il) *Pouvez-vous parler ainsi du roi?...* Villani alors, tirant son stylet, se jeta sur lui et le tua.

7. — C'est ce fait que la Grande Cour criminelle

d'Avellino appelle un homicide volontaire non excusable. L'expression *non excusable* pouvait sembler oiseuse en présence d'un délit aussi atroce. Mais l'accusé, dans sa défense, poussa le délire jusqu'à alléguer que la juste indignation de l'huissier était une provocation et une violence grave envers sa personne. La Grande Cour craignit d'être accusée de négligence et d'oubli, si elle ne parlait pas d'une exception qui lui était proposée. Elle n'est donc pas blâmable d'en avoir fait mention. Mais ce serait abuser de vos instants que de m'occuper à justifier le jugement, en tant qu'il rejette une exception aussi futile. J'arrive à l'autre question, qui est de savoir si Villani, ayant été précédemment condamné à Rome, aurait dû être puni des peines de la récidive pour le nouveau crime dont il s'était rendu coupable à Montefusco.

8. — Cette question est envisagée par la Grande Cour sous un double point de vue : 1° relativement à la nature du premier délit pour lequel fut condamné Villani ; 2° relativement au lieu où a été prononcée la condamnation. En considérant l'affaire sous le premier point de vue, il me semble que la cour doute si la blessure pour laquelle le requérant fut condamné aux galères était un crime ou un délit. Sous le second point de vue, elle décide que, lors même que ce délit aurait été un crime à l'étranger, il ne pourrait donner le caractère de récidive à un second crime commis chez nous. Pour ces deux raisons, à la majorité des suffrages,

elle a déclaré que Raphaël Villani n'était pas coupable
de récidive d'après la loi, et lui a appliqué la peine
ordinaire du meurtre simple. Examinons le jugement
sous ces deux points de vue.

SECTION II.

Réfutation de la première partie du jugement.

Qu'entend la loi par ces paroles : *Condamné pour
crime* (1) ?

L'article 1er du Code français, qui était alors pro-
visoirement en vigueur, disait : *L'infraction que les
lois punissent d'une peine afflictive ou infamante est un
crime* (2). Ainsi les paroles de la loi, *condamné pour
crime*, représentent identiquement les mêmes idées
que celles contenues dans ces autres paroles, *condamné à une peine afflictive ou infamante*, et l'une de

(1) Art. 56, Cod. pén. fr. Art. 79 des lois actuelles napolitaines,
ainsi conçu : « Le condamné pour crime qui en commettra un autre
subira une peine plus grave d'un degré que la peine encourue. »
Dans toute cette discussion l'auteur rapproche perpétuellement les
lois françaises qui étaient encore en vigueur à Naples en 1819, lorsque fut prononcée la condamnation, et les lois pénales actuelles qui,
au 1er septembre, avaient déjà été promulguées et qui étaient, par
conséquent, en vigueur lors de la discussion du recours. (*N. du tr.*)

(2) L'art. 1er des nouvelles lois pénales napolitaines supprime
l'infamie : « Aucune peine, dit cet article, n'est infamante ; l'infamie
résultant d'un crime infamant par sa nature ou par sa gravité, ne
s'étend qu'à la seule personne du coupable. » L'art. 2 est ainsi conçu :
L'infraction punie d'une peine criminelle s'appelle crime. (*N. du tr.*)

ces phrases peut être substituée à l'autre. Or, l'article 7 du même Code pénal français place au nombre des peines afflictives et infamantes les travaux forcés; et l'article 14 indique le mode d'exécution des travaux forcés; il en résulte que cette peine est la même que celle des galères, à laquelle on a rendu l'antique dénomination que lui donnaient les lois romaines de peine *in opus publicum*. Dans notre nouveau Code on l'appelle *peine de fers*, et cette peine est exécutée de la même manière et produit les mêmes effets que les travaux forcés. Ainsi, *opus publicum, galères, travaux forcés, fers*, ne sont qu'une seule et même espèce de peine, d'après laquelle le condamné est soumis à des travaux pénibles au profit de l'État. Qui peut donc douter que lorsqu'un homme, d'après une loi quelconque, a été condamné aux galères, il ne doive toujours être considéré comme condamné à une peine criminelle, et en conséquence comme condamné pour crime?

10. — On a accusé la loi de faire un cercle vicieux, parce qu'elle appelle *crime* l'infraction punie d'une peine criminelle, et qu'elle appelle l'infraction punie d'une peine criminelle *crime*. C'est une critique puérile. La ligne droite est le *plus court chemin d'un point à un autre*, et le *plus court chemin d'un point à un autre est la ligne droite*. Définir une idée complexe, ce n'est que la décomposer en ses éléments; l'idée que représente le mot crime peut se décomposer en deux autres idées; la première est celle d'infraction en gé-

néral ; la seconde est celle de la peine criminelle dont est punie l'infraction. Ces éléments, réunis dans le mot *crime*, sont séparés et distincts dans la définition : *infraction punie de peines criminelles*. La peine que les lois pénales infligent à une omission ou à une action est en quelque sorte la marque qui fait reconnaître si elle est une infraction, et qui en indique la valeur légale. Si cette peine est *criminelle*, l'infraction est un *crime*.

11. — Je sais bien que, malgré les vœux de Cujas, de Vico, de Genovesi, la distinction entre *le crime de délit* et *la contravention* n'était pas très-nettement établie avant la publication du Code français ; mais peut-on nier que la chose ne subsistât ? Dira-t-on qu'il n'y avait pas de peines afflictives et infamantes ? Si donc Villani, avant le Code actuel, fut condamné à une *peine criminelle*, même à une *peine afflictive et infamante*, le Code l'a trouvé avec cette qualité judiciaire, et la question de savoir si on doit le considérer comme ayant déjà été condamné *pour crime* se réduit à une pure question de mots, qu'on peut résoudre par une simple substitution de termes légaux ayant la même signification. En effet, à ces termes, *individus condamnés à une peine afflictive et infamante*, notre nouveau Code substitue ceux-ci plus concis : *condamnés pour crime*.

12. — Dans la cause de Dominico Capano, il se présenta le cas d'un individu qui, avant la publication du Code français, avait été condamné par la Grande

Cour de la *vicaria,* d'après la procédure de *Truglio* (1),
à sept années de galères pour vol. S'étant ensuite
rendu coupable de meurtre, sous les nouvelles lois,
il fut puni de mort aux termes de l'article 56. On opposait alors que la Grande Cour de la *vicaria* ne faisait
point de distinction entre une condamnation pour
crime et une condamnation pour *délit,* ou pour *contravention.* On ajoutait que les galères n'étaient pas
une peine reconnue par le nouveau Code : on disait
enfin qu'une condamnation, par la procédure de *Truglio*
n'était ni précédée ni revêtue des formes éxigées par
la dernière loi. Cependant vous avez décidé que, pour
savoir s'il y avait récidive, il n'y avait à considérer
que le fait de l'irrévocabilité de la condamnation
précédente ; que la condamnation précédente avait
été certainement à une peine afflictive et infamante ;
et que de là seul résultait la conséquence que le coupable avait été précédemment condamné pour crime ;
vous avez donc rejeté le pourvoi.

13. — De même, la loi pénale du 20 mai 1808
n'établissait aucune distinction dans ce cas.

Un certain Pasquale Licciardi avait été condamné à
trois années de détention criminelle, peine afflictive,
il est vrai, mais non infamante (2). Sous l'empire du
Code français, il commit un second crime, et on lui

(1) La procédure de Truglio était arbitraire, sans motifs, sans
formes ordinaires. Voy. § 19. (*N. du tr.*)
(2) Art. 57 de la loi pén. de 1808.

appliqua les peines que prononce l'article 56 contre la récidive. Il se pourvut devant vous ; mais en vain il soutint qu'on ne pouvait le considérer comme coupable de récidive, parce que sa condamnation avait été prononcée sous l'empire d'un autre Code; en vain il opposa que la peine de la *détention*, qui n'est pas reconnue par le Code français, pouvait tout au plus s'assimiler à l'emprisonnement, peine purement correctionnelle. On lui répondit que les mots ne font rien ; que leur sens vulgaire ne peut être pris en considération quand la loi en détermine la signification légale ; et, considérant « que la condamnation « précédemment prononcée contre Licciardi conte-« nait une peine de haut criminel, d'après le Code du « 20 mai 1808, » vous avez rejeté le recours.

14. — Je n'ignore pas que, souvent, une peine de peu de durée, prononcée sous l'ancienne loi, s'est trouvée de nature à ne pas présenter clairement les caractères de peine *afflictive*, ni de peine *infamante ;* et ces caractères semblent encore plus incertains quand on voit les anciens tribunaux prononcer la même peine, quelquefois comme *prévention*, quelquefois comme *correction*, ou comme *exemple de haut criminel* (1); telle était, par exemple, la *prison*, la relégation, ou l'*exil*. Dans ces divers cas, l'intention du juge ne pouvant s'apprécier d'après le jugement, on a considéré la nature de la

______

(1) « La loi indique les cas dans lesquels la peine de mort doit être exécutée, avec un mode spécial d'*exemple public.* » Art. 6, lois pén. napolit. (*N. du tr.*)

poursuite et le caractère du délit, pour savoir si la peine était *préventive* ou *afflictive*. Mais peut-il y avoir doute pour la peine des galères, qui, partout où elle est prononcée, et particulièrement à Rome, équivaut toujours, ou à la *déportation*, ou à la peine *in opus metalli*, qui était une des espèces les plus graves de la peine *in opus publicum?* Tel est le sentiment unanime de tous ceux qui ont écrit sur les peines criminelles.

15. — Il est donc évident que Villani, en entrant dans le royaume de Naples, était soumis au Code français, et devait être considéré comme ayant été déjà une fois condamné pour crime; mais la Grande Cour criminelle d'Avellino doute s'il l'a été *pour un crime* reconnu tel par le Code. « Le document (dit « l'arrêt) consigné dans les actes, qui n'est qu'un « certificat du greffier du tribunal de première in- « stance criminelle du duc de Bénévent, nous ap- « prend que Villani frappa Gaëtano Russo, et que « l'une des blessures était très-dangereuse ; mais il ne « nous dit pas si la maladie ou l'incapacité de travail « a duré plus de vingt jours, condition nécessaire « pour pouvoir établir si l'accusé a été, à cette épo- « que, condamné pour crime ; il ne dit pas non « plus s'il y eut provocation, aux termes de l'arti- « cle 521 ; et, s'il y a eu provocation, il n'y a pas lieu « à l'application de l'article 56. »

16. — Ce raisonnement renferme une erreur manifeste, car il donne un effet rétroactif à la loi

de 1812 (1); en appréciant, d'après cette loi, des actes commis en 1802, il qualifie, d'après une loi de notre pays, des actes commis dans les États pontificaux. L'acte de Villani, commis à Rome en 1802, fut apprécié et puni à Rome d'après les lois romaines, il serait étrange de vouloir qu'il fût jugé aujourd'hui de nouveau par nous, et d'après nos dernières lois. L'article 56 exige que l'accusé ait été *une fois condamné pour crime;* c'est-à-dire, *une fois condamné à une peine afflictive ou infamante.* Il veut, non que l'acte soit déclaré punissable par nos nouvelles lois, mais qu'il y ait eu un jugement suivi d'une condamnation; c'est-à-dire qu'il exige toutes les garanties de la chose jugée. Les expressions *condamné pour crime* indiquent un jugement irrévocable et complet dans toutes ses parties. Le *condamné à une peine afflictive et infamante* ne sera peut-être pas *condamné pour crime,* parce que, s'il avait été jugé dix années plus tard, une loi l'aurait fait condamner correctionnellement? le jugement est *quid facti,* non *quid juris.* Il n'y a donc pas lieu d'examiner si le délit de Villani aurait mérité une peine afflictive et infamante d'après les nouvelles lois; mais seulement si Villani a été condamné à une pareille peine. La décision ci-dessus rapportée dans l'affaire Licciardi démontre quelle est sur ce point votre jurisprudence.

(1) Le Code français est de 1810, mais il ne fut promulgué qu'en 1812 dans le royaume de Naples, et y demeura en vigueur jusqu'en 1819.

17. — Si les nouvelles lois et les anciennes s'éclairent et s'expliquent réciproquement, arrêtons-nous un instant sur les art. 78 et suivants des nouvelles lois pénales. Tous ces articles sont conçus de manière à ne pas faire supposer dans le magistrat la plus légère faculté d'examiner le caractère de la première affaire. Le seul fait qui rentre dans son appréciation est de savoir si l'accusé a été déjà condamné. Et *sera tenu pour condamné, dit l'art. 78, tout individu contre lequel une peine se trouvera prononcée irrévocablement, de manière à en rendre l'exécution légale.* Ainsi, en matière de récidive, l'art. 79 (1) prescrit seulement d'examiner si, antérieurement à la nouvelle accusation, une peine criminelle a été irrévocablement prononcée contre l'accusé. Si cette peine a été celle de l'*ergastolo* (2), l'art. 81 ordonne qu'on n'examine pas si l'accusé avait précédemment

(1) Art. 79 ; « Le condamné pour crime *qui en commettra un autre* subira une peine plus grave d'un degré que la peine encourue. Cette aggravation, néanmoins, ne pourra être prononcée que jusqu'à la peine de l'*ergastolo*, la peine de mort exceptée. »

Art. 81. « Le condamné à l'*ergastolo*, ou celui qui, ayant subi, dans l'*ergastolo*, une peine temporaire aux termes de l'art. 80, commettra un crime emportant le second degré de fers ou une peine plus forte, sera puni de la peine de mort. Néanmoins, si celui qui a été condamné à subir, dans l'*ergastolo*, ladite peine temporaire, tombe en état de récidive postérieurement à l'expiration de cette peine, il sera traité conformément aux règles établies par l'art. 79. » (*N. du tr.*)

(2) « La peine de l'*ergastolo* consistera dans la réclusion du condamné, pour toute la vie, dans le fort d'une île, selon les règlements. » Art. 7, lois pén. (*N. du tr.*)

mérité cette peine aux termes des lois nouvelles : il suffit qu'il y ait été condàmné, bien que sous l'empire des anciennes ordonnances. Quelle est cette nouvelle autorité que s'arroge, dans ses arrêts, la Grande Cour d'Avellino, au delà de la loi organique, au delà des lois pénales ?

18. — Les nouvelles lois, par une sage prévoyance, distinguent la *réitération* de la *récidive*. Dans la première, le juge apprécie le caractère et la nature des deux délits, et la valeur des deux accusations ; dans la seconde, il n'a à apprécier que la gravité du second crime ; et, quant au premier, il n'a à envisager que la nature de la condamnation. Qui ne voit que la Grande Cour d'Avellino dans la cause de Villani, a cru pouvoir apprécier la gravité du premier crime comme celle du second, et a transformé ainsi un jugement de récidive en un jugement de réitération (1) ?

19. — Si l'autorité de vos arrêts et des lois nouvelles avait besoin d'un appui étranger, vous le trouveriez plus puissant qu'il n'est nécessaire dans le *Répertoire de la jurisprudence française*, au mot *Récidive*. Au n° 8 est rapporté l'exemple suivant : Un certain Flo-

(1) Art. 86 : « Le *réitérateur* de deux crimes sera puni de la peine portée pour le crime le plus grave, laquelle sera toujours appliquée dans le maximum du degré.

« Le *réitérateur* de plus de deux *crimes* sera puni du degré supérieur de la peine portée pour le crime le plus grave, pourvu que cette aggravation n'atteigne pas la peine de mort. »

Les articles suivants prononcent également une aggravation de peine contre les réitérateurs de délits ou de contraventions. (*N. du tr.*)

riani, poursuivi, comme Villani, dans les États romains,
et non par la *consulte sacrée*, mais par un juge *baronal*
du prince Doria, est condamné, non à sept années,
mais à une seule année de galères, pour vol qualifié.
Avant l'exécution de sa condamnation, il obtient du
prince Doria sa grâce pleine et entière, puis, sous
l'empire du Code français, il commet un nouveau
crime. On examina peut-être alors si le premier vol
aurait été puni correctionnellement sous les lois nouvelles? Non! on examina seulement, comme vous l'a-
viez fait dans la cause Licciardi, si Floriani avait été
déjà oui ou non condamné à une peine criminelle. Et
la Cour de cassation de Paris, le 5 novembre 1844,
confirma l'arrêt qui le renvoyait en état de récidive
devant la Cour spéciale ordinaire, parce que « le re-
« quérant ayant été déjà condamné pour un autre vol
« qualifié à la peine des travaux publics, il avait été
« fait une juste application des lois de compétence,
« d'autant plus que les lettres de grâce obtenues par
« lui pour son premier vol, bien que lui ayant remis
« la peine, n'avaient pu faire disparaître son premier
« crime, ni effacer la marque que ce crime avait im-
« primée sur sa personne. » Et cependant quelle différence entre les lois anciennes et les lois nouvelles,
quant aux peines du vol! Que de vols, autrefois qualifiés et punis même de mort, tombent aujourd'hui
sous l'empire de l'art. 401 du Code français, et sont
punis correctionnellement! Dans le cas de Floriani, il
y avait bien lieu de douter, tant à cause de la brièveté

de la peine, que de la facilité avec laquelle il obtint sa grâce.

20. — Tous les numéros suivants de ce Traité du répertoire sont conformes à la décision du n° 8.

21. — Répétons-le donc encore une fois ; une Grande Cour criminelle ne peut examiner le caractère du premier crime que lorsqu'elle ne sait pas au juste de quelle peine il a été puni ; mais, dans le cas rapporté ci-dessus, le seul fait d'une condamnation précédente prononcée à Rome, même par un juge baronal, même à une seule année de travaux publics, a fait juger que celui contre lequel cette peine avait été prononcée devait être réputé déjà condamné pour crime. Par quel fatal aveuglement pourrions-nous douter si Villani, qui a été condamné lui aussi à Rome, et par la Consulte sacrée à sept années, de galères, pour blessures très-dangereuses, l'a été pour un crime puni aujourd'hui d'une peine correctionnelle ?

22. — M'arrêterai-je à la supposition que le mot *condamné*, dans la nouvelle loi, n'indique que le condamné d'après les nouvelles formes ? S'il en était ainsi, aujourd'hui qu'a été publié le Code napolitain, nous ne pourrions appliquer les peines de la récidive aux individus condamnés d'après les formes des lois du 20 mai 1808, et encore moins d'après celles des lois précédentes, spécialement en matière de *conciliation* et de *truglio*, où tout le Code pénal consistait dans la seule loi

onze, *perspiciendum*, D XLVIII, 19, *de pœnis*(1). Les condamnations en forme de *truglio* étaient arbitraires, sans motifs, sans formes ordinaires. Mais la question que le juge a à résoudre est celle-ci seulement : une peine criminelle légalement exécutoire a-t-elle été irrévocablement prononcée contre l'accusé?

23. — Je m'arrêterai encore moins sur le point de savoir si le gouvernement ou le Code romain est plus ou moins sévère que celui de l'autre pays. Au milieu de la civilisation générale de l'Europe, la qualification de délit donnée à un acte et la peine dont ce délit est puni, répond toujours aux besoins publics du pays pour lequel la loi est faite. Si le coupable se réfugie dans une autre contrée, son extradition ne peut être accordée, surtout s'il s'agit d'un de ces délits qui ne reposent que sur une opinion, sur un préjugé. Mais, lorsqu'en vertu de traités politiques l'extradition peut être obtenue, elle s'accorde toujours, sans examiner si le coupable aurait été également condamné dans un autre pays, et d'après une autre loi. Le requérant a justement été condamné d'après la loi de sa patrie, et partout ailleurs on ne peut le considérer que comme condamné.

(1) « Perspiciendum est judicanti, ne quid aut durius aut remissius constituatur quam causa deposcit : nec enim aut severitatis aut clementiæ gloria affectanda est; sed perpenso judicio, prout quæque res expostulat, statuendum est. Plane in levioribus causis proniores ad lenitatem judices esse debent : in gravioribus pœnis severitatem legum cum aliquo temperamento benignitatis subsequi. » Dig. (*N. du tr.*)

24. — La Grande Cour criminelle d'Avellino a donc commis une erreur de droit en mettant en doute ce que la loi reconnaît pour certain. Villani avait été certainement une fois déjà condamné pour crime.

25. — Après avoir établi la nature de la première condamnation, passons à la seconde question, à savoir si cette condamnation, par cela seul qu'elle a été prononcée en pays étranger, peut servir de base à la déclaration de récidive pour un second crime commis dans notre pays. Mais si, jusqu'ici, votre autorité est venue appuyer mon avis dans cette question, ici un de vos arrêts s'élève contre mon opinion.

Domenico Voccia, condamné précédemment aux galères de Bénevent, fut, pour un nouveau crime commis dans le royaume, condamné par la Grande Cour criminelle de Naples comme coupable de récidive. J'essayai vainement de soutenir devant vous cette condamnation. Vous avez adopté les principes sur lesquels la Grande Cour criminelle d'Avellino a plus tard basé la seconde partie de sa décision, et, à la majorité des suffrages, vous avez annulé la décision de la Cour de Naples. Mon respect pour votre opinion m'empêcherait aujourd'hui de reproduire la mienne. Je l'aurais même déjà sacrifiée à votre autorité, comme je me suis glorifié tant de fois de le faire, s'il ne m'avait semblé que, ne vous ayant présenté dans la cause Voccia que des conclusions écrites, les principes que j'y développais n'avaient pu être suffisamment réfutés ni appréciés par la Cour suprême.

De plus, la cause de Voccia fut soumise ensuite à la Grande Cour criminelle de Salerne, qui décida conformément à mes conclusions et à la décision précédente de la Cour de Naples. Permettez-moi donc de considérer cette nouvelle jurisprudence au moins comme douteuse, et de la discuter de nouveau et avec plus de soin dans cette affaire.

SECTION III.

Réfutation de la seconde partie de la décision de la Cour criminelle.

26. — Nous n'avons pas à établir les distinctions que la loi n'établit pas elle-même. Or, l'art. 56 est conçu d'une manière très-générale : *Quiconque, après avoir été condamné pour crime, en aura commis un second, etc.*, etc., et je me rappelle parfaitement combien de fois on a voulu devant vous restreindre le sens de cet article. Les uns voulaient qu'il ne comprît que les individus condamnés sous le nouveau Code et d'après les nouvelles formes ; les autres prétendaient qu'il ne s'appliquait ni aux condamnés graciés, ni aux condamnés pour un premier crime différent du second ; d'autres enfin, outre ces exclusions en admettaient de nouvelles. Mais vous avez toujours répondu qu'une loi rédigée d'une manière générale et sans exceptions devait être appliquée sans exceptions et dans toute la généralité de son esprit, et que, puisque cette loi, dans ses expressions, n'exige point cette identité de droit, ou de crime, ou de peine, les magis-

trats ne sauraient en faire une condition de son application. Si donc cette loi n'exige nullement que la
condamnation précédente soit prononcée par les juges
du royaume, pourrons-nous, nous, spécialement chargés d'exécuter la loi, créer et ajouter cette nouvelle
exception? La seule condition qu'elle impose, est que la
première condamnation pour crime soit certaine : mais
elle ne demande pas quel est le premier crime, elle ne
demande pas si l'accusé est napolitain ou étranger,
et encore moins d'après quel droit, en quel lieu, et
par quel juge il a été condamné. Le demanderons-
nous? Ou bien, par une nouvelle sorte d'enchantement,
celui qui échappe aux galères et au gibet des autres
pays est-t-il dépouillé de toute souillure par cela seul
qu'il vient parmi nous? l'air de notre pays a-t-il l'heureux privilége, par son seul contact, de débarrasser les
coupables, non-seulement de leurs habitudes honteuses
et criminelles, mais encore de leurs anciennes condamnations? les empreintes des chaînes et des fers rouges
s'effacent-elles subitement, et faut-il considérer comme
n'ayant jamais existé (ainsi que le disait le jugement qui
nous est soumis) le fait de la condamnation aux galères?
Ce serait donc là la seule exception à l'axiome : *Quod
factum est infectum manere impossibile est?* Comment
une chose que Plaute et Horace considéraient comme
impossible à Dieu lui-même est-elle devenue si facile
à une Cour criminelle?

27. — Ainsi, la lettre de la loi nous montre qu'il
en a été fait une application erronée dans la cause de

Villani ; cela devrait nous suffire : car le juge ne doit
se départir de l'observation rigoureuse de la lettre de
la loi que lorsqu'elle admet plus d'une signification.
Les règles du juste et de l'injuste, dirigeant les actions
non-seulement du philosophe, mais encore de l'idiot,
doivent être toujours exécutées à la lettre et sans discussion. Le magistrat n'a d'autre office que d'examiner les actes des citoyens et de juger s'ils sont conformes ou contraires à la loi : toute autre manière de
rendre la justice rend l'application de la loi arbitraire
et incertaine. Cependant, la Grande Cour criminelle,
laissant de côté la clarté de la *lettre*, a eu recours aux
ambiguïtés de l'*interprétation*. Après avoir ainsi ou-
vert le champ à la licence des dissertations sur la loi,
elle s'est trouvée, presque malgré elle, entraînée dans
la mer des opinions et s'est détournée de la bonne
voie.

Pour démontrer cela clairement, prenons le même
point de départ qu'elle ; c'est-à-dire la raison et l'esprit de la loi.

28. — Je proteste que, lorsque la loi est claire, cette
manière de raisonner est contraire à la nature de
notre institution, et qu'instruments passifs de la loi
nous ne devons jamais, si ce n'est dans le cas d'une
nécessité absolue, en consulter l'esprit. *Ejus est inter-
pretari cujus est legem condere* (1). Ce précepte nous a été
rappelé par une circulaire ministérielle du 10 oc-

____

(1) L. 2, § 21 c. 1, 17, *de vet. Jur. ex Sup.* 1, § 19.

tobre 1818. Si je me livre à cette discussion, ce n'est que pour démontrer les erreurs auxquelles nous expose l'inobservation de cette règle.

29. — La raison de l'art. 56 nous est indiquée par les orateurs du gouvernement en ces termes : « La récidive a un caractère plus grave qu'un pre- « mier délit, car elle nous montre dans le délinquant « l'habitude et la persévérance du mal. Il en résulte « que celui qui, après avoir été condamné pour un « crime, en commet un second, doit être puni de la « peine immédiatement supérieure à celle que la loi « prononce contre ce dernier crime. » Pour cette raison, comme je le disais et comme vous l'approuviez dans l'affaire de Capasso, l'aggravation de la peine dans le cas de récidive ne porte pas sur la première condamnation ni sur le premier délit, elle porte sur le second ; elle est prononcée non en raison du dol puni une fois déjà avec le premier crime, mais en raison de la plus grande perversité et des habitudes criminelles dont fait preuve le coupable ; enfin la loi est alors si rigoureuse par cette seule considération, que les coupables se montrent obstinés et persévé- rants, *in eadem temeritate propositi*, selon l'expres- sion des lois romaines, parce que *non emendationi potius, quam consuetudini deputaverint* l'expiation de la première peine (1).

30. — Or, cette raison générale de la loi, ainsi que la généralité des termes dans lesquels elle est

______

(1) L. 3, c. i, 4, *de episcopali Audientia*.

conçue, nous conduit à l'appliquer sans hésitation dans tous les cas, et surtout aux condamnés en pays étranger. Ceux-ci, en effet, montrent-ils moins de perversité, moins d'habitudes criminelles, que ceux qui ont déjà été condamnés dans le royaume? Un échappé des galères de Rome qui devait y passer sa vie en expiation des crimes les plus horribles, s'il vient à troubler la tranquillité publique de notre pays, ne devra-t-il pas être considéré comme plus coupable que le jeune homme inexpérimenté qui, après une vie innocente, entraîné par lui, l'a aidé à commettre un seul crime?

Les lois pénales, dont la généralité embrasse tous les cas, ne peuvent être restreintes à quelques cas spéciaux. Si une exception pouvait se faire en faveur de quelqu'un, elle devrait protéger les nationaux plutôt que les étrangers. Un homme du pays, en effet, après avoir subi une peine, ne peut, sans de grands obstacles, commettre un nouveau crime dans sa patrie. Tout l'arrête, et la honte de paraître si coupable à ceux parmi lesquels il est né et a vécu, et la connaissance qu'ont de lui ses concitoyens, qui certainement le surveillent et peuvent le prévenir, et les précautions dont la loi l'entoure, et la vigilance des magistrats chargés de le surveiller. Cependant la loi, non contente de cela, place sous ses yeux l'image d'une peine plus sévère encore pour lui que pour celui qui n'a pas montré sa perversité par la récidive. Un étranger, au contraire, déjà condamné dans sa patrie, s'il vient parmi nous, est toujours mal connu, et par conséquent est affranchi de toute espèce de surveillance de la part des magistrats et de ceux qui l'entourent. Si donc, pire qu'une bête féroce, il déchire le sein de l'homme qui lui fournit un asile, ne pourrons-nous pas lui imposer le frein ordinaire de la récidive? Quelles lois seraient alors les meilleures, de celles qui, pour ne point laisser pénétrer dans la patrie les usages étrangers, ordonnaient d'immoler quiconque y pénétrait, y fût-il même jeté par la tempête, ou de celles qui, par un excès de générosité hospitalière, nous abandonneraient sans garanties suffisantes au poignard et aux rapines des échappés des galères étrangères ?

31. — C'est pour cela que, dans l'état actuel de la civilisation générale et de la paix qui règne entre tous les États de l'Europe, leur union et leur bon accord doivent avoir pour but principal de surveiller les coupables quelle que soit leur patrie, quel que soit le lieu où ils ont commis leurs crimes. Qui ne connaît les derniers traités avec le Saint-Siége pour l'extradition des détenus et pour l'arrestation des malfaiteurs qui, après avoir commis un crime dans un État, se réfugieraient dans l'autre?

52. — L'argument qui consiste à dire qu'il serait injuste de condamner pour récidive un homme qui a été condamné dans sa patrie pour un acte qui chez nous ne mériterait pas une pareille peine, n'a aucune valeur.

Celui qui se joue des lois de son pays est toujours un mauvais citoyen. *Si prohibita impune transcenderis, neque metus ultra neque pudor est* (1). Si nos dernières lois pénales font quelque exception au principe général, cette exception ne peut s'appliquer dans le cas présent. L'art. 91 parle de l'acte qu'une disposition souveraine exclut de la classe des délits, en abolissant la peine qui y était attachée (2), mais il ne prévoit pas le cas où une législation appelle *délit* l'acte qu'une autre législation qualifie *crime*. Or, qui pourrait soutenir que la blessure grave pour laquelle a été condamné Villani soit aujourd'hui rayée de la classe des délits, et que la peine en soit abolie? Si l'on dit qu'à l'époque de sa condamnation la distinction entre le *crime*, le *délit*, la *contravention*, n'était pas admise à Rome, ce n'est là, comme je l'ai déjà démontré, qu'une dispute de mots que vous devez mépriser.

33. — Il n'est pas exact non plus de dire que, si l'art. 56 était applicable même aux condamnés en pays étranger, il faudrait, chaque fois que ce cas se présenterait, perdre beaucoup de temps à rechercher

(1) Tac., *Ann.*, III, 54.

(2) Art. 91 : « Toute disposition souveraine qui rayera une action de la classe des crimes ou en abolira la peine par mesure générale, détruira de droit tous les effets de l'instruction et de la condamnation ; et celui qui en sera favorisé, bien qu'ensuite il commette un crime, ne pourra être considéré ni comme réitérateur, ni comme en état de récidive. » (*N. du tr.*)

dans leur patrie leurs antécédents et leurs condamnations.

Plût au ciel que toute information sur un crime
pût être précédée de la connaissance exacte des antécédents de l'accusé! Mais peut-on exiger que les tribunaux sachent au juste pour quelle raison ces étrangers ont quitté leur patrie, qu'ils soient instruits de toutes les circonstances principales de leur vie? Cela n'est
pas possible. Du reste, chaque fois qu'on aura à juger
des étrangers ou des nationaux précédemment condamnés en pays étranger, deux cas seulement peuvent
se présenter : ou le tribunal connaît exactement leurs
condamnations antérieures, et alors elles établissent
un fait dont on devra tenir compte dans la discussion
comme de tous les autres faits; ou bien on ne sait
pas exactement s'ils ont été oui ou non condamnés,
et alors ils sont jugés comme, par exemple, les individus qui, après s'être rendus réellement coupables
d'homicide prémédité, sont assez heureux pour que
les faits constitutifs de la préméditation ne soient pas
connus.

Je soutiens seulement que, lorsque le fait de la précédente condamnation est certain, il doit aggraver le
second délit. Cela est certain pour *Villani;* pourquoi
donc son dernier crime n'en serait-il pas aggravé.

34. — La Grande Cour d'Avellino, entre autres principes de droit, nous enseigne que les juges de notre
pays n'ont pas le droit de juger les sujets de Sa Sainteté pour crimes commis dans les États pontificaux, et

vice versa. Mais il ne s'agit pas ici de juger Villani
sur le crime qu'il a commis à Rome, comme nous de-
vrions le faire s'il s'agissait de réitération. Il s'agit
seulement de savoir si Villani a été condamné à Rome.
C'est la Grande Cour, lorsqu'elle met en doute si le délit de 1802 serait punissable chez nous d'une peine
afflictive et infamante, qui veut connaître d'une affaire
qui n'est pas de sa compétence, mais de celle des tribunaux étrangers.

Pour nous, la décision de la Consulte sacrée est
juste ; et Villani ne doit être ici condamné que pour
l'homicide qu'il a commis dans notre pays après
avoir été condamné à Rome. Qui prétend donc em-
piéter sur la juridiction étrangère? Je respecte au contraire scrupuleusement ce que les autorités légitimes
ont décidé sur le sol étranger.

35. — Tout pays doit respecter les jugements rendus et les contrats formés dans un autre pays ; seulement, pour les exécuter chez nous, on exige qu'ils
soient revêtus des formes légales que demande notre
loi, parce que l'exécution se fait toujours au nom du
souverain. Mais ce ne sont là que des formes extérieures et rien de plus; les art. 545 et 547 du Code
de procédure actuellement en vigueur le disent expressément (1). Si l'exécution des décisions étran-

---

(1) Ce sont les art. du Code de procéd. franç. Art. 545 : « Nul
jugement ni acte ne pourront être mis à exécution, s'ils ne portent
le même intitulé que les lois et ne sont terminés par un mandement
aux officiers de justice. — Art. 547 : « Les jugements rendus et les

gères touche, par exemple, à notre régime hypothécaire, alors, outre cette règle générale, il faut se rappeler les art. 546 du Code de procédure civile (1) et les art. 2123 et 2128 du Code civil. Or, qui croirait que la Grande Cour d'Avellino invoque précisément ces articles tout exceptionnels, pour les transformer en cette règle générale, que nos lois ne reconnaissent pas les jugements des tribunaux étrangers, et que ceux-ci, en conséquence, n'existent pas légalement pour les juges du royaume; et de cette règle, qui, certes, n'est pas faite pour faire régner la paix et la confiance entre les nations, elle tire la conséquence que, puisque la condamnation de Villani a été prononcée en pays étranger, bien que parfaitement établie, elle ne doit *pas exister* pour nous, et que Villani ne peut être déclaré par nos juges *légalement condamné?*

56. — Les erreurs de ce raisonnement apparaissent clairement à·la simple lecture des articles qui y sont relatés.

Art. 546. — *Les jugements rendus par les tribunaux étrangers, et les actes reçus par les officiers étrangers, ne seront susceptibles d'exécution dans le royaume que de*

actes passés en France seront exécutoires dans tout le royaume, sans *visa* ni *pareatis*, encore que l'exécution ait eu lieu hors du ressort du tribunal par lequel les jugements ont été rendus, ou dans le territoire duquel les actes ont été passés.   (*N. du tr.*)

(1) Code procéd. franç. : « Les jugements rendus par les tribunaux étrangers, et les actes reçus par les officiers étrangers, ne seront susceptibles d'exécution en France que de la manière et dans les cas prévus par les art. 2123 et 2128 du C. civ. » (*N. du tr.*)

*la manière et dans les cas prévus par les articles 2123
et 2128 du Code civil.*

Art. 2123. — *L'hypothèque ne peut résulter des jugements rendus en pays étranger qu'autant qu'ils ont été
déclarés exécutoires par un tribunal du royaume.*

Art. 2128. — *Les contrats passés en pays étranger ne
peuvent donner d'hypothèque sur les biens du royaume,
s'il n'y a des dispositions contraires à ce principe dans
les lois politiques ou dans les traités.*

37. — Où ces articles disent-ils donc que nos lois
ne reconnaissent ni les jugements ni les contrats des
pays étrangers ? Ils disent exactement le contraire. Ces
jugements sont si bien reconnus par nos lois, que,
même lorsqu'ils constituent une hypothèque sur les
biens situés dans le royaume, ils n'ont besoin, pour
produire leur effet, que d'être déclarés exécutoires.
L'*existence légale* d'un acte est tout autre chose que
l'*exécution* d'un acte légalement existant. L'exécution
est un acte juridique qui ne peut s'accomplir que d'a-
près les lois du royaume. Aussi les contrats passés en
pays étranger, quand il existe des rapports entre ces
lois et les nôtres, sont si bien valables et reconnus
chez nous, qu'ils y produisent l'hypothèque, par cela
seul qu'un tribunal en ordonne l'inscription ; de même,
toutes les fois que des décisions civiles ont été légalement prononcées hors du royaume, et que leur exécution n'est pas contraire à nos lois, elles ont seulement besoin d'être revêtues de la forme exécutoire,
et la partie qui a succombé, loin de pouvoir les faire

examiner de nouveau quant au fond, ne peut nullement les combattre; « car, comme dit Pigeau, nos tri-
« bunaux n'ont pas plus le droit de réformer les juge-
« ments étrangers que les tribunaux étrangers n'ont
« le droit de réformer les nôtres. Le condamné ne peut
« opposer que des moyens extrinsèques au jugement. »

38. — Mais il ne s'agit pas ici de matières civiles,
ni de contrats, ni de décisions, d'où résulte un *jus in
re* sur les immeubles existant dans le royaume. Sans
recourir à ces arguments, le droit public n'a jamais
permis d'exécuter un jugement pénal prononcé à l'é-
tranger sur des individus qui, bien qu'étrangers, sont
domiciliés dans le royaume. On peut demander l'extradition du coupable, si toutefois les traités le permettent, pour qu'il n'échappe pas à la peine prononcée
contre lui, nous accordons cela, mais nous soutenons
que tout le reste est étranger à l'affaire.

Discutons-nous, par hasard, sur l'exécution d'un jugement relatif à une action réelle sur un bien situé
dans le royaume? ou la Grande Cour d'Avellino avait-
elle à traiter du droit d'hypothèque que la condamnation prononcée à Rome donnait à Villani sur les bagnes
de Castellamare? Comment aurions-nous à exécuter
ici un jugement étranger déjà exécuté dans le pays où
il a été prononcé?

39. — Le défenseur officieux a encore mentionné
l'art. 1000 du Code civil, bien qu'il n'ait pas été invoqué par la Grande Cour criminelle d'Avellino. Cet
article est ainsi conçu : *Les testaments faits en pays*

étranger ne pourront être exécutés sur les biens situés dans le royaume qu'après avoir été enregistrés au bureau du domicile du testateur, s'il en a conservé un, sinon au bureau de son dernier domicile connu dans le royaume; et, dans le cas où le testament contiendrait des dispositions d'immeubles qui y seraient situés, il devra être en outre enregistré au bureau de la situation de ces immeubles sans qu'il puisse être exigé un double droit. — Je ne vois pas comment il résulte de cet article qu'une condamnation prononcée et exécutée en pays étranger soit un fait qui, bien qu'établi, dûment prononcé et consigné dans un procès criminel du royaume, doive être cependant considéré comme non existant.

40. — La Grande Cour d'Avellino n'a pas cité avec plus d'à-propos la décision des quatre *rotes* du Conseil sacré de 1623, qui décida que les lettres *exhortatoires* des tribunaux étrangers ne devaient pas être exécutées dans le royaume sans que le fond de l'affaire ne fût examiné, comme si la Consulte sacrée de Rome l'avait exhortée à mettre à exécution le jugement de condamnation. Quel est le magistrat d'un pays étranger, s'il n'est pas tout à fait privé de sens, qui veuille faire subir la prison ou les galères sur un territoire étranger aux individus qu'il a condamnés, et cela par voie d'exhortation ?

41. — Tous les arguments opposés, et particulièrement ceux qui ont motivé le jugement dans l'affaire de Voccia, naissent de deux suppositions erronées qui dérivent l'une de l'autre. La première, c'est que l'ag-

gravation de peine tombe sur le premier délit plutôt que sur le dernier ; la seconde, c'est que, pour qu'il y ait lieu à cette aggravation, il ne suffit pas seulement de savoir si le coupable a été déjà condamné, mais qu'il faut de nouveau examiner le fait pour lequel il a été condamné, et recommencer les débats et la procédure.

Que ferons-nous, disait-on dans l'affaire de Voccia, si un enfant de moins de neuf ans a été en pays étranger condamné aux galères ? Que ferons-nous si un de nos concitoyens a subi une peine criminelle pour une infraction que nos lois ne reconnaissent pas ? Ces actes, en même temps seraient des crimes et n'en seraient pas. Mais qui ne voit pas que le premier cas ne peut jamais entrer dans un esprit raisonnable ? Dans le second, on oublie le principe que les peines ne sont que des arguments sensibles pour détourner les hommes des actions criminelles. Lorsqu'un gouvernement a fixé le degré d'imputation d'un délit dans un pays, il faut respecter sa décision, et le coupable qui la viole en se faisant lui-même juge de la loi, enfreint ainsi une loi salutaire, et se montre assez pervers pour enfreindre toutes les autres lois et se porter aux actions les plus criminelles.

42. — C'est à ces conséquences que nous conduit l'abandon du texte de la loi pour en faire une interprétation arbitraire.

Récapitulons tout ce que nous avons dit jusqu'ici : Dans la cause présente on a cru devoir juger l'ancien

crime, tandis qu'il ne s'agissait que du nouveau, et
tandis qu'il y avait seulement à examiner si la condamnation prononcée pour ce premier crime était
constante. On a cru ensuite que cette condamnation
devait pour le moins être exécutée aujourd'hui, tandis qu'elle l'avait été depuis longtemps, et qu'il fallait
seulement s'assurer si réellement elle l'avait été.
Les lois ne peuvent plus servir de guide à qui mécon-
naît ainsi leur véritable sens. La Grande Cour criminelle oublie qu'elle jugeait une cause criminelle et
que les nouvelles lois civiles sont tout à fait distinctes
des lois pénales, et elle invoque le Code civil ; mais
les articles qu'elle cite n'auraient pu donner d'autre
droit que de revêtir d'une formule exécutoire le jugement de Rome, droit absurde en matière criminelle,
et qui d'ailleurs ne conduisait nullement à la conséquence qu'en a tirée la Grande Cour. Pour arriver à
cette conséquence, elle a marché d'erreur en erreur,
et la nécessité de revêtir de formules exécutoires les
jugements étrangers en matière civile, et d'en rendre
l'exécution conforme à notre régime hypothécaire, a
été transformée par elle en nécessité de connaître
de nouveau de l'affaire, et en droit de prononcer la
nullité et la non-existence de toute espèce de jugement
étranger, même criminel.

La Cour n'avait à s'occuper ni de l'exécution des
jugements rendus à Rome, ni de la juridiction territoriale. C'est notre loi qui a été violée par le crime
de Villani ; c'est sur notre propre territoire qu'elle a

été violée ; c'est nos magistrats qui en ont connu. Le délinquant a été une fois déjà condamné pour crime en vertu d'un jugement non-seulement irrévocable, mais qui de plus a été exécuté. Il porte partout avec lui comme une marque indélébile le fait de cette exécution. Du moment que ce fait est établi, il devient une circonstance aggravante pour tout nouveau délit commis par Villani sous l'empire de l'article 56, et son nouveau crime, commis dans le royaume et aggravé par le crime précédent, doit être puni des peines de l'article 56. La Grande Cour criminelle a substitué à ces règles précises de la loi ses propres opinions, elle a donc violé la loi et en particulier l'art. 56.

45. — Pour cette violation, plus que pour celle relevée par le condamné, je demande qu'on admette le recours du ministère public, et que l'annulation du jugement soit prononcée (1).

(1) La Cour suprême décida comme dans l'affaire *Voccia*, et admit le recours du condamné tout en rejetant celui du ministère public. La Grande Cour de la Terre de labour à laquelle l'affaire fut renvoyée suivit les principes de la Cour suprême, et non ceux soutenus par M. Nicolini. Celui-ci réussit cependant, en 1833, à faire changer cette jurisprudence. (*N. du tr.*)

DES CONDITIONS LÉGALES DE LA PREUVE DU FAIT DANS LES JUGEMENTS CRIMINELS.

PRINCIPES GÉNÉRAUX.

I. La conviction *spécifique* peut-elle naître des discussions *génériques* qui sont lues dans le cours des débats pour arriver à la preuve *générique* (1) ?

II. Peut-on donner lecture, dans le cours des débats, des interrogatoires des complices condamnés par un jugement précédent ?

1. — Ces deux questions ne forment qu'une très-petite partie de la théorie importantes *des conditions légales que doit réunir la preuve pour produire la con-*

(1) Le Code de procéd. pén. napol. traite dans son tit. ɪɪɪ de la preuve *générique*, et dans son tit. ɪv de la preuve *spécifique*.

La *preuve générique* et la *preuve du fait permanent* se font au moyen de la *constatation* et de *l'inventaire*.

La *constatation* (*ingenere*, du latin *ingenerare*) est l'acte par lequel on établit la *matérialité* du fait lui-même. Elle tend à établir la preuve de l'existence du crime, art. 54.

L'inventaire est l'acte légal par lequel l'officier de police judi-

viction chez le juge du fait. Ces conditions sont nombreuses, elles dépendent toutes les unes des autres, et d'un principe commun que je dois indiquer.

J'énumérerai ensuite toutes ces conditions, de telle sorte que le lecteur pourra facilement trouver la véritable place des questions posées ci-dessus dans l'ensemble de cette matière.

2. — Le principe fondamental de la légalité des preuves dans le jugement de fait est le précepte de Bacon *minimum relinquere arbitrio judicis.* Ce *minimum* ne doit consister qu'en ce que la loi ne peut expressément prévoir ni assujettir à des règles fixes. Telle est, par exemple, la conviction ou la non-conviction de la certitude d'un fait, certitude qui, dans le rapport de notre esprit avec les faits humains, *nullo certo modo definiri potest, et ex sententia animi œstimanda* (1).

3. — Mais la méthode pour recueillir et pour contrôler les preuves peut être parfaitement assujettie à des règles fixes. Ces règles sont la logique judiciaire

ciaire se saisit ou s'assure de ce qui a été l'objet *matériel* d'un crime, ou par lequel il en décrit les vestiges, etc., art. 60.

La *preuve spécifique* se fait au moyen des témoins ; elle porte sur des faits controversables, accessoires, ne constituant pas le *corps du délit* lui-même.

Spécifique, comme le remarque M. V. Foucher, vient de *species* ou de *specificare;* dans le premier cas il voudrait dire plutôt *apparente, spécieuse,* que *spécifique, spéciale, particulière.* Je crois qu'ici il participe à la fois de l'une et de l'autre de ces significations.

Voir le § 4, quest. VI. (*N. du trad.*)

(1) L. 3, D. XXII, 5 de test.

ou la méthode des jugements. Sous ce point de vue, la procédure est divisée en trois périodes : 1° Recherche des preuves, *invention;* 2° préparation du jugement, *disposition;* 3° discussion publique et décision, *jugement.* Dans ces trois périodes, des règles fixes et graduelles, non-seulement restreignent l'arbitraire du juge, mais encore, d'après le commencement du procès jusqu'à la décision, le conduisent, comme par la main, vers la vérité, dans le but d'éviter, comme dit Bacon, *immaturam et præfestinam sententiam.*

4. — Les règles de la première période (invention) ne sont autres que celles fournies par la logique pour rechercher la vérité d'un fait, et pour en recueillir et en accepter les phénomènes particuliers et les preuves.

La topique qui se divise en *invention* proprement dite, *induction* et *démonstration,* y est réduite en préceptes législatifs.

5. — Mais les règles relatives à la recherche des preuves seraient inutiles si on ne s'assurait pas ensuite par un examen attentif et raisonné qu'elles ont été exactement observées. Tel est l'objet de la seconde période, *disposition des preuves;* cet examen se fait d'abord en appréciant la valeur des preuves par le jugement de mise en accusation, puis en le vérifiant au moyen des exceptions de nullité, en les disposant, en les distribuant ensuite de la manière la plus convenable dans les listes de témoins, et enfin en épurant ces listes par le moyen des récusations.

6. — Si la première période est celle de l'invention, et la seconde celle de la distribution de l'arrangement des preuves, la troisième est la période plus particulièrement judiciaire, elle est le *jugement proprement dit*. Dans cette période, les inductions, les démonstrations, les vérifications, les épurations précédentes sont refaites solennellement en public, et on en tire des conséquences certaines.

7. — Or les règles de cette *logico-critique*, dans ses trois parties (invention, disposition, jugement) sont déclarées, par les lois de procédure, autant de *légalités*, c'est-à-dire de conditions légales des preuves. La légalité de l'invention de la première période s'apprécie et se reconnaît dans les deux premières parties de la seconde période, c'est-à-dire dans le jugement de mise en accusation, et dans la recherche des nullités de divers actes. Après ces premières épreuves, on met en ordre en les épurant les preuves que la loi soumet à sept autres légalités ou conditions légales qui sont les suivantes :

I. Aucune preuve ne peut être discutée, ni servir à la conviction, si elle n'est précédemment indiquée dans les notes de la partie publique et dans celles de la partie privée et si ces notes ne sont réciproquement communiquées.

II. Les parties peuvent épurer leurs notes ou listes réciproques par de libres récusations.

III. Aucun témoin ne peut fournir matière à discussion s'il n'a été dûment assigné dans ce but.

IV. Chaque preuve doit être discutée en audience publique, devant tous les juges de la cause, en présence du ministère public, de l'accusé et de son défenseur.

V. Tout témoin avant d'être interrogé doit prêter serment : *Coram interrogari et dicere.*

VI. Libre faculté est donnée aux juges et aux parties de faire confronter les témoins entre eux et avec l'accusé, et de recevoir d'eux les explications utiles à la cause.

VII. Aucun fait ne peut être relaté dans les motifs du jugement s'il n'a pas été examiné avec toutes ces formalités solennelles.

8. — On voit par là que la première de ces conditions légales résume en soi toutes celles que la loi a établies dans la première période, puisque le ministère public ne peut relater dans ses listes que les preuves légalement recueillies dans le cours de l'instruction, vérifiées par le jugement de mise en accusation, et dans les délais où peuvent être invoquées les nullités. La septième condition est celle que toutes les autres ont pour but de préparer, et à laquelle elles viennent toutes aboutir.

Toutes les preuves qui réunissent ces sept conditions sont soumises à l'appréciation du juge. Il ne peut admettre aucune preuve qui ne les réunisse pas, mais, parmi les preuves qui les réunissent, il peut

choisir celles qui lui paraissent convenables et rejeter celles qui ne lui semblent pas utiles à l'affaire. Il
y aurait nullité à dire qu'une espèce de preuve entraîne nécessairement la conviction.

9. — Lors donc que le juge observe toutes ces conditions, il peut apprécier les preuves selon le sentiment
intime de sa conscience, et, en conséquence, quel que
soit le genre de ces preuves, quelle que soit la force
des documents sur lesquels elles s'appuient, quel que
soit le délit auquel elles se rapportent, elles ne peuvent
jamais produire légalement la conviction positive ou
négative, mais c'est au juge à les apprécier, à y croire
ou à ne pas y croire, selon l'impression qu'elles produisent sur son esprit, impression qui est confirmée
par les circonstances de la cause et par le plus ou
moins de vérité apparente des preuves.

10. — Or, les trois conclusions que nous donnons
ici se rapportent à la quatrième et à la septième condition. La troisième conclusion indique de plus les exceptions à ces conditions, et fait quelque mention de
la première condition.

Lorsque nous parlerons des autres conditions, nous
les ramènerons toujours à ces principes, en sorte que
chacun puisse coordonner toutes les conclusions sur
cette matière, et les coordonner depuis la première
condition jusqu'à la dernière, en partant du principe
exposé ci-dessus qui les régit toutes. Les exceptions
seront développées après les règles, comme autant de
restrictions et de modifications.

VI^E, VIIE, VIIIE QUESTIONS [1].

DES LECTURES PERMISES DANS LES DÉBATS.

SOMMAIRE.

PREMIÈRE QUESTION (n° VI). — Quand les experts chargés de faire
la preuve générique doivent être appelés aux débats.

I. État de la question, § 1.

II. Où finit la preuve générique et où commence la preuve
spécifique, §§ 2 et 3.

III. Règle fondamentale de la cinquième condition de la

[1] La Ve question, prononcée en 1821, est relative à la solution
des conflits de juridiction entre la Cour suprême de Naples et celle
de Palerme. M. Nicolini voulait qu'en l'absence de dispositions expresses de la loi ces conflits fussent réglés par le droit de *prévention*, c'est-à-dire que la Cour saisie la première de l'affaire fût
seule compétente [pour en connaître. — Ses conclusions ne furent
pas admises par la Cour suprême de Naples, devant laquelle elles
étaient prononcées, et aujourd'hui elles n'offrent pas d'intérêt, car
la loi du 20 août 1825 a attribué à la consulte d'État le droit de
trancher les conflits qui peuvent s'élever entre les tribunaux de la
Sicile et ceux du continent. Je crois donc devoir passer ces conclusions sous silence, malgré l'érudition et la vigueur d'argumentation
que l'auteur y déploie.   (*N. du tr.*)

légalité des preuves par témoins, *coram interrogari et dicere,*
§ 4. — Pourquoi la preuve générique n'y est pas soumise.

IV. La raison de cette exception nous apprend que, de la
preuve générique lue solennellement, on ne peut déduire que
ce qui concerne le *genre* du délit en général. Si le ministère
public veut en tirer une preuve spécifique, il doit appeler les
experts et les témoins à la discussion publique, § 5.

V. Particularités de la nullité dont nous parlons, §§ 6 et 7.

VI. Cette nullité dans l'affaire ne peut se dire couverte, §§ 8
et 9.

VII. Conclusion, § 10.

DEUXIÈME QUESTION (n° VII). — **Même question.**

I. Etat de la question, §§ 1 et 2.

II. Nullité qui résulte de la violation de l'art. 393, § 3.

III. Même nullité que dans la conclusion précédente, mais
dans un cas encore plus grave, §§ 4 et 5.

IV. Est-elle couverte par le silence de l'accusé et de son
défenseur ? § 6.

V. Conclusion, § 7.

TROISIÈME QUESTION (n° VIII). — **S'il suffit de lire dans les débats les
interrogatoires des complices déjà condamnés, ou si leur présence y est nécessaire : *coram interrogari et dicere.* — Comment
doivent être dressées les listes.**

I. État de la question, §§ 1 et 2.

II. Première partie. — Qualités des personnes. Tous ceux
qui ont déjà été condamnés doivent assister à la discussion
publique, si on veut qu'ils servent de témoins : ils sont soumis aux mêmes règles que les autres témoins, § 3.

III. Cela est confirmé par les exceptions que, dans d'autres
cas, la loi fait à la règle, §§ 4 et 5.

IV. Seconde partie. — Qualités des actes. Réponse à l'argument que les interrogatoires déjà lus et discutés dans un
autre jugement sont consignés dans un acte authentique,
§ 7 à 9.

V. L'interrogatoire de l'individu condamné par un jugement précédent ne peut être qu'un témoignage dans un jugement suivant, § 10.

VI. Ancienne manière de procéder, § 11.

VII. De quelle manière la loi repousse les condamnés, §§ 12 à 15.

VIII. Troisième partie. — Les documents écrits eux-mêmes doivent être indiqués avec précision dans les listes, §§ 10 à 17.

IX. Si cela ne se fait pas, il y a nullité : mais elle est couverte quand l'accusé ne proteste pas, § 18.

X. Conclusion, § 19.

VI.

Quand est-ce que les experts chargés de faire la preuve générique doivent être appelés à la discussion publique. — Art. 251, proc. pénale.

1. — Messieurs (1), Antoine de Féo est condamné à mort comme parricide. La cause pour laquelle la Grande Cour lui a attribué un tel méfait est assez légère. Les preuves de sa culpabilité sont très-faibles ; ses antécédents, au contraire, établissent sinon son innocence, mais du moins que ses habitudes étaient bien éloignées de celles d'un criminel.

Son père fut trouvé tué d'un coup de fusil, dans une

(1) Conclusions prononcées dans l'affaire d'*Antonio de Feo* à l'audience publique de la chambre criminelle de la Cour suprême de justice, 9 juillet 1832.

chambre intérieurement fermée, où il dormait seul près du feu pendant une nuit d'hiver.

Antoine, après avoir soupé avec son père, était allé, par son ordre, se coucher dans l'étable près de son frère. Il n'aurait pu se souiller les mains d'un sang aussi sacré qu'en escaladant la fenêtre, qui était peut-être mal fermée. Mais personne ne l'a vu. La Grande Cour a appris de la bouche du frère de l'accusé que, dans le cours de la nuit où fut commis le crime, Antoine avait, durant quelques heures, quitté leur lit commun; et elle en a conclu qu'il avait pendant ce temps-là escaladé la fenêtre et consommé son parricide. Mais le fait le plus grave sur lequel est motivée la déclaration de culpabilité, c'est que le condamné, dès les premières questions du juge royal, qui était accouru avant le jour, chercha obstinément à lui démontrer, par les restes du feu et par la position du cadavre, que le pauvre vieillard avait péri de sa propre main et non de celle d'autrui, ou que la mort avait peut-être eu lieu par accident et par hasard.

Le juge interrogea les experts sur ce point; ceux-ci jugèrent qu'il était invraisemblable et impossible que le fait se fût passé comme l'indiquait l'accusé. Sa défense, qui parut étudiée, et qui était démentie par les experts, bien que reproduite seulement dans le procès-verbal d'expertise, parut l'indice le plus certain de sa culpabilité.

2. — Il ne rentre point dans vos attributions d'apprécier le mérite et la valeur logique de cette preuve;

mais vous devez apprécier si la conviction s'est légalement produite. Je ne parle point de l'admission du frère à déposer contre son frère. Le défenseur ne s'est point prévalu de cette exception; elle est couverte par son silence, que je ne saurais trop blâmer. Je me demande seulement si l'exclusion du suicide, l'exclusion de l'inattention, l'exclusion du cas fortuit, dans une affaire d'assassinat, si cette exclusion, dis-je, est une partie *générique* ou *spécifique* d'une argumentation? Elle se rapporte certainement aux circonstances spéciales de l'événement, et à son auteur particulier : *rei facta, in speciem, qua mente fiunt, intuentur* (1). Elle est donc une partie de la preuve spécifique, et il importe peu qu'elle dérive des affirmations de témoins spécifiques proprement dits, ou de celles de témoins génériques proprement dits. Ce sont là deux sources différentes des preuves; mais celles qui en découlent n'en conservent pas moins leur caractère et leur dénomination légale.

3. — Or, la méthode d'après laquelle la Grande Cour a tiré de la discussion publique son argumentation spécifique est-elle légale, ou est-elle réprouvée par la loi? Toute la cause, selon moi, se réduit à cette question.

4. — La règle fondamentale de la discussion des preuves, dans les affaires criminelles, est que tous les témoins *coram interrogentur et dicant*. L'art. 251 de la

____

(1) Tite-Live, vi, 14.

procédure pénale le prescrit d'une manière générale (1); tous les témoins doivent être appelés à l'audience publique, pour y être entendus oralement et non-seulement en présence de l'accusé et de son défenseur, mais contradictoirement avec eux. L'art. 246 de la procédure pénale fait exception pour les experts et les témoins génériques (2); la lecture de leur rapport et de leur déclaration est autorisée quand ils ont prêté serment. C'est là une exception qui doit être restreinte au seul cas pour lequel elle a été faite, et qui ne peut être étendue au delà. La raison de cette exception est que la preuve générique principale ne concerne que le fait permanent qui fut soumis au juge

(1) Art. 251, procéd. pén. : « Il est défendu, à peine de nullité, de lire dans le débat public toute attestation ou déclaration écrite, émanée d'une personne qui pourrait être citée comme témoin, hors les cas prévus par les art. 242, 246, 258, 550 et suivants.

« La nullité sera couverte si le ministère public ou l'accusé ne s'est pas opposé à cette lecture.

« Il est défendu de lire au témoin, soit au commencement, soit pendant le cours de son examen, la déclaration qu'il a faite précédemment dans l'instruction écrite.

« Cette défense cessera s'il existe des contradictions, des variations ou des différences entre l'une et l'autre, de sorte que le président croie nécessaire de rappeler à la mémoire du témoin ce qu'il a déclaré une autre fois. »

(2) Art. 246. « Il n'est pas nécessaire d'appeler au débat les experts et les témoins entendus lors de la constatation de l'inventaire ou des apurements de faits, lorsqu'ils auront fait leur déclaration sous serment avant le débat public. »

« Les parties et le ministère public pourront néanmoins les placer sur leurs listes respectives; la Grande Cour pourra aussi les appeler d'office. »   (*Note du tr.*)

instructeur, aux experts, et souvent à d'autres témoins
et à l'accusé lui-même. Ce fait permanent ne concerne
point tel ou tel accusé ni telle ou telle espèce d'accusation, mais l'état même du sujet matériel du crime
que les anciens appelaient *corps du délit;* c'est ainsi
qu'Ulpien disait : *corpus loci, corpus instrumentorum;*
et Papinien : *corpora nummorum,* soustraction principale, substance, élément principal, valeur générique
de la chose qui n'est ordinairement controversé dans
les débats par aucune des parties, pour me servir
des expressions de l'art. 295, proc. pén. (1).

C'est pour cela que la lecture en est suffisante, à
moins que l'une des parties ou que le juge ne réclame
expressément et d'office que les experts soient appelés à la discussion publique pour éclaircir quelques doutes. Ainsi, par exemple, la circonstance que
le meurtre a été commis avec un instrument déterminé est un jugement de fait permanent qui est rarement contredit; et, en conséquence, si les experts
décident seulement que l'homicide a été commis, par
exemple, par le coup d'une arme à feu, il suffit alors
de donner lecture tant de la description matérielle
qu'ils font de l'état dans lequel ils ont trouvé le cadavre, que de leur décision.

5. — Mais si les experts vont jusqu'à parler de
l'auteur du crime, soit pour disculper, soit pour ac-

______

(1) Art. 295 : « On ne pourra mentionner, dans la décision, à
peine de nullité, aucun fait s'il n'a été l'objet du débat public, à
moins qu'il ne s'agisse *de faits non controversés.* » (*N. du tr.*)

cuser un individu ; s'ils établissent que le fait n'est point provenu de la faute de la victime ou du hasard, mais de la scélératesse d'un individu qui a porté le coup ; s'ils répondent aux défenses de l'accusé, en contredisent l'esprit et combattent ses moyens de défense, c'est là une partie de la preuve spécifique, et elle doit être faite non par la lecture des déclarations écrites, mais par la bouche même des témoins, en présence de l'accusé et de son défenseur.

Quand on n'est plus dans le cas de l'exception, et que la raison qui la fait admettre n'existe plus, il faut nécessairement en revenir à la règle. Si donc la Grande Cour voulait combattre la défense de l'accusé avec la décision spécifique des experts, elle devait ne pas se contenter de la lecture du procès-verbal ou cette décision était consignée, mais elle devait appeler les experts à la discussion publique, d'autant plus que l'accusé, en soutenant toujours la possibilité du suicide, mettait bien en discussion la décision tout entière des arbitres.

6. — Cela était d'autant plus important, qu'on pouvait tirer des conséquences fécondes de la découverte faite dans le cours des débats de traces certaines de cendres de paille brûlée qui souillaient la crosse du fusil et les mains du cadavre. Dans une chambre où il n'y avait pas de lit, le malheureux vieillard n'avait pu se livrer au sommeil que sur la paille et à terre ; et il n'était pas impossible que le fusil fût placé à terre, et que les taches noires qui

se remarquaient sur sa crosse eussent été produites par la paille qui s'enflamma tout auprès, en sorte que le feu se communiqua à la poudre qui était dans le bassinet, et produisit peut-être ce triste événement en faisant partir le coup dans la direction où le vieillard se trouvait accidentellement.

7. — Il n'y a certainement pas lieu à nullité, parce que la Grande Cour n'a pas pensé à un pareil accident; autrement ce serait dans une question de fait substituer notre manière de voir et notre conscience à la manière de voir et à la conscience du juge qui en a connu. On voit cependant combien il importait, dans la discussion de ces faits, d'observer scrupuleusement les règles de la loi. Or c'est une violation manifeste des art. 218 et suiv. de la procédure pén. (1), et particulièrement de l'art. 251, qui pose les principes fondamentaux de la discussion publique des preuves, et c'est une extension vicieuse donnée à l'article 246, que de se contenter, comme l'a fait la Grande Cour, de la lecture du procès-verbal des experts pour y puiser ensuite son propre jugement spécifique; *spécifique*, je le répète, parce qu'il n'est pas une description ni un jugement de la seule cause physique et matérielle de la mort de la victime, mais qu'il porte exclusivement sur les principaux moyens de dé-

---

(1) Art. 218 : « Le débat public sur les preuves et sur toutes les demandes que le ministère public pourrait former pendant son cours aura lieu, en audience publique, devant tous les juges qui doivent prononcer sur l'accusation. »   (*N. du tr.*)

fense de l'accusé, et qu'il se rapporte entièrement à la preuve spécifique. Il ne s'agissait plus de décider si le vieillard était mort d'un coup de fusil, il s'agissait de faire disparaître une cause prochaine et une circonstance qui avaient pu faire agir l'instrument de mort, pour y substituer une autre cause, une autre circonstance. Si ce n'est pas là le cas dans lequel l'accusé doit être entendu, interrogé, se défendre contradictoirement avec ceux qui font peser sur lui des charges aussi graves, si ce n'est pas l'occasion de discuter tous les faits avec l'attention la plus délicate et la plus minutieuse, on la cherchera vainement, et la discussion publique des preuves deviendra une charge inutile pour le trésor public, non un moyen de découvrir la vérité.

8. — On peut seulement répondre que cette nullité est couverte par le silence que garda l'accusé lors de cette lecture. L'art. 254 dit expressément : *La nullité sera couverte si le ministère public ou l'accusé ne s'est pas opposé à cette lecture.*

On pourrait répondre que cette lecture avait été indiquée dans la liste des moyens d'accusation comme une lecture de preuve générique. Sous ce rapport, il n'y eut pas violation de la loi. La violation consiste dans la lecture ordonnée par l'accusateur public, lecture qui avait une si puissante influence sur le sort de l'accusé. Celui-ci ne pouvait pas supposer, lorsqu'on voulut lire la preuve générique, qu'il s'agît d'autre chose que de l'accomplissement rigoureux de l'art. 246. C'est pour cela qu'il garda le silence. La loi parle ici pour tous et surtout pour un homme ignorant, pauvre et mal défendu, lorsque lui-même et son défenseur gardent le silence.

9. — Le jurisconsulte Ulpien donne la règle pour interpréter non-seulement les stipulations, mais tous les actes civils : *Semper id sequimur quod actum est.* Si les actes ne sont pas bien clairs, il faut les appliquer de la manière dont ils le sont ordinairement dans le lieu, dans l'espèce, et en pareille circonstance, s'ils sont inintelligibles, *ad id quod minimum est, redigenda summa est* (1). De quoi s'agissait-il lorsqu'on a fait cette lecture? Il ne s'agissait que de la preuve générique. Donc le silence ne pouvait être relatif qu'à cette preuve. Si l'intention de celui qui ordonna et de celui qui souffrit cette lecture ne semblait pas, par cela seul, suffisamment claire, *mos et lex et locus* devaient l'expliquer ; et si cela ne suffisait pas, la peine ne devait être appliquée qu'au minimum. *Rapienda occasio est quæ præbet benignius responsum* (2). Le silence n'est ici qu'un assentiment tacite de l'accusé et de son défenseur : et quand un fait ou un assentiment exprès ou tacite, *in obscuro sit, ex affectione cujusque capit interpretationem* (3). Etendre le silence à ce qui n'est pas supposable, à ce qui ne pouvait être dans l'intention de celui qui se taisait, à

(1) L. 34, *de Reg. juris.*
(2) L. 168, *de Reg. juris.*
(3) D. l. 168, § 1, *de Reg. juris.*

ce qui, non-seulement lui préjudicie, mais le tue, ce serait la même chose qu'étendre de cas en cas une exception qui, d'elle-même est *contra rationem juris*, et l'étendre au delà de toute limite raisonnable.

10. — L'ancienne Cour de cassation, la Cour suprême de justice, pendant leurs premières années du moins, ne décidèrent jamais autrement. Il me semble donc qu'il y a lieu d'annuler cette décision (1).

VIII (2).

Peut-on lire dans les débats les interrogatoires des complices condamnés par un jugement précédent?

SECTION I.

Etat de la question.

1. — Messieurs (3), telle est l'importance de la question que nous avons à traiter aujourd'hui, que sa solution nous apprendra si l'on doit rigoureusement observer les prescriptions d'après lesquelles la

(1) La Cour suprême déclara que la nullité existait, mais qu'elle était couverte par le silence de l'accusé, et rejeta le pourvoi.

(2) La VIIe question traite la même question que la VIe, sans lui donner de nouveaux développements.   (*N. du tr.*)

(3) Conclusions prononcées à l'audience de la Cour suprême en chambres réunies, le 17 juillet 1855.

loi veut que la discussion des preuves dans les juge—
ments criminels soit faite contradictoirement entre les
témoins et l'accusé, ou si, à force de restrictions et
d'exceptions, cette discussion ne sera plus bientôt
qu'un vain mot, une comédie dispendieuse pour le
trésor. Une Grande Cour criminelle, dans la cause de
Giuseppe Piccolo, a placé arbitrairement au nombre
de ces restrictions et de ces exceptions les interrogatoires des complices condamnés par un jugement
précédent. La chambre criminelle de la Cour suprême
a annulé cette procédure pour violation manifeste de
l'art. 251 (1) de la procédure pénale, et a renvoyé
l'affaire devant une autre Cour, qui a décidé comme
la première. Sa décision est attaquée pour les mêmes
motifs. Il y a donc nécessité de statuer sur cette décision en chambres réunies. Les faits et les principes
de droit qui donnent lieu à cette nécessité sont les
suivants :

2.— *Francesco Lamanna* et *Grégorio Locaputo* avaient
été condamnés précédemment comme coupables du
même vol pour lequel a été ensuite poursuivi *Giuseppe
Piccolo*. On ignore ce qu'ils sont devenus, et les deux
Grandes Cours n'ont nullement cherché à le savoir. A
la fin des débats de l'affaire Piccolo, et devant l'une
et l'autre Cour, le procureur général demanda qu'il
fût donné lecture des interrogatoires de ces deux con-

(1) Art. 251 : « Il est défendu, à peine de nullité, de lire dans le
débat public toute attestation ou déclaration écrite, émanée d'une
personne qui pouvait être citée comme témoin. »   (*N. du tr.*)

damnés. L'avocat de Piccolo pouvait s'opposer à cette lecture, parce qu'elle n'était pas mentionnée dans la liste des preuves présentées dans le délai des vingt-quatre heures (1). Mais il lui plut de ne s'y opposer que par le motif que les deux susdits n'avaient pas été assignés pour la discussion publique, et qu'il n'y avait aucun obstacle légal à leur comparution ; il conclut qu'une pareille lecture était contraire à l'art. 251 invoqué par la Cour suprême. Les deux Grandes Cours ont fait également droit à la réquisition du ministère public, par le motif que ces interrogatoires ne pouvaient valoir que comme simples renseignements et éclaircissements. La seconde Grande Cour a seulement ajouté que ces actes étaient *des actes discutés dans un jugement déjà rendu, qui, par leur authenticité, devaient être considérés comme des documents publics ; et dont, par conséquent* (dit-elle en concluant), *la lecture ne saurait être interdite.* Examinons avec soin ces principes sous le double aspect et des personnes qui n'ont pas été citées et de la nature de l'acte dont on a donné lecture.

(1) Art. 195, procéd. pén. : « Après que les décisions sur les moyens de nullité auront été rendues, et les apurements complétés, s'il y a lieu, le président ou le juge délégué fixera un délai de vingt-quatre heures pendant lequel le ministère public et la partie civile devront remettre au greffe la liste de leurs témoins respectivement signée d'eux. »   (*N. du tr.*)

SECTION II.

Première partie. — Qualités des personnes.

3. — Si les déclarations des personnes dont on ne peut tirer une preuve principale, et qui ne sont admises à déposer en justice que pour donner des renseignements et des indications, devaient être seulement lues dans le cours de la discussion publique, il faudrait toujours les indiquer sur les listes comme des documents et non comme des témoignages. Mais l'article 205 de la procédure pénale s'exprime ainsi : *Ceux qui, par une décision ou une sentence, ne peuvent être admis à déposer en justice, si ce n'est pour y donner de simples renseignements ou explications, doivent être expressément indiqués sur la liste avec cette qualité.* Tels sont, en vertu de l'art. 17 de la loi pénale, les condamnés aux fers et à la réclusion. Ces personnes, dit le même article, *ne pourront servir d'experts, ni de témoins dans les actes, ni déposer, si ce n'est pour fournir de simples renseignements.* Or, les termes des deux articles, *admis à déposer..... expressément indiqués sur la liste.... déposer pour fournir de simples renseignements,* montrent clairement que la loi parle de personnes qui doivent être admises à déposer et non de documents qui doivent être lus. Elles doivent donc être indiquées sur la liste, de la même manière que toute autre qui doit assister aux débats, *coram interrogari et dicere.* Le motif et les déclarations des deux

Grandes Cours sont donc évidemment entachés d'illé-
galité.

4. — Plus la bonne foi d'un témoin est douteuse,
plus il est nécessaire qu'il dépose en personne.

1° Pourquoi les experts et les témoins du fait principal peuvent-ils être exemptés d'assister en personne
à la discussion publique? Par cela seul qu'il s'agit
de faits généraux éclairés par plusieurs experts, en
présence d'un juge instructeur, et souvent en présence de l'accusé lui-même et de son défenseur. L'objet et le caractère particulier d'une telle preuve fait
que le juge et les parties s'en rapportent à la première démonstration une fois qu'elle est parfaitement
établie; et cependant, si l'une des parties le réclame
dans les délais, ces témoins eux-mêmes doivent être
appelés aux débats. Telle est la prescription de l'article 246;

2° Pourquoi n'exige-t-on que la lecture des déclarations écrites des conseillers d'Etat, des ministres
secrétaires d'Etat, des cardinaux, des évêques, des
quatre présidents de cour, etc., etc.?

Parce que la haute dignité qu'ils occupent ne permet pas de douter de leur aptitude à comprendre les
particularités du fait dont ils déposent, ni de la sin
cérité et de l'exactitude de leurs expressions. Cela est
dit par les art. 550 et suiv.;

3° La mort, ainsi que tous les empêchements, tous
les obstacles physiques, s'appliquent à tous les témoins, y compris les condamnés pour crimes, et les

art. 242 et 258 permettent dans ce cas la lecture de leurs déclarations.

Comment, en effet, faire comparaître aux débats les morts, les malades, ou ceux qui en sont empêchés pour cause d'intérêt public? (*Necessitas constituit jus*, disait Modestinus.) Mais la loi ne reconnaît pas d'autres exceptions que les trois que je viens d'indiquer et qui se trouvent dans les art. 242, 246, 258, 550 et suivants.

5. — L'art. 251, procéd. pénale, s'exprime ainsi : « *Il est défendu, à peine de nullité, de lire dans le débat public toute attestation ou déclaration écrite émanée d'une personne qui pouvait être citée comme témoin, si ce n'est dans les cas prévus par les art. 242, 246, 258, 550 et suivants.* » Or *Lamanna* et *Locaputo* n'étaient certainement pas morts, ni arrêtés par des obstacles matériels ; ils n'avaient ni charge, ni mission, ni empêchement qui permît de dire qu'ils étaient retenus pour affaires publiques. Ils n'étaient pas davantage témoins ou experts du fait général, ils n'étaient donc point compris dans les deux premières exceptions de l'article 251 ou des art. 242, 246, 258. Ils sont compris, peut-être, dans la troisième exception des art. 550 et suiv., qui parlent des archevêques, des cardinaux, des présidents de cour? Il serait absurde d'en douter seulement. La Grande Cour a donc créé pour eux une quatrième exception. *Contra jus et contra rationem juris,* elle a donc violé l'art. 251.

6. — Mais le procureur général près la seconde

Grande Cour, dans ses observations sur le pourvoi du condamné, soutient qu'on arrive mieux à la vérité par la lecture de ces interrogatoires que par la comparution de leurs auteurs à la discussion publique, parce que ceux-ci, n'ayant plus aucune espérance d'échapper à la peine, seraient nécessairement conduits à mentir, ou par plaisir, ou pour nuire à leur complice qui n'est pas encore jugé. Il pense donc que, lors de son premier interrogatoire, un accusé, tourmenté par la crainte de perdre la liberté ou la vie, dit toujours la vérité. Et pourquoi alors la loi n'exige-t-elle pas qu'il prête serment, si ce n'est pour ne pas le mettre dans la dure alternative ou de nuire à sa défense ou d'offenser la religion? Ainsi la philosophie et la loi doutent de la bonne foi de son premier interrogatoire, et les deux Grandes Cours dont nous examinons les décisions la tiennent pour évangélique. La philosophie et la loi partent de l'idée qu'on peut plus facilement mentir ou engager à mentir dans un entretien secret, qu'en présence d'un tribunal composé d'hommes qui ne sont ni aveugles ni imbéciles, qui, ayant présentes à l'esprit toutes les circonstances de la cause, interrogent avec pénétration et amour de la vérité, en face de tous les intéressés et du public; et les deux Grandes Cours partent de la présomption contraire. Mais nous voulons suivre la loi, et plus la véracité des paroles d'un coupable est douteuse et suspecte, plus nous élèverons la voix pour répéter avec le jurisconsulte Carisius : *Plurimum quoque in excu-*

tienda veritate etiam vox ipsa et cognitionis subtilis di-
ligentia adfert : nam ex sermone et ex eo, qua quis cons-
tantia, qua trepidatione quid diceret, vel cujus existi-
mationis quisque in civitate sua est, quædam ad illumi-
nandam veritatem in lucem emergunt (1).

SECTION III.

Nature des actes dont on a donné lecture.

7. — Le raisonnement particulier que la seconde
Grande Cour ajoute à ceux-ci est singulier, elle considère ces deux interrogatoires, déjà lus et discutés dans
une autre cause, comme deux documents publics ayant
la même authenticité que deux actes publics. Quelle
confusion de noms et de choses ! Un procès-verbal
des débats est un acte authentique quant à ce qui s'y
passe, et quant à l'intérêt des parties qui y assistent.
On ne peut donc mettre en doute, jusqu'à inscription
de faux, que les deux interrogatoires aient été lus et
discutés dans le premier débat dans l'intérêt de ceux
qui étaient alors accusés. Ainsi, dans un acte public,
s'il est attesté que les parties ont dit quelque chose
ou qu'une lecture a été faite, ces faits ne sauraient
être mis en doute; mais d'abord, cela rend-il vrai le
contenu des actes lus, ou les dires des parties rapportés
dans l'acte ? Cela le rend peut-être vrai même dans l'intérêt de ceux qui ne sont pas intervenus à l'acte ? Cela
serait contraire à la maxime que, *res inter alias acta ne-*

(1) L. 10, § 5, *de Quæstionibus*, Dig.

que præjudicium, neque emolumentum afferre potest ali-
cui (1). Dans l'intérêt des tiers, les faits doivent toujours être affirmés de nouveau, les insertions doivent
être relues, un nouvel acte doit être fait.

8. — En second lieu, si ce qu'affirme la seconde
Grande Cour était vrai, toutes les déclarations des témoins faites dans le cours des premiers débats seraient des actes authentiques, et en conséquence il
aurait été suffisant dans l'affaire de Giuseppe Piccolo
de donner lecture du procès-verbal des débats relatifs
à Lamanna et Locaputo ; rien ne peut s'imaginer de
plus absurde et de plus contraire à la loi.

9. — En troisième lieu, ces deux déclarations
n'ont pas été employées dans le jugement de Piccolo,
pour démontrer qu'elles avaient déjà été lues dans un
autre jugement comme en fait foi l'authenticité du
procès-verbal. Elles ont été employées pour convaincre
Piccolo, et en conséquence on devait lui donner le
droit de se défendre pleinement et régulièrement
contre chaque partie de ces déclarations. Or, cette défense ne peut avoir lieu sans entendre les auteurs de
ces déclarations, et sans la discussion contradictoire
de chacun d'eux, non-seulement avec les autres témoins, mais avec le ministère public et l'accusé.

10. — L'art. 237 de la procédure pénale exige que
tous les accusés présents au même jugement soient
avant tout interrogés, pour savoir s'ils ont quelques

______

(1) Lib. 1 et 2, c. VII, 60 : *Res inter alios acta.*

observations à faire dans leur intérêt sur l'acte d'accusation et sur les poursuites de la partie lésée. De plus, l'art. 238 ordonne qu'il soit donné lecture de tous les interrogatoires (1).

Mais leurs réponses, soit qu'elles en confirment, qu'elles en modifient, qu'elles en rétractent le contenu, doivent toutes être reproduites par écrit dans l'intérêt des diverses parties. Si donc l'un des accusés est plus chargé de raison par l'interrogatoire d'un autre, il peut demander à celui-ci des explications, il peut espérer que celui-ci apportera en sa présence des modifications à son interrogatoire écrit; il peut le convaincre d'imposture et le faire rétracter. Il n'est donc pas vrai que dans la discussion publique la loi se contente de la seule lecture des interrogatoires. Ils sont de véritables déclarations orales exigées des accusés. Ceux-ci sont d'abord, comme tous les témoins, interrogés sur l'affaire, parce que le premier interrogatoire n'a pour but que de savoir s'ils ont des observations à faire sur l'acte d'accusation et sur les poursuites de la partie lésée. Depuis ce moment, le caractère d'accusé et celui de

(1) Art. 237. « Le président demandera ensuite à l'accusé s'il a quelques observations à présenter sur ces actes (l'acte d'accusation et la déclaration de poursuite de l'offensé) pour sa justification.

Art. 238. « Le greffier donnera lecture de tous les interrogatoires de l'accusé. »

« Les réponses de l'accusé, soit qu'elles en confirment, qu'elles en modifient, qu'elles en expliquent ou qu'elles en rétractent le contenu, seront consignées. »   (*N. du tr.*)

témoin change complétement, et la même méthode n'est pas suivie à l'égard des uns et des autres. On ne lit aux témoins leur déclaration écrite que lorsque leur déposition orale est contraire ou différente de leur déclaration écrite (1). Quant aux accusés, on leur donne d'abord lecture de leur interrogatoire écrit, pour leur fournir les moyens de le changer, de le modifier, de l'expliquer et de le rétracter de vive voix en présence des parties qui y ont intérêt et du tribunal qui doit les juger. La méthode de discussion des preuves qui naissent de l'interrogatoire des accu- sés ne diffère donc nullement, dans ses parties essen- tielles, de la discussion des preuves qui résultent des déclarations des témoins proprement dits. Mais, quant aux autres accusés, il est aussi étrange et aussi déraisonnable qu'ils puissent être convaincus par la seule lecture d'un interrogatoire sans discussion orale qu'il l'était autrefois d'appliquer la torture *in caput sociorum.*

11. — Or, tout cela est bouleversé par les nouvelles théories des deux Grandes Cours qui ont décidé dans cette cause. Elles veulent que les deux interrogatoires de *Locuputo* et de *Lamanna* soient imposés à leur com- plice *Piccolo*, sans que celui-ci puisse leur demander un éclaircissement, une explication; et si ceux-ci pou- vaient démontrer que Piccolo n'est pas leur complice, ou donner une indication qui fournît les moyens de

____

(1) Art. 251, pr. pén.

proclamer son innocence, quelle cruauté n'y aurait-il
pas à lui enlever ces moyens pour empêcher la vérité
de paraître? Notre nouvelle procédure aurait fait de
beaux progrès sur l'ancienne! Les anciens considéraient comme nulle, dans l'intérêt du complice, une
déclaration qui n'était pas confirmée en sa présence;
et nous voulons que le complice qui aggrave, par ses
paroles, la position de son coaccusé, ne soit pas même
mis en face de celui-ci!

12. — Il nous reste à voir en quel caractère le
coupable déjà condamné doit être appelé à déposer
dans les débats qui se terminent par le jugement de
son complice.

De tous les documents à examiner dans les débats,
et de toutes les preuves à y recueillir, il n'y a que
l'accusé et son interrogatoire qui ne soient pas compris sous le nom de témoins ni de témoignages sur
les listes. A cette exception près, par les mots *liste de
témoins*, la loi comprend les offensés, les plaignants,
les parties civiles, les experts, les documents, les témoins proprement dits : *liste de témoins*, dans les art.
197, 199, 200, 201, 207, 259, est le terme générique : leurs différences et les distinctions entre les
témoins proprement dits et les autres parties sont indiquées dans l'art. 198 (1).

(1) Art. 198. « Les dénonciateurs, la partie civile et le principal
offensé ne pourront être confondus sur cette liste avec les témoins.
Leur qualité de dénonciateur et de principal offensé y sera toujours
indiquée. » (*N. du tr.*)

Dans les art. 241 et 242, il est dit : Si l'offensé *ou quelqu'un des témoins*; et ici le mot *témoin* se rapporte à tout ce qui n'est pas l'offensé, la partie lésée. Les art. 245, 249 et 250 se servent des mêmes termes.

Dans l'art. 244, au contraire : *Le président fera placer les témoins.* Dans l'art. 247 : *Les témoins, avant de déposer, prêteront serment.* Dans l'art. 248 : *Le président demandera aux témoins leur nom.* Dans l'art. 250 : *Le témoin ne peut être interrogé;* et, dans toutes les autres prescriptions des art. 252, 253, 254, 255, 256, 264, 265, 549, les mots *témoins, témoignages,* servent toujours à indiquer non-seulement tous ceux appelés à déposer, mais toute déclaration, tout document qui sert de preuve; en sorte que la différence qu'établissaient les lois romaines entre *témoins* et *témoignages,* ou soit entre les témoins qui assistent en personne aux débats, et les documents, les attestations qui y sont lus, n'existe pas toujours bien distincte dans nos lois.

13. — Mais à quoi bon parler d'argument de la loi, puisque les témoins récusables, et particulièrement les condamnés aux fers et à la réclusion, d'après la disposition expresse de l'art. 205, sont compris dans la liste des témoins? Seulement ils doivent y être expressément indiqués en cette qualité.

Lamanna et *Locaputo* n'étaient plus accusés, ils étaient irrévocablement condamnés. Si donc on voulait employer leurs interrogatoires pour juger Piccolo, ils devaient être indiqués dans la liste des témoins avec la mention expresse qu'ils avaient déjà été condamnés aux fers. Ils n'avaient donc pas d'autre caractère que celui de témoins avec la mention de l'art. 205, qui est une récusation de droit, destinée à faire douter de leur témoignage, dont le juge ne peut se prévaloir que comme d'une simple indication, ou comme d'un moyen d'arriver à la conviction, ou comme d'une explication d'autres preuves peut-être douteuses et obscures.

14. — Ce n'est donc point l'art. 328 (*Le greffier donnera lecture de tous les interrogatoires de l'accusé*) qui devait déterminer la méthode pour les examiner. Appeler encore *accusés* ces deux individus après leur condamnation, serait bouleverser tous les principes et tous les termes de la loi; ainsi la méthode pour les examiner devait être la même que pour les témoins.

Il est *défendu*, dit l'art. 251, *à peine de nullité, de lire dans la discussion publique toute attestation ou déclaration écrite énoncée par une personne qui pouvait être citée comme témoin.* Mais ces condamnés, en vertu de l'art. 205, pouvaient être cités comme témoins. Donc leur attestation écrite précédemment ne pouvait leur être lue dans le cours de leur interrogatoire, s'il n'y avait pas de contradiction, de variations ou de différence entre leur déclaration orale et leur déclaration écrite. Les mots *toute attestation ou déclaration* sont très-généraux, et comprennent évidemment même les interrogatoires de ceux qui ont été accusés une fois, et qui sont sortis du jugement condamnés ou absous. On ne pouvait annuler le droit que donne à l'accusé l'art. 250 : *Après chaque déposition, le président demandera à l'accusé s'il veut répondre ou faire quelques observations sur ce qui a été dit par le témoin.*

Les accusés et leurs défenseurs pourront l'interroger par l'organe du président, et dire, tant sur sa personne que sur son témoignage, tout ce qui peut être utile à leur défense respective.

Les juges et le procureur général auront la même faculté en demandant la parole au président.

15. — Si l'un d'eux avait menti dans la discussion publique, ce que redoute tant le procureur général, qui aurait empêché de lui appliquer l'art. 265, procédure pénale, et d'ajouter à la peine qu'il subit aujourd'hui celle du faux témoignage? Je ne puis certainement comprendre comment on a fait surgir tant de difficultés à l'exécution d'une loi d'une application facile et journalière, pour y substituer une opinion qui ne peut s'appuyer ni sur le droit, ni sur la jurisprudence ancienne ou nouvelle, ni sur une ombre de raison.

SECTION IV.

TROISIÈME PARTIE. — Les documents eux-mêmes doivent être indiqués dans les listes.

16. — Je terminerais ici mon argumentation, mais je ne puis dissimuler une autre atteinte fort grave faite au droit dans cette procédure. Si on voulait faire

usage des interrogatoires qui se trouvaient dans l'instruction de cette affaire, il fallait, avant de les examiner, les indiquer sur la liste du ministère public. Nous avons démontré que, par cette expression, *liste de témoins*, on entend aussi les documents et les sources de toutes preuves qu'on veut employer. Aucun témoin ne peut se présenter à la discussion publique ni y être entendu s'il n'est compris dans la liste du ministère public, de la partie civile ou de l'accusé. Autrement ce serait tendre à l'une des parties un piége contre lequel elle ne pourrait se prémunir ni se défendre ; or ces deux interrogatoires n'ont pas été indiqués sur la liste du ministère public. Au lieu de cela, on les a compris sous la dénomination générale de *lecture de droit*.

17. — Mais les lectures de droit sont : 1° celle de l'acte d'accusation d'après l'art. 234 ; 2° celle de l'instance d'intervention d'après l'art. 235 ; 3° la lecture des interrogatoires de l'accusé présent au jugement d'après l'art. 238 ; 4° la lecture des listes de témoins d'après l'art. 239 ; 5° la lecture des documents relatifs à la récusation ou à l'empêchement des témoins, d'après les art. 240 et 242. Toutes ces lectures n'ont pas besoin d'être mentionnées dans la liste ; la loi de procédure elle-même les ordonne, et, immédiatement après, vient l'art. 245, qui n'admet pas d'autre lecture ni d'autre déclaration si elle n'est préalablement indiquée dans les listes. Quel est donc le sens de ces mots : *lecture de droit*, que nous retrouvons si souvent

dans les notes du ministère public de plusieurs provinces? Ce que le droit prescrit doit se faire d'après la loi, et n'a nullement besoin d'être indiqué dans les listes. Les listes sont faites pour indiquer aux parties les sources des preuves dont on veut faire usage, afin que chacune d'elles puisse user de la faculté de la défense et la diriger vers un but certain. Si donc le procureur général voulait se servir des deux interrogatoires, il devait les indiquer dans sa liste. Une pareille lecture ne peut se dire virtuellement comprise dans cette expression : *lecture de droit*, parce que ce n'était pas la lecture d'actes qu'exige notre droit dans toute cause. Ces interrogatoires pouvaient être ou ne pas être employés dans le jugement. Comment l'accusé aurait-il pu les deviner? Ils ne furent point lus par une utilité ou une nécessité née de la discussion publique. Cette lecture naquit d'une demande nouvelle, indépendante de toutes les autres preuves, et produite seulement à la fin des débats. L'accusé en fut donc frappé à l'improviste, sans pouvoir la récuser ou y défendre; la nullité serait évidente.

18. — Mais ni l'accusé ni son défenseur n'en ont dit un mot; ils ne demandèrent pas qu'il ne fût pas parlé de ces interrogatoires, parce qu'ils n'étaient pas indiqués dans les listes : ils dirent seulement qu'ils désiraient la présence aux débats des deux condamnés pour faire usage envers eux de la faculté accordée par l'art. 250. Cette nullité serait donc couverte parce qu'il fut diverti à d'autres actes, ou parce qu'il fut

gardé le silence; et je m'étonne que le procureur général n'en ait pas tiré parti pour dire, dans ses observations sur le recours, que cela prouvait qu'il avait eu
raison de croire les deux interrogatoires compris
parmi les *lectures de droit*.

19. — Je me restreins seulement à l'objet de la
réunion des chambres, et je demande, au nom de la
loi, que, pour violation manifeste de l'art. 251, procédure pénale, soit annulé l'arrêt de la seconde Grande
Cour, de même qu'a été annulé l'arrêt de la première (1).

(1) Conclusions adjugées. — Divers arrêts ont décidé que les documents dont il peut être donné lecture sont les actes publics, les
actes des tribunaux, les certificats de chancellerie, tous les actes,
toutes les pièces, même les lettres, émanant des officiers publics et
écrits par eux en cette qualité, pourvu que ces documents aient été
inscrits à temps sur les listes ou que la nécessité ou l'utilité de leur
lecture se fasse sentir dans le cours du débat.

DE L'HOMICIDE.

CLASSIFICATION DES HOMICIDES (1).

Les homicides, en partant de ceux qui ne sont pas susceptibles d'imputation et de ceux qui le sont le moins, peuvent
se ramener à sept classes, et plusieurs de ces classes se sub-
divisent elles-mêmes en *degrés* ou *sous-classes*.

PREMIÈRE CLASSE. — Effet sans discernement ni volonté dans
celui qui le produit. Six degrés, trois dépendant du
hasard, trois de la faute.

Degrés résultant du hasard, de la nécessité, du dommage
causé involontairement.

1ᵉʳ *degré*. — Ignorance, non-seulement du résultat final de
l'acte, mais encore de l'acte lui-même : manque absolu
de conscience. — Enfance, folie, ivresse.

2ᵉ *degré.* — Conscience, connaissance de soi-même, mais
absence de volonté et impossibilité d'agir autrement. —
Nécessité physique, nécessité morale.

3ᵉ *degré*. — Conscience de ce que l'on fait, absence de volonté, imprévoyance du résultat dommageable de l'acte ;
mais possibilité de faire autrement et inaptitude à prévoir le dommage.

Degrés résultant de la faute. — Pour qu'il y ait faute, il faut la
conscience de ce que l'on fait, sans l'intention de produire un
dommage, un préjudice : mais le pouvoir de faire autrement,
et la possibilité de prévoir les conséquences dommageables
de l'acte volontaire.

1ᵉʳ *degré*. — L'acte et le fait matériel volontaire ne sont défendus par aucune loi.

2ᵉ *degré*. — L'acte et le fait volontaire sont défendus par
des règlements de police.

3ᵉ *degré*. — L'acte et le fait volontaire sont défendus par la
loi pénale. — Dans ce cas, *culpa æquiparatur dolo*.

(1) Pour mieux comprendre cette classification, voir, ci-après, les
Notions préliminaires sur l'homicide.   (*N. du tr.*)

Seconde classe. — Conscience pleine et entière de ce que l'on fait, volonté de produire l'effet final et pouvoir de l'accomplir; mais non réussite. — Trois degrés.

1er *degré.*   Repentir avant l'accomplissement de l'acte.

2e *degré.* — Tentative de délit.

3e *degré.* — Non réussite du délit.

Troisième classe. — Pleine conscience de l'acte et de ses conséquences, volonté de le commettre et pleine réussite. — Neuf degrés.

1er *degré.* — Homicides justifiés.

2e *degré.* — Les mêmes conditions que pour l'homicide justifié, mais avec quelque possibilité de se soustraire au danger sans recourir à l'homicide.

3e *degré.* — Il n'y a pas pour justification la condition de la légitime défense; l'accusé a agi par ressentiment d'une atteinte portée à son honneur.

4e *degré.* — Absence de toutes les conditions de la justification, à l'exception de la continuité du fait : il y a, non pas défense, mais vengeance spontanée ; vengeance de coups ou blessures graves ou d'autres crimes ou délits contre la personne.

5e *degré.* — Il n'y a pas le moindre danger actuel; il y a vengeance spontanée non d'offenses graves, mais de coups ou blessures légères.

6e *degré* - Il n'y a pas vengeance mais vivacité (*impeto*), dans une dispute, dans une rixe.

7e *degré.* — Il n'y a ni défense, ni vengeance, ni rixe; l'accusé a perdu son innocence; l'acte est commis par crainte du déshonneur.

8e *degré.* — Aucune des causes ci-dessus; impétuosité d'une passion quelconque.

9e *degré.* — Préméditation.

Quatrième classe. — Concours de circonstances, de personne ou de fait qui aggravent l'homicide.

Cinquième classe. — D'autres délits sont joints à l'homicide.

Sixième classe. — Concours de plusieurs personnes pour commettre le même crime.

Septième classe. — Réunion de plusieurs des classes ci-dessus dans le même fait.

NOTIONS PRÉLIMINAIRES SUR L'HOMICIDE.

EN COMBIEN DE CLASSES PEUVENT SE DIVISER LES HOMICIDES PRÉVUS PAR LA LOI.

1. — L'ordre scientifique dans cette matière consiste à commencer par les homicides les plus simples pour arriver ensuite graduellement aux plus compliqués. Je n'approuve pas le système de la plupart des auteurs, qui parlent d'abord des homicides les plus graves, pour descendre ensuite à ceux qui le sont moins, et enfin à ceux qui sont excusables, comme si ces deux dernières classes étaient des exceptions à la première. Je crois que le système contraire est plus conforme à la nature humaine et plus en rapport avec la dignité de l'homme.

2. — L'homicide le plus simple est celui qui est commis par un seul homme, par des moyens et dans des circonstances particulières au meurtrier et à la victime. Dans ce cas, il n'y a d'autre relation entre celui qui commet le crime et celui sur la per-

sonne duquel il est commis que celle qui naît des relations primitives et universelles des hommes entre
eux, sans lesquelles aucun d'eux ne pourrait subsister, user de ses droits, ni pourvoir à sa conservation et
à son perfectionnement.

3. — Ce calcul d'imputabilité, le premier et le plus
simple de tous dans les homicides, peut s'appeler avec
justesse la raison universelle, le calcul élémentaire de
toute imputabilité d'un crime quelconque. La gravité
de tout crime, en effet, s'apprécie uniquement d'après l'importance et l'utilité des moyens de conservation humaine qu'il altère ou détruit; et ces moyens
n'ont de valeur que par leurs rapports avec le droit
primitif que tout homme a de vivre.

4. — Le calcul du degré d'imputabilité des autres
crimes a donc toujours pour base le calcul de cette
première classe des homicides. C'est le plus simple
de tous; il est aussi simple que les lois primitives de
la nature. Nous comprenons mal un mouvement compliqué, nous le calculons mal, si nous ne l'avons d'abord ramené à ses principes simples; et chacun de
ces principes se rattache à la force première (*vis inertiæ*), en vertu de laquelle tout être persiste dans son
état actuel. Comment reconnaître si tel ou tel fait est
un délit, si nous ne connaissons pas exactement le
droit qu'il a compromis ou violé? Et, pour le connaître, il nous faut nécessairement remonter au sentiment de ce premier droit que nous a donné le Créateur en nous donnant la vie, c'est-à-dire à l'instinct

de la conservation. Tout s'explique par la force conservatrice, et rien ne se comprend sans elle.

5. — C'est peut-être pour cela que tant d'écrits sur
les matières pénales, en partant des principes les plus
abstraits, deviennent d'inutiles et incompréhensibles
traités d'idéologie transcendante plutôt que des re-
cueils de règles pratiques ; mais ils sont cependant
plus intelligibles dès que, descendant de la hauteur
de leurs théories, ils donnent quelque exemple pris
dans les homicides de ce genre. — Les degrés d'imputation de cette première catégorie sont si bien
marqués et si faciles à reconnaître, que les esprits les
plus incultes les comprennent et les mesurent sans
peine. — L'application en est presque journalière,
et la conscience publique y revient sans cesse. —
En partant de ce premier degré d'imputabilité, et
en y rapportant tous les autres, on voit bien vite que
non-seulement tout le Code pénal, mais encore toutes
les règles relatives à son application, dépendent d'un
petit nombre de vérités primitives, et la procédure
pénale devient ainsi une science.

6. — Or, à mesure que les moyens de commettre
les homicides, et que les circonstances dans lesquelles
ils sont commis s'éloignent des moyens et des circonstances individuelles, les règles d'imputabilité deviennent de moins en moins simples, jusqu'à ce qu'enfin
l'homicide se complique de tous les moyens et de
toutes les circonstances que peut présenter la société.
— Bien plus, au meurtre viennent se joindre d'autres

crimes : complication énorme qui ne peut s'analyser et se comprendre qu'en partant des homicides de la nature la plus simple. C'est avec ceux-ci, comme avec un poids commun, que se calcule l'importance de tout autre crime, soit qu'il produise l'homicide, soit qu'il s'y joigne, soit qu'il y tende seulement sans le produire.

7. — Il y a donc, à proprement parler, deux catégories d'homicides : l'une dans laquelle l'homme n'est considéré qu'individuellement et dans ses rapports purement individuels, abstraction faite de la position sociale, du lieu, du concours de plusieurs, de la réunion de divers crimes, etc., etc.; l'autre dans laquelle une ou plusieurs de ces circonstances viennent compliquer l'homicide. La première catégorie comprend trois classes d'homicides; la seconde quatre.

PREMIÈRE CATÉGORIE.

Ire *classe*. — Effet sans intelligence ni volonté dans celui qui le produit.

IIe. — Intelligence et volonté, mais effet nul.

IIIe. — Intelligence et volonté jointes à l'effet.

SECONDE CATÉGORIE.

Ire *classe*. — L'une des trois classes ci-dessus se trouve compliquée de relations civiles entre le meurtrier et la victime. Je citerai comme exemples le parricide, l'infanticide, le fratricide, le meurtre d'un époux par l'autre, les homicides commis sur la personne des officiers publics ; — ou bien il y a lieu de considérer l'état judiciaire du coupable comme dans la récidive ; — ou bien encore le meurtre est aggravé par la cause qui le fait commettre : tel est l'homicide *innoxii pro noxio*, ou celui qui est commis pour assurer l'accomplissement ou l'impunité d'un autre crime.

II°. — Le concours de plusieurs crimes et la réitération. Dans cette classe se place aussi l'homicide dont il a été question ci-dessus, et qui a pour objet l'accomplissement ou l'impunité d'un autre crime.

III°. — Le concours de plusieurs personnes.

IV°. — Le concours simultané des circonstances indiquées dans les trois précédentes classes, ou au moins dans deux d'entre elles.

8. — Toute la théorie de la criminalité de l'homicide et des actes qui s'y rattachent est donc renfermée entre ces deux extrêmes : homicide commis par un seul et sans discernement, et homicide commis avec préméditation, et aggravé par le concours de plusieurs crimes et de plusieurs coupables. Le genre de cet ouvrage ne nous permet pas de suivre cet ordre; mais, en se le rappelant, il sera facile d'y rapporter les questions que nous allons traiter. Les premières que nous donnons ici appartiennent au troisième degré de la première classe : *homicides volontaires*.

9. — Ces homicides sont ou justifiés par la loi, ou

volontaires proprement dits, ou prémédités; tous sont commis avec l'intention de les commettre. Pour reconnaître leurs divers degrés et leurs diverses espèces, nous partirons toujours des homicides justifiés, et nous avancerons ainsi d'un genre à l'autre, à mesure qu'ils s'éloigneront de plus en plus des caractères de ces premiers homicides.

12. — De même que chacune des deux premières classes de la première catégorie est divisée en trois classes inférieures, ainsi la troisième catégorie serait divisée en neuf classes secondaires, toutes composées d'homicides volontaires et accomplis. Quand il n'y a pas volonté, les homicides doivent toujours être rangés dans la première classe.

15. — Il ne faut pas rechercher le degré d'imputabilité dans le dernier acte de la volonté. Ce n'est pas dans la faculté qui commande qu'il faut chercher la différence entre l'innocent et le criminel, mais dans l'intelligence, c'est-à-dire dans la faculté où la volonté puise les motifs de ses déterminations.

L'homme privé d'intelligence peut jouir encore de sa volonté; il peut conserver encore quelque faculté de choisir entre deux motifs de détermination; mais il choisit sans comprendre; sa volonté est celle de la brute, de l'animal qui va à telle herbe ou à telle autre, qui choisit le foin ou l'avoine. Une pareille volonté chez l'homme n'est capable d'imputabilité que dans quelques cas qu'il faut apprécier plus d'après l'acte considéré en lui-même que d'après ses effets. L'intelligence seule, ou la cause déterminante du délit, est la base morale de l'imputabilité. Elle est en elle-même éminemment susceptible de calcul: *Calcul* et *raison* ont toujours été synonymes.

14. — C'est précisément pour cela que dans les homicides commis avec intelligence se trouve le principe général, la raison souveraine de toute imputabilité. Les délits même involontaires ne se calculent que par soustractions et additions aux calculs des délits volontaires.

15. — Pour exposer avec ordre toute cette théorie, nous donnerons en premier lieu douze conclusions qui ont principalement pour objet d'établir ces principes généraux. La première (n° ix) et la première partie de la seconde (n° x) rappelleront l'histoire et les progrès de ces principes. Les suivantes (jusques à la xxe), tout en traitant quelques autres questions, sont principalement destinées au développement des principes fondamentaux de l'imputation des homicides justifiés et de ceux qui s'en rapprochent le plus, comme les homicides excusables.

16. — Tous ces principes, selon nous, peuvent se réduire à trois.

Premier principe. — Il n'y a justification et excuse que dans les cas expressément prévus par la loi.

Corollaire. — La justification et l'excuse ne sont applicables qu'aux crimes que la loi déclare justifiables ou excusables. L'adoucissement ou l'atténuation de la peine qui naissent de circonstances personnelles au coupable, et étrangères au délit lui-même, s'appliquent à tous les délits, et ne doivent pas être confondues avec la justification et l'excuse.

Les conclusions nᵒˢ x à xiv développeront ce principe, ainsi que son corollaire.

17. — *Second principe.* — La justification et l'excuse ont leur cause dans le droit de conservation personnelle, et leur degré d'application doit se calculer d'après l'atteinte portée à ce droit.

Corollaire. — Plus le fait incriminé s'éloigne de la nécessité de la défense personnelle, moins il devient justifiable, et plus, de degré en degré, d'excuse en excuse, il prend un caractère grave d'imputabilité, jusqu'à ce qu'il atteigne le plus haut degré de culpabilité, l'homicide prémédité.

Les conclusions nᵒˢ xv à xx contiendront le développement de ce principe et de son corollaire.

18. — *Troisième principe.* — La cause morale du fait incriminé, pour lui servir de justification ou d'excuse, doit en être la cause unique ; c'est-à-dire qu'elle doit le dominer sans cesse et l'accompagner dans tous les divers actes dont il se compose, jusqu'à son entier accomplissement.

Corollaire I. — La justification et l'excuse doivent être intrinsèques au fait incriminé, et par cela même, en changeant la peine qui est attachée à ce fait, elles changent son caractère légal. Il n'en est pas ainsi de l'adoucissement et de l'atténuation de la peine, qui naissent de circonstances extrinsèques au délit.

Ce principe est exposé dans nos conclusions déjà citées, n°ˢ xii, xiii et xiv.

Corollaire II. — Lorsque, dans le cours de plusieurs actes qui se terminent par un homicide, le premier n'est ni justifiable ni excusable d'après la loi, si ces actes successifs n'ont pour cause déterminante que le premier d'entre eux, ils ne peuvent être justifiés ni excusés.

Nous développons ce corollaire dans les conclusions xviii et xx.

Corollaire III. — Lorsque, dans le cours de ces actes successifs, il en est qui naissent de causes différentes et justifiables ou excusables, ces causes, si elles sont la raison déterminante de l'homicide, doivent être prises en considération pour la justification ou l'excuse, bien que le premier acte ne puisse l'être.

Ce corollaire est développé dans la conclusion n° xx.

19. — Cette conclusion n° xx divise les homicides commis avec intelligence et volonté, c'est-à-dire la troisième classe de la première catégorie, en neuf degrés dont les sept degrés intermédiaires sont excusables. Le premier appartient aux homicides justifiés, et le dernier aux homicides prémédités, punis du dernier supplice.

20. — Après avoir développé les principes dans les douze premières conclusions, nous donnerons un à un des exemples de ces neuf degrés dans la suite de cet ouvrage.

IXE QUESTION.

Omitted

EXPOSÉ DE LA THÉORIE DES EXCUSES. — DIFFÉRENCE EN-
TRE LES EXCUSES DES HOMICIDES VOLONTAIRES D'APRÈS LA
LOI PÉNALE DU 20 MAI 1808, ET LES EXCUSÉS D'APRÈS
LA LOI PÉNALE DU 23 AVRIL 1812, C'EST-A-DIRE D'APRÈS
LE CODE PÉNAL FRANÇAIS.

SOMMAIRE.

I. Exposé de la question, §§ 1 et 2.

II. Méthode pour l'application de la plus douce des deux lois, § 3 à 6.

III. Force et étendue des excuses d'après la loi pénale du 20 mai 1808, comparée à celle du 23 avril 1812, c'est-à-dire au Code pénal français, § 7 à 11.

IV. Raison de cette différence, §§ 12 et 13.

V. Vœu formé, en 1814, d'une amélioration de cette partie de la législation. — De quelle manière il faut rapprocher les deux lois pour faire l'application de la peine la plus douce, § 14.

VI. Conclusion.

1. — Messieurs (1), l'homicide volontaire pour lequel le requérant a été condamné fut commis sous l'empire de la loi pénale du 20 mai 1808, qui punit de la peine de mort les homicides volontaires non excusables (2). Pourtant cet homicide a été déclaré excusable, non pour avoir été provoqué par des sévices ou violences graves contre la personne de son auteur, circonstances exigées pour l'excuse par le nouveau Code (5), mais parce qu'il a été commis dans le premier mouvement d'indignation causé par l'injure reçue suivant les termes de la loi du 20 mai. Il a été en conséquence puni du troisième degré des fers (4).

2. — Le condamné s'est pourvu devant vous. Il prétend que, puisque son délit a été déclaré excusable, il aurait fallu lui appliquer de la loi abolie ou de la loi nouvelle, celle des deux qui est la moins sévère. Il pense qu'on a justement tiré la déclaration d'excuse de l'ancienne loi; mais il soutient que la peine à appliquer devait être prise dans la nouvelle. — Rien ne me paraît plus contraire à la vérité que cette dernière prétention.

5. — On ne peut douter qu'il ne dût être jugé d'a-

(1) Conclusions dans la cause d'Antonio del Giudice, 5 mars 1814; Canofari, comm., Nicolini, avocat gén.

(2) Art. 175, l. pén. du 20 mai 1808.

(3) Art. 521 du C. fr. devenu loi du royaume de Naples par le décret du 23 avril 1812, et aboli ensuite, le 1er septembre 1819, comme toutes les autres lois antérieures au nouveau Code napolitain.

(4) Art. 5 et 179 de la loi pén. du 20 mai 1808, voir l'art. 5, à la page 153.

près la plus douce des deux lois. La loi romaine observait dans toute sa rigueur le principe qu'on ne doit pas appliquer au coupable d'autre loi que celle qu'il a violée par son délit : *non eam pœnam subire quem debere, quam conditio ejus admittit eo tempore quo sententia de eo fertur ; sed eam quam sustineret, si eo tempore esset sententiam passus cum deliquisset* (1). La raison en était que toute déclaration de culpabilité rétroagissait au jour du crime. Le juge ne faisait que déclarer le degré de culpabilité et le caractère légal du fait, et ils ne pouvaient être autres que ceux que lui attribuait la loi en vigueur au moment où il était commis. Seulement, si deux lois existaient en même temps, l'une pour les jugements publics, l'autre pour les jugements privés, et qu'il ne fût pas bien certain sous l'empire de laquelle tombait le crime : *mitior lex, id est privatorum, erit sequenda* (2).

4. — D'un autre côté, quand le législateur met au nombre des délits des faits qui auparavant n'étaient pas considérés comme tels, ou, au contraire, leur ôte le caractère de délit, ou bien encore en change la qualification ou la peine, toujours en matière de législation, la nouvelle prescription est considérée comme plus sage et plus vraie que l'ancienne. Mais il serait injuste de lui faire produire un effet rétroactif. Celui qui a commis un acte illicite est certainement coupable, il ne pourrait profiter d'une nouvelle loi pro-

(1) L. 1, pr. D XLVIII, 19, *de Pœnis.*
(2) L. 32, *idem.*

mulguée depuis qu'il a commis cet acte. Mais, si une nouvelle loi a déclaré cet acte ou non coupable, ou punissable d'une peine plus légère, pourra-t-on mettre la loi en contradiction avec le jugement, et le législateur avec le juge qui ne s'inspire que de son œuvre? Et, si la nouvelle loi est plus sévère, pourra-t-on infliger une peine que n'entraînait pas l'acte à l'époque où il a été commis? Dans ce conflit d'arguments, il faut nécessairement faire prévaloir le système de l'indulgence, et l'acte sera puni d'après celle des deux lois qui est la moins sévère (1). En conséquence, il n'y a pas rétroactivité si la loi nouvelle est plus sévère ; il y a rétroactivité si elle est plus indulgente.

5. — Mais cela ne veut pas dire qu'il faille prendre dans une loi la qualification du fait, la déclaration de culpabilité, et dans l'autre la sanction pénale. Ces deux choses dépendent l'une de l'autre, on ne peut les disjoindre et les envisager séparément. L'homicide volontaire non excusable est prévu par la loi ancienne et par la loi nouvelle. L'une le punit de mort, l'autre des travaux forcés à perpétuité (2). Par conséquent, si on avait aujourd'hui à juger un homicide commis sous l'empire de la loi ancienne, il faudrait appliquer la peine des travaux forcés et non celle de la mort.

Mais que décider dans l'hypothèse où deux lois

(1) Décret du 6 février 1809. — Décret du 23 avril 1812. — Art. 60 des dernières lois pénales.

(2) Art. 304 du C. pén. français.

prévoient toutes les deux le même fait, mais où l'une lui attribue une qualification et un caractère tout différents de la qualification et du caractère que lui donne l'autre?

6. — Le nouveau Code n'admet pas que le ressentiment d'une injure soit un motif d'excuse. Ainsi l'homicide sur lequel vous avez à prononcer devrait être puni des travaux forcés à perpétuité, s'il ne trouvait une excuse dans la loi du 20 mai. C'est d'après cette loi qu'il doit être puni ; car il est contraire à la pensée du nouveau législateur qu'un homicide pareil, et si sévèrement puni par lui, n'encourût, par l'application même de la loi, qu'une peine correctionnelle. Il serait tout à fait contraire au bon sens et à l'esprit de la loi d'appliquer une excuse dans une hypothèse autre que celle prévue par la loi nouvelle, et d'arriver ainsi à punir l'homicide d'une peine applicable à un tout autre délit.

7. — Nos pères laissaient le juge décider arbitrairement des excuses : privilége dangereux qui rendait souvent le jugement inutile ou entaché de partialité. La loi du 20 mai 1808 a cherché à restreindre l'arbitraire. Le Code français l'a plus restreint encore. Mais, à mesure que l'excuse est renfermée dans des bornes plus étroites, elle diminue d'autant plus le degré de culpabilité du délit et la peine qui y est attachée.

8. — Les cas d'excuse dans les homicides sont réduits à quatre seulement par les art. 521 à 326 du

Code français; ces excuses résultent de faits déterminés qui ne dépendent à peu près nullement de l'arbitraire du juge. Sont excusables : 1° le meurtre, ainsi que les blessures et les coups, s'ils ont été provoqués par des coups ou violences graves envers les personnes ; 2° le meurtre, les blessures et les coups, s'ils ont été commis en repoussant, pendant le jour, l'escalade ou l'effraction des clôtures, murs ou entrée d'une maison ou d'un appartement habité ou de leurs dépendances ; 3° le meurtre commis par l'époux sur son épouse, ainsi que sur le complice, à l'instant où il les surprend en flagrant délit dans la maison conjugale ; 4° le crime de castration, s'il a été immédiatement provoqué par un outrage violent à la pudeur. Ces cas sont en petit nombre, mais l'excuse est très-efficace et produit les mêmes effets pour tous : tous sont punis de peines correctionnelles.

9. — La loi du 20 mai, dans son art. 13, admet aussi l'excuse, non-seulement dans le quatrième cas prévu par le Code français, mais encore dans tous les cas d'une juste résistance à un outrage à la pudeur. Dans le troisième cas, elle n'exige pas que l'homicide ait lieu dans la maison conjugale, mais, en quelque endroit qu'il soit commis, elle le punit d'une peine, criminelle il est vrai, d'après ses principes, mais presque aussi légère que la peine correctionnelle du Code français : la détention de trois à cinq ans. Ce second cas d'excuse était même souvent impuni d'après les art. 13 et 172 de la loi du 20 mai. En-

fin le premier cas, celui auquel se rattache la cause présente, recevait de cette loi une extension bien plus grande que celle que lui donne le Code français, et, en conséquence, atténuait, bien plus encore que sous le nouveau Code, l'imputabilité.

10. — Ces différences entre les deux lois naissent de leur point de départ. La loi du 20 mai 1808 punissait de mort l'homicide volontaire : c'était la répétition des lois romaines et de l'ancienne constitution de Frédéric. Une sanction aussi rigoureuse devait être adoucie par quelque latitude laissée à l'indulgence du juge, chaque fois que le délit n'atteignait pas son plus haut degré de culpabilité.

11. — Aussi l'art. 5 disait-il : *La gravité du crime peut être excusée par la violence de la colère, par le vif ressentiment d'une injure reçue, ou par la véhémence de la passion, pourvu qu'elle soit juste, excusable aux yeux de la loi, qu'elle naisse d'une cause grave, capable de l'exciter, et que le crime soit commis dans un moment où le calme et la réflexion n'ont pas encore eu le temps de renaître. Ce moment est fixé par la loi à l'intervalle de douze heures entre l'offense et le crime, pourvu qu'entre l'un et l'autre il ne se soit pas écoulé une nuit ; dans ce cas, la loi répute le temps du sommeil suffisant pour éteindre l'ardeur de la passion.* De plus, cette loi faisait de l'ivresse une excuse pour toute espèce de crime, et ajoutait la rixe aux autres causes d'excuse de l'homicide, mais sous deux conditions : la première, que l'assassin n'avait pas été l'auteur de la rixe ; la seconde,

qu'elle était de nature à exciter un vif ressentiment (1).

12. — On voit que cette loi cherchait à faire disparaître la latitude infinie que donnait la loi ancienne dans la détermination des excuses; mais elle n'y réussit pas entièrement. Ces premières tentatives furent encore bien imparfaites. L'arbitraire et la latitude données par les lois anciennes continuèrent par le fait à subsister presque entièrement; mais le degré d'imputabilité et la peine des homicides excusables ne furent plus arbitraires; la peine fut fixée au troisième degré des fers, et elle fut, en conséquence, immuable et la même pour tous les cas. Ces dispositions étaient bien faites pour nous faire regretter l'ancien arbitraire, qui, du moins, pouvait proportionner plus également la peine au crime.

13. — Le Code français, au contraire, restreint de beaucoup cette extension, et, en compensation, diminue de beaucoup la culpabilité dans son petit nombre de cas d'excuses. Il arrive ainsi à une peine très-douce, par deux raisons : d'abord parce qu'il prend pour point de départ la peine des travaux forcés, moins sévère que celle de la mort, ensuite parce qu'il réduit l'excuse à des cas très-peu nombreux, mais précis et analogues aux besoins de la défense.

14. — Le Code français nous fait donc passer de la rigueur extrême à l'extrême indulgence, c'est-à-dire,

_____

(1) Art. 6 et 179, loi du 20 mai 1808.

des travaux forcés à perpétuité avec la marque et le carcan, à une peine correctionnelle. Au lieu d'une transition si brusque, ne vaudrait-il pas mieux une diminution de peine moins considérable, qui rappelât davantage la méthode de la nature, qui marche toujours par gradations lentes et successives d'un degré à l'autre, de l'imputation la plus grave à la plus légère (1)?

Ainsi, si le Code français est plus indulgent pour les délits excusables, d'un autre côté il admet moins aisément l'excuse. Si le condamné dont il s'agit ici eût été provoqué par des coups ou des violences graves sur sa personne, il ne serait condamné, d'après le Code français, qu'à une peine légère. Mais il a commis son crime dans l'impétuosité de la colère, sans avoir été blessé ou frappé. Si donc il est excusable, d'après le Code de 1808, il doit être puni d'après ce Code.

15. — C'est ainsi qu'il a été puni. Je demande donc que le pourvoi soit rejeté. (2).

(1) Ce vœu a été en partie exaucé par la dernière loi pén. napol.
(2) Ces conclusions furent adjugées.

Xᴱ QUESTION.

———

NOUVEAUX DÉVELOPPEMENTS DE L'HISTOIRE DE LA LÉGISLA-
TION RELATIVE AUX EXCUSES. — LEUR PREMIER PRINCIPE
FONDAMENTAL EST CELUI-CI : IL N'Y A JUSTIFICATION ET
EXCUSE QUE DANS LES CAS EXPRESSÉMENT DÉTERMINÉS PAR
LA LOI. — DISTINCTION ENTRE LES EXCUSES ET LES CIR-
CONSTANCES ATTÉNUANTES.

SOMMAIRE.

I. État de la question, §§ 1 et 2. — Division, § 3.

II. *Première partie.* — Ancienne jurisprudence, § 4 à 6.

III. Peine ordinaire et excuses de l'homicide d'après les anciennes lois, § 7.

IV. C'est en vain que l'on voudrait trouver dans l'ancienne
jurisprudence la définition de l'excuse telle qu'elle existe dans
la nouvelle loi, § 8.

V. *Seconde partie.* — Principe du nouveau droit public relativement aux pouvoirs des juges au criminel, § 9.

VI. De là vient l'art. 63 de la loi pén., § 10.

VII. Distinction entre le *fait excusable* et *l'adoucissement de
la peine par un fait non excusable,* § 11 à 12.

VIII. Les excuses ne s'appliquent pas à d'autre crime qu'à

l'homicide, § 13. — Le condamné dont il est ici question ne peut s'en prévaloir, § 14.

IX. *Troisième partie.* — Les articles 362, 363 et 391 contiennent une aggravation et non une mitigation de peine, § 15 à 18.

X. Le requérant ne peut se prévaloir de ces articles, § 19.

XI. Conclusion, § 20.

SECTION I.

État de la question.

1. — Messieurs (1), le pourvoi qui vous est soumis nous donne un nouvel exemple des conséquences absurdes auxquelles peut entraîner le mauvais emploi des termes. Il s'agit de trouver une excuse au meurtre pour lequel le requérant a été condamné, et, pour y parvenir, on prend le mot excuse dans sa signification vulgaire et la plus large, dans celle où le prenaient encore nos jurisconsultes avant les nouvelles lois. Mais ces lois n'ont appliqué l'excuse qu'à quelques délits; elles entendent par excuse quelques modes, quelques circonstances particulières à ces délits. Ainsi, au lieu d'une signification jusqu'ici vague, obscure, incertaine, le mot excuse a, aujourd'hui, un sens précis, clair, invariable; c'est en l'entendant ainsi que nous devons discuter le pourvoi.

2. — On dit : Si le blessé avait employé les remèdes convenables, il n'aurait certainement pas succombé.

(1) Affaire de Francesco Varano, 16 nov. 1852.

Il ne faut donc pas attribuer uniquement le décès à l'auteur des blessures; les art. 362, 363 et 391 de la loi pénale l'excusent; enfin, l'ancienne jurisprudence prouve que ces articles doivent être entendus dans ce sens.

3. — Pour répondre avec ordre, j'établirai d'abord que l'ancienne jurisprudence ne peut vous être d'aucun secours en matière d'excuse; j'examinerai ensuite si les art. 362, 363 et 391 s'appliquent vraiment aux excuses dans le sens des nouvelles lois, et ne contiennent pas plutôt des dispositions de rigueur que d'indulgence; enfin, je démontrerai avec combien peu de fondement ces trois articles sont invoqués par le requérant.

SECTION II.

Législation et jurisprudence ancienne touchant les excuses.

4. — L'ancienne législation pénale s'occupait presque uniquement de ce qui concernait *summam rem publicam*, des crimes très-graves, des cas extrêmes, des premiers besoins de la société : aussi ne renfermait-elle que des peines excessivement sévères, et la mort était la seule peine dite *ordinaire*, parce que c'était la seule que le juge ne pût appliquer sans y être autorisé par une loi expresse. Mais cette peine ne s'appliquait que lorsque des circonstances donnaient au crime une gravité très-grande. Tout fait qui pouvait sembler n'avoir pas été prévu par le législa-

teur, lorsqu'il infligeait un châtiment aussi rigoureux, devenait une excuse, et fournissait au juge la
possibilité d'appliquer des peines plus douces, qu'on
appelait, pour cette raison, peines *extraordinaires*.

Pour justifier cette indulgence, on s'appuyait sur
l'équité naturelle, renforcée de cette décision de Marcien : *Perspiciendum est judicanti ne quid aut durius,*
aut remissius constituatur, quam causa deposcit : nec
enim aut severitatis, aut clementiæ gloria affectanda
est, sed perpenso judicio, prout quæque res expostulat,
statuendum est. Plane in levioribus causis promiores ad
lenitatem judices esse debent : in gravioribus pœnis seve-
ritatem legum cum aliquo temperamento benignitatis
subsequi (1).

5. — D'après ces principes, on considérait comme
autant d'excuses l'âge, l'état de l'esprit et du cœur, les
antécédents; toutes les circonstances, en un mot, qui
pouvaient éveiller la pitié. Il n'était même pas nécessaire
que ces circonstances fussent démontrées. Si, dans le
procès, il s'était glissé une erreur; si on y observait
un vice de forme, une déposition renfermant quelques
variations, un témoignage contredit et non suffisamment examiné; si le procès n'était pas irréprochable
dans ses moindres détails, on soupçonnait de suite le
juge de s'être laissé corrompre, et on tenait pour douteuse, sinon pour démontrée, toute circonstance capable d'atténuer le délit; car cette circonstance aurait

(1) L. 11, D. XLVIII, 19, *de Pœnis.*

peut-être été démontrée par un procès mieux conduit.

Telle est l'origine de ce qu'on appelait *jugements sur indices*. Dans les jugements de *conciliation* et de *truglio* (1), qui se prononçaient seulement d'après une instruction écrite, et le plus souvent incomplète, on condamnait à une peine moindre que la peine ordinaire toutes les fois que les pièces fournissaient le moindre indice d'une seule de ces innombrables excuses. Toutes ces peines extraordinaires, ces juridictions extraordinaires, ces jugements extraordinaires, se fondaient sur la décision déjà citée de Marcien, et mieux rendue par Ulpien : *Hodie licet ei qui extra ordinem de crimine cognoscit, quam vult sententiam ferre, vel graviorem, vel leviorem; ita tamen, ut in utroque modo rationem non excedat* (2).

6. — Tous les crimes étaient donc excusables. On excusait le sacrilége, on excusait le blasphémateur, on excusait le voleur, le parricide, le juge corrompu, le faussaire. Les gens sévères qui se plaignent de la douceur des lois nouvelles pour certains délits, et qui demandent le rétablissement de la loi du talion, devraient d'abord faire attention à la manière dont les lois anciennes étaient appliquées. La peine du blasphème était sévère, celle du port d'arme et celle des vols sacriléges l'étaient plus encore ; mais la loi était-elle appliquée rigoureusement à tous ces crimes ? —

----

(1) Voir la question IV, § 19.   (*N. du tr.*)
(2) L. 13, D. XLVIII, 19, *de Pœnis*.

Quam vellet judex sententiam ferre, licebat. La sévérité de la loi dépendait uniquement de la conscience du juge chargé de l'appliquer, de sa manière particulière de voir et de sentir (1).

7. — La peine *ordinaire* de l'homicide était la mort (2), mais on ne l'appliquait que dans le cas où le crime avait une grande gravité. On la remplaçait par une peine *extraordinaire* toutes les fois qu'il existait une circonstance atténuante ; on prenait même en considération les actions louables et vertueuses qu'avait pu faire l'accusé ; on envisageait comme une excuse les faits qui avaient pu rester ignorés, non par le mauvais vouloir du juge instructeur, mais par la nature même de l'instruction. Moi-même j'ai défendu un homme coupable d'avoir fait partie d'une bande armée et de plusieurs vols suivis d'assassinat commis sur un chemin public. Chacun de ces crimes méritait la mort ; mais quelques irrégularités de la procédure, et la circonstance qu'il avait un jour, au péril de sa vie, protégé une vierge contre la fureur brutale de ses

______

(1) La loi elle-même rendait cela nécessaire. Toutes les fois que les lois sont cruelles et s'appliquent à un grand nombre de cas, l'arbitraire du juge devient, par cela même, indéfini. Si le juge n'avait pas eu cet arbitraire et avait été obligé d'appliquer la peine de mort à tous les meurtres, à tous les vols commis dans la ville, au delà d'une certaine somme, chacun aurait senti la nécessité de lui laisser plus de latitude. Cela est toujours nécessaire quand la loi ne distingue pas les divers dé.its et ne suffit pas aux besoins de l'époque. L. 12, 13, D., I, 5, *de Legibus.*

(2) L. 16, D.. XLVIII, 8, *ad leg. corn.*, *de Sicariis;* Const., I, 14, *Terminum vitæ.*

11

compagnons, lui valurent une excuse et une peine extraordinaire très-légère. Il semblait vraiment que le droit de grâce, cet apanage inaliénable du pouvoir souverain, avait été dévolu aux juges criminels; et, dans la défense des accusés, nous nous appliquions à éveiller leur pitié, à attirer leur attention sur des circonstances étrangères au fait en lui-même, mais propres à les émouvoir plutôt qu'à les rappeler à l'observation de la loi; nous leur parlions plutôt comme à des protecteurs des accusés que comme à des juges (1).

8. — Ces habitudes du barreau rendaient toujours plus vague et plus indéterminé le sens du mot *excuse*. Ce mot, en effet, ne représente pas une idée simple dont il suffit de montrer l'objet pour en faire saisir immédiatement le sens. C'est une idée morale et complexe formée de la combinaison de plusieurs idées dont il est souvent difficile de trouver des exemples fixes et précis. L'usage les a réunies, quelquefois par nécessité, quelquefois sans raison bien déterminée et sans rapport à aucun type primitif, mais seulement par une espèce de conscience vague et indéterminée d'équité naturelle. Comment donc en trouver la définition précise dans l'ancienne jurisprudence?

(1) Cela explique les déclamations obstinées des anciens magistrats contre les nouvelles lois qui restreignaient leur arbitraire.

SECTION III.

Nouvelles lois.

9. — Je ne parlerai pas des tentatives de la loi du 20 mai 1808 (1). Les art. 200 et 151 de la nouvelle loi organique disent : *En matière criminelle, correction-nelle et de police, les juges ne pourront prononcer d'autres peines que celles établies par les lois, et seule-ment dans les cas qu'elles déterminent.* Voilà donc la faculté d'appliquer des peines extraordinaires abolie d'un seul coup ; voilà le droit de grâce ramené tout à fait à sa véritable source. La nouvelle loi pénale pré-voit tous les faits particuliers qu'il est utile de punir dans l'intérêt de la société. Ceux qu'elle n'a pas pré-vus peuvent être des actions répréhensibles et nui-sibles, mais ils ne sont pas punissables par la justice pénale. *Délit* (Reato) est le nom donné par la loi aux faits qu'elle punit; il n'y a donc, d'après la loi, que des peines ordinaires : aucune ne dépend de l'arbi-traire, le juge peut seulement les varier du minimum au maximum.

10. — L'art. 63 de la loi pénale est une consé-quence de ce principe de notre nouveau droit public : « *Nul crime ou délit ne peut être excusé, ni la peine mi-tigée, que dans les cas et dans les circonstances où la loi déclare le fait excusable ou permet de lui appliquer une peine moins rigoureuse* (2). » On voit par cet article

(1) V. la concl. précédente, §§ 9 et suiv.
(2) Art. 65 du C. pén. fr. (*N. du tr.*)

que la loi établit une grande différence entre l'*excuse* et la *mitigation de la peine;* entre un *fait excusable* et la *faculté d'appliquer une peine moins rigoureuse.*

11. — Ainsi, l'âge du coupable, s'il est âgé de moins de neuf ans, le cas fortuit, la démence, la nécessité de se défendre, ne sont pas des excuses du crime, ni des cas d'adoucissement de la peine : ces circonstances enlèvent au fait tout caractère de criminalité. L'action pénale est ainsi paralysée dans quelques cas très-peu nombreux, non par des excuses, mais par des considérations de morale publique. Au contraire, l'âge au-dessus de neuf ans, et au-dessous de dix-huit, l'âge au-dessus de soixante-dix, l'extrême besoin pour les vols de peu d'importance, font mitiger la peine sans excuser le délit.

L'excuse doit résider dans le fait lui-même, elle en est la cause principale ou du moins la cause déterminante ; tandis que la mitigation de la peine naît ou de circonstances *quæ personæ adhærent, non rei aut causæ,* ou d'autres événements non constitutifs du délit principal. L'excuse change la qualification légale du fait ; la mitigation de la peine laisse subsister cette qualification ; et si le coupable est puni d'une peine plus légère, c'est par des circonstances particulières à sa personne, ou par des circonstances qui, bien que rattachées à son action, n'en changent pas entièrement la nature.

12. — Il résulte de ces observations que l'excuse n'a pas besoin d'être invoquée par l'accusé : si elle

ressort clairement du fait, elle doit être non-seulement mise en lumière par l'instruction, mais encore
posée d'office dans les questions de la cause ; le défenseur n'a ici qu'à seconder le juge et à l'exciter
dans l'accomplissement de ses devoirs. Lorsqu'il s'a-
git, au contraire, de circonstances atténuantes, le juge
d'instruction, l'accusateur public et le juge doivent
sans doute y donner toute leur attention ; mais si elles
ne sont pas déduites et prouvées comme toute autre
exception, ou si, dans le silence des parties, elles ne
résultent pas clairement des faits, le juge ne manque
pas à son devoir en les passant sous silence. Mais toujours les excuses qui changent la qualification du délit,
aussi bien que les circonstances qui mitigent la peine
sans changer la qualification du délit, doivent être expressément prévues par la loi.

15. — On peut dire la même chose des circonstances aggravantes. Les unes sont inhérentes au délit,
comme le vol et le viol suivis de meurtre ; les autres
sont extrinsèques et accidentelles, comme la récidive,
la réitération, le lieu et le temps pour certains délits, etc., etc. La loi ancienne laissait également au
juge une grande latitude dans l'application de ces
circonstances. Aujourd'hui cet arbitraire a cessé.
L'art. 200 de la loi organique et l'art. 63 de la loi
pénale ont rendu à la loi toute la majesté, toute la
puissance de son empire.

14. — Ce n'est pas tout. Les circonstances qui,
sans changer la qualification du délit, en mitigent

cependant le peine, influent sur tous les délits indistinctement ; les excuses ne s'appliquent qu'aux seuls homicides et à peu près uniquement à ceux causés par la colère. La loi pense qu'on peut excuser le coup porté par un homme dans son premier mouvement de fureur (1).

15. — Or, l'exception qu'invoque aujourd'hui le requérant ne vient nullement de l'état de son esprit au moment où il a commis le crime ; elle ne vient pas de la cause déterminante du délit ; *non est adhærens rei et causæ*. La circonstance sur laquelle elle repose est indépendante de lui. Elle ne saurait donc être prise

______

(1) « Une âme que révolte l'infamie n'a pu, sans repousser l'outrage, entendre d'injurieux discours ; s'il a immolé l'agresseur, eh! quel autre à sa place eût pu contenir sa juste vengeance? quel autre eût compté ses coups, et, dans le feu du combat, mesuré l'offense et la réparation ? » (TASSE, *Jérus.*, V, 57.)

Ce chant de la *Jérusalem délivrée*, mieux que tous les traités, peut servir d'école théorique et pratique dans le sujet que nous traitons. On y voit des considérations sur le *lieu* dans la stance 34ᵉ, les *qualités de la victime* dans la 35ᵉ, la *discipline militaire* dans la 39ᵉ ; et ici se trouvent des circonstances extrinsèques qui aggravent le crime. La stance 36, *Quel est Renaud*, etc., présente encore une circonstance totalement étrangère au fait, et qui, tout en étant une excuse d'après les lois anciennes, n'en serait plus une sous les nouvelles lois. Nous n'admettrions aujourd'hui, comme excuse, que la circonstance relatée dans la stance 57 et déjà énoncée dans la 35ᵉ par le Napolitain Tancrède, c'est-à-dire que Renaud *avait été poussé par une juste cause*. On peut observer dans ce chant, d'après les discours du Norvégien *Arnaud* et des Italiens *Guelfe* et *Tancrède*, quelles étaient encore les différences entre les principes d'imputation des peuples du Nord et ceux des peuples méridionaux.

pour excuse. — Examinons maintenant si cette exception peut faire mitiger la peine.

SECTION IV.

Examen des articles 362, 365 et 391.

16. — L'art. 362 (1) commence par ces mots : *Sera puni comme homicide tout individu qui, volontairement, aura fait des blessures ou porté des coups, si la mort en est résultée dans les quarante jours qui suivront.* Or, notre loi, posant en principe que la culpabilité résulte de l'intention de commettre le délit, ne devrait considérer l'homicide comme un crime que dans les cas où il y a eu intention arrêtée de donner la mort. Cependant, dans l'hypothèse de l'art. 362, il n'y avait que volonté de porter des coups ou de faire des blessures. C'est donc là une disposition rigoureuse par laquelle le fait de n'avoir pas prévu que les blessures pourraient occasionner la mort est considéré comme une faute *très-grave*, *inexcusable*, *excessive*, et *magna culpa dolus est.* Aussi la loi n'appelle-t-elle pas, dans ce cas, le coupable *meurtrier*, mais elle le punit de la peine des *meurtriers* ; seulement, d'après l'art. 391, elle adoucit un peu sa peine quand il ne pouvait prévoir les funestes conséquences de sa violence (2).

17. — Cet art. 391 n'établit pas plus que l'art. 362

____

(1) Art. 309 du C. pén. fr. (*N. du tr.*)

(2) Art. 391 : « Si, en se rendant volontairement coupable de blessures ou de coups, on a commis un crime plus grave qui surpasse dans ses conséquences le but du délinquant, on appliquera la peine du crime plus grave diminuée d'un à deux degrés »

une excuse de l'homicide volontaire proprement dit, car son hypothèse est également celle de coups et blessures ayant occasionné la mort sans que le coupable eût l'intention de la donner. Cet article ne fait qu'atténuer l'art. 362; et, dans chacun de ces deux articles, la mort survenue pendant les quarante jours est une circonstance aggravante des coups ou blessures et non une excuse de l'homicide. C'est pour cette raison que l'art. 362 est placé sous la rubrique *des blessures et des coups volontaires*. Ces articles calculent la faute ou l'erreur, de sorte que celui qui ne voulait commettre qu'un délit moindre est puni, à cause des résultats de son action, de la peine du meurtre qu'il n'avait point l'intention de commettre (1).

18.—L'art. 362 poursuit en ces termes : « *Si la mort est résultée non-seulement des blessures ou des coups, mais encore d'une cause survenue postérieurement. la peine sera abaissée d'un ou deux degrés.* » L'hypothèse de cette seconde partie de l'article est également qu'il n'y a eu d'autre intention que celle de blesser ou de frapper.

---

(1) *Post tam gravia vulnera, magis fato, quam voluntate ejus servatus.* L. 32, D. XLVIII, 5, *ad l. jul., de Adult.* — D'après cette loi 52, *de Adult.*, on a toujours considéré comme homicide celui qui, sans intention de donner la mort, fait des blessures d'où résulte la mort; cette loi passa ensuite dans l'art. 3 de la loi pén. du 20 mai 1808; et quand nous adoptâmes le Code français, où ne se trouvait pas cette règle générale, la jurisprudence tint toujours pour certain que, lors même qu'un individu n'avait pas eu l'intention de commettre un meurtre, il devait répondre des funestes conséquences qu'il aurait dû prévoir. Arrêt du 22 novembre 1813 dans la cause de Giuseppe di Melfi.

Mais, tandis que la première partie prévoit seulement l'effet produit par les coups, sans intention de la part du coupable, celle-ci admet une *cause postérieure* indépendante des coups. Ainsi, dans cette seconde partie, il est non-seulement avéré que l'intention n'était pas de donner la mort, mais encore que les coups portés ne sont pas la cause efficiente et unique de la mort. Il n'y a donc, à plus forte raison, que crime de coups et blessures et non d'homicide. Cependant, la loi, par horreur de l'homicide, va bien au delà de la peine des coups et blessures et inflige un ou deux degrés de peine seulement de moins que pour le meurtre. Concluons-en que cette seconde partie de l'art. 362 renferme, comme la première, non une excuse ou une atténuation du meurtre, mais une aggravation de l'imputation et de la peine des coups et blessures ; on peut à peine dire qu'elle atténue la première partie de l'art. 362.

18. — Dans le cas de cette seconde partie de l'article 362, que la cause accidentelle du décès, indépendante du fait de l'accusé, survienne avant ou après les quarante jours, le procès ne présente aux juges qu'une question de fait. Mais, lorsque la mort survient après les quarante jours, la loi elle-même présume l'existence dc cette cause accidentelle, et, alors, l'auteur des coups ou blessures *sera également meurtrier, mais la peine sera abaissée de un à deux degrés* (1). Voilà donc, dans l'art. 363, un second adou-

(1) Art. 363 : « Le coupable de coups ou blessures volontaires qui auront occasionné la mort après les quarante jours postérieurs

cissement de la sanction pénale de la première partie de l'art. 362. Cet adoucissement a lieu par une *présomption de la loi*.

20. — Si à cette présomption vient se joindre une cause indépendante de la volonté du coupable, celui-ci verra alors sa peine abaissée de trois degrés. C'est là un troisième adoucissement au cas de la première partie de l'art. 362. Mais nous sommes toujours dans le cas de coups ou blessures, dont la peine primitive est augmentée par suite d'un événement indépendant de la volonté de l'auteur des coups ou des blessures.

21. — Ainsi, dans le cas qui nous occupe aujourd'hui, le condamné invoque comme excuse une aggravation et une prescription plus rigoureuse ; il ne s'appuie pas sur la réalité d'une cause accidentelle du décès, mais sur la supposition que cette cause aurait pu exister.

Certainement, si un chirurgien était venu auprès du blessé, et qu'au lieu de fermer ses blessures il les eût ouvertes et agrandies, nous trouverions là la cause coexistante prévue par l'art. 362. Mais notre loi ne se contente pas de ce qui est possible ; le fait d'excuse ou de mitigation de la peine doit être certain. Il y aurait folie à vouloir rechercher ce qui aurait pu arriver si le médecin avait plus tôt lié l'artère, trépané le

au crime, par la seule nature desdites blessures ou coups, sera également considéré comme homicide, mais la peine sera diminuée d'un à deux degrés. Si la mort de la personne frappée n'a pas été occasionnée par la seule nature des coups ou blessures, mais par une cause survenue postérieurement, la peine sera diminuée de trois degrés. »

crâne, remis en place les membres disloqués ou les viscères sortis du corps à la suite des coups. Il serait plus insensé encore de demander une chose que nos célèbres *Petranti*, *Galbiati* et *Santoro* n'auraient pas pu accomplir plus qu'un obscur chirurgien de village. Le malheureux blessé s'est adressé au premier médecin qu'il a trouvé. Si un docteur célèbre n'a pas eu le temps d'accourir, ou si toute sa science ne lui a pas fourni les moyens de sauver le blessé, ce n'est pas à la médecine, mais à la violence des coups et des blessures qu'il faut attribuer la cause de la mort. La loi est bien claire quand elle dit : *La mort survenue par la seule nature des coups et blessures.* C'est le *vulneratus mortifere* de Paul ; seulement quand un homme *non est vulneratus mortifere*, et que la blessure devient mortelle, non point par une cause négative, telle que le manque de secours, mais par une cause active, efficiente, autre que la blessure et indépendante du coupable, alors *de vulnerato actio erit, non de occiso* (1).

22. — Je demande, en conséquence, le rejet du pourvoi (2).

---

(1) L. 30, § 4, D. IX, 2, *ad. leg. aquil.*

(2) Conclusions adjugées. — La mauvaise santé du décédé, qui aurait rendu les coups mortels, n'est pas une raison de mitiger la peine. Arrêt du 29 avril 1853. — Le manque de prompts secours occasionnant le décès du blessé ne mitige pas la peine. 2 déc. 1853. — La loi calcule la volonté du délinquant et le dommage causé, non l'effet qu'auraient pu produire les secours. Cela a été souvent décidé, et particulièrement par les arrêts des 8 et 15 juillet 1853.

XIE QUESTION.

DIFFÉRENCE ENTRE LES CIRCONSTANCES ATTÉNUANTES ET LES
EXCUSES. — LES PREMIÈRES NE CHANGENT PAS LE CA-
RACTÈRE QUE LA DÉCLARATION DU JUGE IMPRIME AU DÉLIT;
LES SECONDES FONT PARTIE DE LA DÉCLARATION ELLE-
MÊME, ET PEUVENT FAIRE DU CRIME UN DÉLIT OU UNE
CONTRAVENTION. — ART. 2, 64 A 68, C. PÉN. ET ART.
138, PR. PÉN. (1).

SOMMAIRE.

De l'atténuation de la peine par l'âge de l'accusé. — Influence
de cette théorie sur l'application des peines de la récidive.

SECTION I. — Lois anciennes.

I. Exposé de la question, § 1.

II. Différence entre les anciennes lois et les nouvelles dans
l'emploi des mots *dol, excuse*, §§ 2 et 3.

III. Les impubères étaient déclarés incapables de dol, § 4.

IV. Première exception à cette règle : âge voisin de la puberté, §§ 5 et 6. — Conséquences absurdes qui en résultent,
§§ 7 et 8.

V. Seconde exception : coupables réputés tels pour avoir

(1) Art. 1, 321 et suiv., 65 et suiv., C. pén. fr. (*N. du tr.*)

enfreint la loi naturelle, § 9. — Conséquences absurdes qui en résultent, §§ 10 et 11.

Section II. — Lois nouvelles.

I. Principe fondamental : *quod semel vel bis accidit prœtereunt legislatores*, §§ 12 et 13.

II. D'après la marche ordinaire de la nature, on a divisé la vie humaine en cinq périodes relativement à la punition des délits, § 14.

III. Caractères de la mitigation de peine qui en résulte, § 15 à 17. — C'est plutôt une substitution, une commutation de peine que l'application de la véritable peine, § 18.

V. Application de cette théorie à la cause, §§ 19 et 20.

SECTION I.

Lois anciennes.

1. — Messieurs (1), un acte qui, dans la déclaration de culpabilité, conserve la qualification de crime, mais qui est puni de peines correctionnelles, en considération de l'âge du coupable, garde-t-il, après la prononciation du jugement, son caractère de crime ou devient-il un délit? Cette question est très-importante, et se présente souvent devant les tribunaux, tant pour l'application des amnisties que la clémence du roi accorde fréquemment aux délits correctionnels, que pour l'aggravation de la peine dans les cas de récidive, comme dans l'espèce qui est soulevée aujourd'hui devant vous.

(1) Cause de Francesco Gallo, 15 janvier 1854.

2. — *Le dol est excusé, la gravité du délit est excusée par la minorité*, disaient les lois romaines (1); la loi pénale du 20 mai 1808 a reproduit cette règle, qui est encore aujourd'hui répétée souvent par les avocats. Mais les nouvelles lois n'emploient pas le mot *dol*, et, quand elles parlent des *excuses*, elles en restreignent l'effet au seul crime d'homicide, et elles les font naître de circonstances intrinsèques au délit, qui tire d'elles sa qualification et son caractère légal et distinctif. L'âge, au contraire, est une circonstance particulière à l'auteur du fait, plus qu'une qualité du fait lui-même, circonstance qui produit la mitigation ou l'adoucissement de la peine sans changer la qualification du délit. Appeler l'âge une excuse, c'est donc employer improprement un terme de la loi (2), et rien n'est plus préjudiciable à la juste application de la loi que le mauvais emploi de ses termes.

5. —Les lois anciennes emploient continuellement le mot *dol*. Ce mot signifiait peut-être primitivement un coup, une blessure, *dolore;* il signifia ensuite l'instrument qui servait à frapper, à blesser, à causer de la douleur, comme l'épée ou le poignard; puis il s'employa pour désigner une arme quelconque cachée dans un bâton ou dans une verge, *flagellum in quo dolor* ou *dolore inerat* (5); et, enfin, il fut pris dans le sens de tromperie, d'artifice, par analogie et ressemblance

(1) L. 12, D. XLVIII, 8, *ad leg. corn.*, *de Sicariis*.
(2) V. la concl. précéd., §§ 4 et suiv.
(5) L. 52, § 1, D. IX, 2, *ad leg. aquiliam*.

avec l'action de celui qui ne laisse astucieusement voir que son bâton, et qui cache son poignard. Mais le sens de ce mot était plutôt vaguement senti que nettement défini. Ce sens apparaissait mieux et se précisait davantage dans les distinctions d'après lesquelles on faisait descendre le *dol*, de gradation en gradation, jusqu'à la *faute*. On rapportait au *dol* toutes les actions coupables. Tous les divers degrés qui séparent le dol de la faute très-légère devinrent une atténuation, une espèce de soustraction du dol complet; chacune de ces atténuations, de ces soustractions, fut une disculpation, une excuse : *exculpo, excludo*. On rapportait donc tous les délits au dol complet, ou au dol dépouillé de quelques-uns de ses caractères. La peine ordinaire n'était réservée qu'au dol complet. L'absence de la moindre circonstance excusait le dol, et opérait l'abaissement de la peine *ordinaire* à une peine *extraordinaire* appliquée arbitrairement par le juge. Ainsi la loi prit un langage et une habitude de calcul plus convenables aux disputes de l'école qu'à l'application de règles pratiques, imposées à une multitude d'hommes, parmi lesquels les savants et les hommes d'école sont toujours en bien petit nombre.

4. — Or, parmi les circonstances qui peuvent enlever au dol complet quelque chose de sa gravité, on ne pouvait oublier l'influence de l'âge sur la moralité des actions. Chacun sait que les facultés intellectuelles et morales ne se développent dans l'homme

qu'à un certain âge et progressivement. L'homme, dans son enfance, ne vit que d'une vie animale ; à la naissance de sa faible raison, le sens moral n'existe qu'en germe, et ignore la moralité des actions humaines ou ne l'aperçoit que confusément, comme à travers l'obscurité nébuleuse du premier cercle du Dante ; il ne sait pas davantage en apprécier les conséquences matérielles.

Les jurisconsultes romains, pour donner toujours à la loi une apparence scientifique, avaient divisé le cours entier de la vie humaine en périodes de sept années. L'enfance occupait la première période ; la puberté, la seconde. Ces quatorze premières années furent appelées impuberté. Les jurisconsultes, avides de comparaisons et d'analogies, comparaient l'impuberté tantôt à l'état de fureur et de démence, tantôt, avec plus de justesse, à l'imprudence ou à l'ignorance ; et ils établirent en principe que les impubères étaient comme les fous, et, comme ceux qui ne savent pas ce qu'ils font, incapables de dol (1).

5. — Cependant, on voyait alors, comme aujourd'hui, bien des exemples d'intelligence prématurée, et plus encore de perversité prématurée ; et, du moment qu'on établissait en principe que le dol doit être puni, quel qu'en soit l'auteur, il en résultait la néces-

(1) Actio in impuberem qui doli mali capax non est, non dabitur, L. 2, § 19, XLVII, 8, *de Vi bonorum rapt.* Furiosus et impuber, qui doli capax non est. L. 3, § 1, D XLVII, 10 *de Injuriis*, etc.

sité de plus d'une exception à la règle qui déclarait les impubères incapables de dol.

6. — On divisa d'abord la seconde période. La première moitié des sept années dont elle se compose fut réunie à l'enfance, qu'on déclara à l'abri de toute punition à cause de son innocence (1). Ce motif n'est pas toujours juste, mais il fut adopté pour établir une règle générale. L'autre moitié plus voisine de la puberté fut réunie aux sept années qui vont jusqu'à la majorité et fit avec elles une seule période pendant laquelle, disait-on, l'homme est sans doute capable de dol, mais non de dol complet; on accorda donc à cette période une excuse remise à l'arbitraire du magistrat, qui, modérant alors sa sévérité, accordait quelque faveur à l'accusé et mitigeait la peine.

7. — Mais une règle pareille ne fut pas approuvée par les rigoureux criminalistes. Du moment que la loi pose en principe que le dol doit être puni toujours, et quel qu'en soit l'auteur, il n'y a de règle vraie que celle de Papinien : *quid commune habet delictum cum venia ætatis* (2)? On cita à l'appui de cette règle le jugement de l'aréopage, qui, voyant un enfant prendre plaisir à crever les yeux aux cailles, en conclut qu'il aurait des instincts détestables, et le condamna

____

(1) Innocentia consilii tuetur, L. 12, D. XLVIII, 8, *ad leg. corn.*, *de Sicariis.*

(2) L. 2ª. D. IV. *de Minoribus.*

à mort (1); et celui en vertu duquel des enfants furent lapidés par le peuple en fureur, parce qu'ils traînaient dans les rues une statue de Diane la corde au cou, disant qu'ils l'avaient condamnée à être étranglée (2); et celui de l'enlèvement de la feuille d'or de la couronne de cette déesse (3). On n'oubliait pas non plus de rappeler l'histoire des quarante-deux enfants jugés si coupables par Elisée qu'il les maudit et les fit dévorer par des ours (4). Ces criminalistes voyaient bien que, du moment qu'on posait en principe que le dol devait être puni, la minorité n'était qu'une exception tirée de la présomption que, dans un âge aussi tendre, l'ignorance domine et non la méchanceté; mais que, lorsque la présomption était détruite par l'évidence des faits, il fallait recourir à la règle et négliger l'exception.

8. — Certainement, les anciens jurisconsultes, comme les modernes, comprenaient qu'il est impossible, ainsi que l'ont si bien démontré *Rossi* et *Carmignani*, de déterminer *a priori* le moment où la raison prend dans l'homme assez de développement pour

____

(1) Quint., *Instit. orat.*, V, 9.

(2) Pausanias, *Description de la Grèce*, liv. 8.

(3) Pour savoir si cet enfant avait agi avec discernement, les juges placèrent la feuille d'or parmi des jouets qu'ils lui présentèrent. Sans hésiter, il prit la feuille d'or. Il fut décidé qu'il avait agi avec discernement et on le condamna comme sacrilége. Elien, *Hist. diverses.* — V. les réflexions de Carmignani sur l'absurdité de ce jugement, *Théorie des lois de sûreté*, lib. 2, chap. 9, § 1.

(4) *Regum.*, IV, 2, v. 24. — Farina ajoute qu'un enfant de cinq ns, qui avait l'habitude de blasphémer, fut pris par le diable dans les bras mêmes de son père, et emporté aux enfers.

qu'on puisse avec justice lui imputer un crime, et que l'observation la plus minutieuse ne peut assigner à ce moment un terme fixe applicable à tous les cas et commun à tous les enfants ; qu'il n'y a aucun signe extérieur uniforme et certain indiquant que tel individu, à telle époque précise de sa vie, a dû posséder les conditions nécessaires pour constituer la culpabilité morale. On ne peut, par conséquent, fixer l'époque de la pénalité par une règle générale, mais seulement la déterminer dans les cas individuels, et cette détermination doit résulter de l'impression produite sur la conscience des juges par les faits et les circonstances de chaque cas particulier (1). Cabanis ne fut pas le premier à découvrir que l'enfance, la puberté, l'adolescence, ne peuvent être séparées d'une manière précise et absolue : la fin de l'une de ces époques n'est que le commencement de l'autre, la nature ne les sépare que par des différences graduées et insensibles : la seconde est le complément de la première, la troisième de la seconde, et ainsi successivement ; et le développement moral ne suit pas toujours le développement physique (2).

Il n'est donc pas étonnant que l'école rigoureuse dont nous avons parlé ait voulu laisser aux juges le soin d'apprécier, d'après les faits, si l'enfant était oui ou non coupable de dol. Si des jugements iniques étaient ren-

(1) Rossi, *Traité de droit pénal*, liv. **2**, ch. **15**. — Carmignani, *Teoria delle leggi della sicurenza sociale*, lib. **2**, chap. **9**, § 1.

(2) Cabanis, *de l'Influence du physique sur le moral*.

dus, c'était la faute, non des tribunaux, mais de la loi, qui avait posé de mauvais principes.

9. — Les jurisconsultes romains le comprirent, et eurent recours à une autre distinction qui servit plus à obscurcir les idées sur cette matière qu'à les éclaircir. Ils distinguèrent les délits qui violent la loi naturelle de ceux qui violent seulement les prescriptions positives de la loi civile. Les premiers, disaient-ils, contreviennent à une loi qui n'a pas été écrite par l'homme, mais qui est née en nous et avec nous ; qu'il n'est pas nécessaire de décréter, de recevoir ou de lire, mais qui est tracée par la nature elle-même ; que chacun trouve en soi, que chacun connaît malgré soi ; loi qu'on ne nous enseigne pas, mais qui est gravée dans nos cœurs, qui fait partie de nous-mêmes, par laquelle nous vivons et dont nous sommes abreuvés et nourris (1). Violer une telle loi prouve un esprit mal fait (2), une perversité naturelle (3). Il en est autrement, *si delictum, non ex animo, sed extra venit* (4). Comme exemples des délits qui sont une violation de la loi naturelle, ils citaient l'adultère, le viol, l'insoumission aux ordres des magistrats, etc., et, pour ces délits, ils pensaient qu'il ne fallait tenir aucun compte de l'âge du coupable (5). Comme exemple de ceux qui

(1) Cic., *pro Milone*, cap. 4.

(2) Mala mens, malus animus. Térence, *Andria*, I, 137.

(3) Malorum mores infirmitas animi non excusat, L. 1, c. 2, *si adversus delictum*.

(4) D., l. 1, c. 2, 53, *si adversus delictum*.

(5) L. 9 et 57, D. IV, 4, *de Minoribus*. — Pour l'adultère la rai-

sont contraires à la loi civile, ils citaient les noces in-cestueuses selon la loi civile, la calomnie dans les accusations de faux, quelques dommages et autres cas analogues ; pour ces délits, l'âge produisait une atténuation de la peine (1).

10. — On aurait pu leur répondre que les délits contraires à la loi naturelle n'ont eux-mêmes une sanction, et ne sont considérés comme délits que d'après la loi civile ; et que, quant à ceux qui contreviennent à la loi civile, la sanction en est publique et connue des jeunes gens, tant par les exemples qu'ils ont sous les yeux que par l'éducation. Il valait donc mieux, pour les uns comme pour les autres, s'en rapporter à l'appréciation des faits que de tracer ces distinctions. Les lois de notre patrie, en fixant la majorité à l'âge de dix-huit ans, ont considéré les enfants comme incapables de tout délit quel qu'il soit, et n'ont montré de l'indulgence pour les mineurs que lorsqu'ils commettent un délit sans intention, et que le juge se laisse toucher par leur âge (2).

11. — Il résulte de cet exposé que les lois anciennes et leur interprétation flottent incertaines entre deux systèmes. Celui qui reconnaît le dol complet dans certains actes des mineurs, et celui qui soutient qu'il est impossible d'assigner l'époque certaine

son en était singulière : *Quoniam tale crimen post pubertatem incipit.* L. 36, D. XLVIII, 5, *ad l. jul., de Adult.*

(1) D. 1. 9, § 2, D. IV, 4, *de Minoribus.*

(2) Constit., II, 42. — *Minorum jura.*

où commence la responsabilité pour tous les mineurs. Cette incertitude a enfanté de nombreuses divisions et subdivisions; mais toute la législation sur cette matière se réduisit à abandonner le jugement à l'arbitraire du magistrat. *Venia* et *excusatio* furent synonymes, et l'adoucissement de la peine vint plutôt d'une faculté analogue à celle que nous désignons aujourd'hui sous le nom de *grâce*, que d'une véritable *excuse*.

SECTION II.

Nouvelles lois.

12. — Cependant le principe que la loi ne doit prévoir que les cas fréquents et non ceux qui sont très-rares, était déjà inscrit sur le fronton du Code romain. *Quod semel, aut bis accidit, prætereunt legislatores* (1). La nouvelle loi s'est enrichie de cette règle et a fait cesser tout arbitraire.

13. — En premier lieu, elle a effacé les mots de *dol* et de *faute*, en y substituant des expressions bien définies et plus faciles à comprendre, comme celles-ci : *agir volontairement, agir avec discernement*, ou bien : *agir involontairement, agir par étourderie, par imprudence, par inattention, par négligence, par inobservation des règlements* (2). Elle a rejeté les termes d'enfance, de puberté, d'adolescence, d'âge accompli, tous ces

(1) L. 3 ad 6, D. I, 3, *de Legibus.*
(2) Art. 64, 375, 450, lois pén. nap.

mots qui sont plutôt à l'usage de la physiologie que de la loi, *ad cujus preceptum omnes qui in re publica sunt, vitam instituere debent* (1). Si quelques cas rares font paraître la loi trop indulgente, ils ne causent aucun scandale, par leur rareté même ; si d'autres, au contraire, peuvent faire croire qu'elle est trop sévère, ils trouvent un adoucissement dans le droit de grâce du prince. Les calculs relatifs au *dol*, à la *faute*, à la proportion entre les délits et les peines, ont été faits dans l'esprit du législateur. La loi en indique seulement le résultat, et le magistrat l'applique. Tel est le principe des lois nouvelles. Mais quels sont, relativement à l'âge, les cas ordinaires qu'a prévus notre législateur ?

14. — Il a divisé tout le cours de la vie humaine en périodes fixes ; le magistrat n'a nullement à s'occuper de savoir si ces périodes sont constantes, si elles existent réellement, si elles doivent s'appeler des noms physiologiques d'*enfance*, de *puberté*, etc. La loi indique le moment auquel cesse l'effet légal de chaque période, et rien de plus.

Première période. — Jusqu'à l'âge de neuf ans, nous ne sommes soumis à d'autre juge pénal qu'au juge domestique. La loi surveille l'éducation, la sûreté, l'innocence, l'administration des biens de l'enfant ; mais elle ne le punit pas quand il viole une loi pénale. Elle ne le déclare cependant pas incapable de

(1) L. 2, D. I, 3, *de Legibus.*

dol ; et quelle loi pourrait, en effet, assigner l'époque précise où la raison est développée ? Mais elle réserve cette appréciation à ceux qui surveillent les mœurs et la conscience des enfants. La loi prévoit cependant les cas les plus ordinaires, et, ne laissant aucun arbitraire aux magistrats, elle déclare les enfants *exempts de toutes peines* (1). Et, comme les actions non susceptibles de peine ne sont point du ressort de la juridiction pénale, il ne peut ainsi être rendu contre eux de jugement pénal quelconque. Lors donc qu'ils commettent un délit dans un âge plus avancé, quelle que soit sa nature, ils ne sont pas récidivistes, il n'y a pas récidive.

Seconde période. — De neuf ans accomplis à quatorze ans accomplis. — La loi française prolonge cette période jusqu'à l'âge de seize ans ; mais chez nous, à cause du climat, la loi a accordé aux individus du sexe masculin, âgés de quatorze ans, la faculté de se marier et celle de disposer de tout ou partie de leurs biens aux termes des art. 819 et 1049 de la loi civile. La loi présume donc que la véritable responsabilité de l'homme existe à quatorze ans accomplis. A cet

(1) Art. 64, lois pén. « Les enfants mineurs âgés de moins de neuf ans seront exempts de toute peine. — En seront également exempts les mineurs de quatorze ans accomplis, quand il sera décidé qu'ils ont agi sans discernement : le juge néanmoins devra, en cas de crime ou de délit, les remettre à leurs parents, sous l'obligation de bien les élever ou de les envoyer dans un lieu public qui sera établi par le gouvernement, etc.   (*N. du tr.*)

âge, elle lui permet de prêter serment comme témoin en matière criminelle. De l'âge de neuf ans à
celui de quatorze, il n'est pas rare que l'individu
agisse avec discernement. La loi exige donc qu'on
pose la question du discernement, qui se résout, pour
chaque individu, selon les cas et les circonstances
particulières (1). S'il a agi avec discernement, il est
déclaré coupable de crime, de délit, de contravention, exactement comme le serait un homme plus
âgé. Mais, dans l'application, la peine est mitigée et
atténuée plutôt par égard pour le jeune homme que
pour l'antique raison du *dol* (2).

Troisième période. — De quatorze ans à dix-huit
ans accomplis. — Dans cette période, le père conserve
le pouvoir de faire enfermer, pour fautes connues de
lui seul, son fils âgé de moins de quinze ans. A seize
ans, le jeune homme a la faculté de tester, mais seulement quant à ses biens propres. Jusqu'à ce que le
fils ait dix-huit ans, le père jouit de l'usufruit de ses
biens, et peut, par testament, lui substituer une autre
personne pour les biens qu'il lui laisse en héritage.
Jusqu'à l'âge de dix-huit ans, le législateur ne considère donc pas encore le jeune homme comme entièrement capable de disposer de tous ses biens, mais
une présomption de droit lui accorde tout discernement pour distinguer le bien du mal ; il est donc

---

(1) Art 287, proc. pén. nap., 340, inst. cr. fr.   (*N. du tr.*)
(2) Art. 60, lois pén. nap., 67, code. pén. fr.   (*N. du tr.*)

inutile de poser dans les affaires criminelles la question de discernement pour les hommes de cet âge ; la question de fait est la même pour leurs délits que pour tous les autres, à savoir s'ils ont agi *volontairement*. Seulement il leur est accordé une mitigation de peine (1). Ces dispositions sont en accord parfait avec celles de la loi civile. On fait une exception pour le parricide lorsque le coupable a plus de seize ans : en effet, celui qui, à cet âge, a assez de raison pour pouvoir disposer de la moitié de ses biens, ne mérite pas de pitié pour un crime si grave et si horrible.

Quatrième période. — De dix-huit à soixante-dix ans. — Les premières années de cette période présentent une différence sensible entre la capacité pour les actes civils et la responsabilité des actes punissables. En droit civil, la tutelle cesse à vingt et un ans ; le pouvoir paternel rigoureux disparaît à vingt-cinq ans, et avec lui la nécessité du consentement paternel pour le mariage (2), tandis que la loi pénale produit ses effets dans toute leur rigueur depuis dix-huit ans jusqu'à soixante-dix. Cette différence vient de ce que ce n'est point l'importance des actes civils qui a été prise ici en considération par le législateur. Peut-on douter que le mariage ne soit un acte de la vie bien plus important que la gestion des biens ? Et cependant les hommes peuvent se marier à quatorze

(1) V. les art. 302 à 306, 820, 298, 945 des lois civ. et 66 de la loi pén.

(2) Art. 165, 288 à 205, lois civ.

ans, les femmes à douze. L'intérêt public et l'utilité générale ont surtout dicté ces dispositions. C'est par la même raison que la minorité des princes est plus courte que celle des particuliers. La punition des crimes est du plus haut intérêt public, et l'homme, à dix-huit ans, a assez de force physique et de raison pour que la loi ne paraisse pas trop sévère en lui appliquant, lorsqu'il a commis un délit, toute la peine ordinaire. La capacité des divers actes civils, relativement à l'âge, est calculée d'après leur plus ou moins grande complication, d'après l'expérience et l'instruction qu'ils exigent, d'après des considérations de famille. Le droit pénal, dans l'appréciation des actes coupables, a des calculs plus sûrs, plus brefs et moins compliqués.

Cinquième période. —De soixante-dix ans et au delà. —Les lois nouvelles exemptent cet âge, de même que les femmes, de la contrainte par corps en matière civile; et, de même encore que pour les femmes, elle change la peine des fers en celle de la réclusion (1).

15. — Il ressort clairement de ces observations que l'âge ne change point la nature du crime. Le vol qualifié, le viol, le meurtre, ne cessent pas d'être des crimes parce que leur auteur a moins de dix-huit ans. La déclaration de culpabilité entraîne avec elle la peine criminelle. Cette peine est mitigée en considération de l'âge, et non parce que la nature du fait

(1) Art. 70, 71, Code pén. fr.   (*N. du tr.*)

est changée par l'âge ; des raisons de morale publique
veulent qu'un jeune homme ne soit pas confondu avec
les criminels endurcis, car son âge laisse espérer un
retour plus facile aux bons sentiments. Le seul but de
la peine est qu'il y ait un frein aux délits, qu'ils
soient jugés pour l'exemple, qu'ils soient expiés pour
corriger, pour ramener au bien le coupable et ceux
qui seraient tentés de l'imiter. Une peine légère est
suffisante pour dompter des esprits jeunes et peu ha-
bitués au crime ; prononcée contre un jeune homme,
elle est d'un exemple aussi utile qu'une peine plus grave
appliquée aux adultes ; elle agit sur des membres qui
ne sont pas endurcis à la souffrance, encore sensibles
et délicats ; elle frappe suffisamment des esprits qui
n'ont pas l'habitude des mauvaises actions, qui ne sont
ni persévérants dans le crime ni rebelles à la loi. Ce n'est
donc pas le caractère et la nature intrinsèque du fait,
mais des considérations tout à fait autres, qui ont engagé à accorder une mitigation de peine aux coupables âgés de moins de dix-huit ans. La question soulevée est toujours de fait et non de droit. Un mineur
a-t-il agi volontairement en commettant un homicide :
il est coupable comme tout autre d'homicide volontaire.
A-t-il été provoqué par un délit contre sa personne : il
est excusable. On doit toujours, dans ces divers cas,
appliquer la peine de l'homicide volontaire ou de l'homicide excusable, et le texte qui prescrit cette peine
doit être transcrit dans le jugement. Après avoir ainsi
établi la nature du délit, je dois examiner la question

quant à la mitigation de la peine et non plus quant au changement de caractère du délit.

16. — Des considérations relatives à la pudeur et à la faiblesse du sexe féminin, et des considérations de respect et de pitié pour la vieillesse, ont fait accorder aux femmes et aux vieillards âgés de plus de soixante-dix ans une mitigation de peine. La vénération pour leur ordre a fait accorder aux ecclésiastiques une faveur analogue.

17. — Dans ces divers cas, la déclaration de culpabilité n'a aucun rapport avec l'âge de l'accusé. Si donc la déclaration porte qu'il y a crime, l'adoucissement et la mitigation de la peine ne font pas de ce crime un délit ou une contravention. L'article 2 des lois pénales porte : *Le délit puni d'une peine criminelle est qualifié crime.* Le premier délit du requérant était soumis par sa nature à une peine criminelle, et cette peine lui a été effectivement appliquée; comme la circonstance qui la fit abaisser à une peine moindre ne naissait nullement de la nature du fait, elle ne pouvait en changer la définition ni le caractère. C'est ce qui arrive dans le cas de mitigation de peine par la grâce du prince (1), ou par suite de quelque procédure extraordinaire dans un jugement sommaire ou de classification (2).

18. — Il ne faut pas oublier que tous les accessoires des peines criminelles subsistent entièrement,

(1) Rescrit du 22 juillet 1815.
(2) Arrêt du 7 juillet 1834.

et ne subissent aucune mitigation, même pour les mineurs. En bien considérant les termes et le sens des art. 64, 65 et 66, nous trouverons que la peine ainsi commuée et mitigée est plutôt une faveur qu'une peine légale et particulière au délit. Les art. 64 et 65 disent : *Dans le cas de crime*, et plus loin : *Dans les crimes qui emportent la mort, la prison, le quatrième ou le troisième degré de fers, on substituera la réclusion dans une maison de correction.* Le délit reste donc un crime s'il a été déclaré tel. Il n'y a qu'une peine de substituée à une autre. Ces mots *s'il a encouru d'autres peines criminelles* montrent clairement que le mineur est toujours considéré comme ayant commis un crime, et que nous ne sommes point ici dans un cas où la peine du délit en change l'esprit et le caractère, mais dans un cas où la peine attachée au délit est commuée par des considérations qui ne naissent nullement du fait lui-même.

19. — Or, le requérant, dans son premier jugement, fut déclaré coupable d'attentat aux mœurs avec violence; mais, comme il avait moins de dix-huit ans, on substitua vingt-cinq mois de prison à la peine criminelle qu'il avait méritée. Il fut donc condamné pour crime. Après avoir subi sa peine et atteint sa majorité, *pœnam veteris admissi consuetudini potius quam emendatione deputavit*, et il a commis un second crime. Nous sommes donc précisément dans le cas de l'article 79 des lois pénales, qui n'exige pas que le condamné ait subi une peine criminelle, mais qui dit seu-

lement : *Le condamné pour crime qui commet un autre crime sera soumis à une peine élevée d'un degré au-dessus de celle portée par la loi.* Il avait déjà été condamné pour un premier crime; il mérite un accroissement de peine pour la récidive.

20. — Il se plaint à tort de cette aggravation de peine en prétendant que la première fois il a été condamné pour délit. En conséquence, je demande le rejet du pourvoi (1).

(1) Il fut ainsi décidé, conformément à l'ancienne jurisprudence de la Cour. — Les conclusions xii et xiii ont pour principal objet de discuter non un texte de loi, mais les termes d'une amnistie accordée par le roi Ferdinand Ier; elles ne présentent donc pour nous qu'un intérêt très-médiocre, et je crois pouvoir, sans inconvénient, les passer sous silence. — La seule règle importante qu'établissent ces conclusions est que l'*excuse* change le caractère du délit, et que, par conséquent, l'individu poursuivi pour un fait qualifié crime, et condamné seulement, grâce à l'*excuse*, à une peine correctionnelle, est considéré comme n'ayant jamais été condamné pour crime, mais seulement pour délit correctionnel. Ce principe a été développé dans les conclusions précédentes et le sera de nouveau dans la suite de cet ouvrage. (*Note du tr.*)

XIVE QUESTION.

NOUVEAU DÉVELOPPEMENT DU PRINCIPE SUR LEQUEL SONT
FONDÉES LES EXCUSES. — LES DÉLITS COMMIS DANS L'I-
VRESSE SONT-ILS IMPUTABLES AU PLUS HAUT DEGRÉ, OU NE
SONT-ILS SUSCEPTIBLES D'AUCUNE IMPUTATION? SONT-ILS
ENTACHÉS DE FAUTE? SONT-ILS EXCUSABLES? — ART. 64
et 65 L. PÉN.

SOMMAIRE.

SECTION I. — État de la question.

I. Pourquoi notre Code actuel ne parle pas de l'ivresse, § 1.

II. Quel est le degré ordinaire d'ivresse dans lequel se commettent les délits? § 2.

III. *Filangieri* et *Carmignani* se placent dans des hypothèses
différentes et arrivent ainsi à des principes différents, § 3.

IV. Pour connaître jusqu'à quel point les actions commises
dans l'état d'ivresse sont imputables, il faut d'abord connaître
le degré d'ivresse par rapport à l'influence qu'il peut exercer
sur le moral, § 4.

SECTION II. — De l'influence morale des divers degrés de l'ivresse.

I. Ces degrés peuvent se réduire à quatre, § 5.

II. *Premier degré :* Sentiment plus développé de force et
de vigueur, § 6.

III. *Second degré :* Mépris du danger, § 7.

IV. *Troisième degré :* Témérité et impudence, § 8 à 10. — Divers effets que produit l'ivresse suivant le caractère de celui qui en est atteint, § 11. — Limites qu'elle fait dépasser, § 12.

V. *Dernier degré :* La conscience semble éteinte, et, par suite, notre intelligence cesse de diriger nos organes, § 13.

Section III. — Lois anciennes.

I. Peine ordinaire des homicides chez les Romains, et principes des excuses, § 14. — L'homicide était excusable s'il était commis dans les trois premiers degrés d'ivresse, § 14.

II. C'est à tort qu'on accuse cette loi de trop de sévérité, § 15. — Elle déclarait non imputables les actions commises dans le quatrième degré d'ivresse, § 16. — Il est juste de punir les délits commis dans les trois premiers degrés, § 17. — Il y a plus que *faute* dans ces délits, § 18.

III. C'est à tort qu'on accuse les lois romaines de trop d'indulgence, § 15. — Comparaison du degré de culpabilité des délits commis dans l'ivresse avec celui des délits commis dans les transports d'une passion désordonnée, § 19. — Responsabilité civile, § 29.

IV. Laisser impunis les homicides commis dans l'état d'ivresse serait aussi injuste que de les punir du dernier supplice, § 22.

V. Loi du 20 mai 1808, § 23.

Section IV. — Lois nouvelles.

I. Peine de l'homicide volontaire, d'après ces lois, § 24.

II. D'après ces lois, l'excuse de l'homicide commis dans l'état d'ivresse est la même que celle des homicides volontaires commis dans un accès de fureur, § 25.

III. Ces dispositions de la loi ne peuvent être accusées de dureté, §§ 26 et 27. — Ni de trop d'indulgence, § 28.

IV. Tout dépend du jugement sur le fait, §§ 29 et 30.

SECTION V. — Application de cette théorie à la cause présente.

I. Le requérant a agi volontairement mais par excès de vivacité, § 3.

II. Mais les motifs du jugement ne sont pas exacts, § 32.
III. Conclusion, § 33.

SECTION I.

État de la question.

1. — Messieurs (1), les plus anciens législateurs, les lois romaines (2), l'ancienne jurisprudence et l'usage des tribunaux, notre Code pénal du 20 mai 1808 (5), les écrivains de morale et de législation, depuis Aristote et Platon jusqu'à Rossi et Carmignani, parlent tous de l'ivresse ; tous disent qu'elle est une cause trop commune de violences et de rixes ; tous ont examiné avec soin si elle aggrave, efface ou excuse le délit, ou si elle doit seulement en mitiger la peine. Cependant notre Code actuel n'en parle pas. Est-ce oubli? est-ce mépris pour ceux qui, dégradés par l'intempérance, se mettent volontairement dans un état de démence qui les place souvent au-dessous de la brute? Mais des lois aussi humaines et aussi prévoyantes que les nôtres ne peuvent être légèrement accusées de mépris pour l'homme, quel que soit l'état dans lequel il

(1) Conclusions prononcées le 9 mars 1855, dans l'affaire Salvatore del Gaudio.

(2) L. 11, D. XLVIII, *de Pœnis*. — L. 6, § 7, D. XLIX, 16, *de Re militari*.

(3) Art. 3 et 174, l. pén. 20 mai 1808.

tombe ; et encore moins d'oubli d'une manière d'être
malheureusement trop commune chez nous. Quelle
est donc la cause du silence de la loi sur cette matière?
dans quelle partie du Code pouvons-nous puiser des
principes pour résoudre les questions que soulève
l'ivresse? Permettez-moi de m'étendre sur ce sujet un
peu plus longuement peut-être que ne l'exige la cause
à l'occasion de laquelle je donne ces conclusions.

2. — Rossi. et Carmignani n'examinent les effets
légaux de l'ivresse que lorsqu'elle est portée à un
degré extrême, c'est-à-dire quand elle ôte entièrement à l'homme la connaissance de lui-même et l'u-
sage de sa raison; quand elle l'empêche de distinguer
le bien du mal ; quand elle fausse, en quelque sorte,
la volonté, et lui substitue une impulsion, un mobile,
tout physique, tout organique. Est-ce là cependant
l'état habituel de ceux qui, en état d'ivresse, se livrent
à des excès de tous genres? Je crois que les délits ou
n'arrivent pas ordinairement dans cette période de
l'ivresse, ou du moins s'y produisent si rarement, que
le législateur pouvait, sans inconvénient, n'en pas
parler. Car si les passions, lorsqu'elles sont fortement
surexcitées, produisent plutôt la fureur que la léthargie, l'usage immodéré du vin, au contraire, cause le
plus souvent chez l'homme un état d'abattement général, ou un sommeil profond ; et cet état est plutôt
honteux et ridicule que redoutable. Sénèque dit qu'il
y a chez l'homme ivre ignorance presque totale de
soi-même ; ses paroles sont incertaines et mal articu-

lées, ses yeux sont hagards, son pas est vacillant: il a des vertiges et des tournoiements de tête, tout lui semble se mouvoir autour de lui, et les maisons elles-mêmes lui paraissent emportées par un tourbillon. Et cependant l'homme parvenu à ce degré d'ivresse, s'il agit dans un but déterminé, et arrive, par une suite d'actes dirigés tous vers ce même but, à commettre un crime, ne peut être considéré comme tout à fait dénué de lucidité et d'intelligence. Il faut convenir que, dans certains instants, il a recouvré la connaissance de lui-même et des objets qui l'entourent, et que sa volonté a joué, dans l'accomplissement de son crime, un rôle aussi grand que celle des fous et des furieux dans leurs intervalles lucides.

3. — S'il est avéré qu'au moment où il porte le coup l'homme n'a vraiment plus aucun sentiment de ses sensations, de ses idées antérieures; si ses sensations actuelles elles-mêmes sont plutôt pour lui des réactions organiques que de véritables sensations; si ses idées, comme les songes du malade, n'ont entre elles aucun lien; si l'incohérence de ses pensées et de ses volitions est non-seulement jointe à l'absence complète de mémoire et de conscience, mais encore accompagnée de terreur et de délire; alors je placerai volontiers les actes commis dans cet état dans la catégorie de ceux prévus par l'art. 64 de nos lois pénales. *Il n'y a pas délit quand le prévenu était dans un état de démence ou de fureur à l'époque où l'acte a été accompli.* La loi ne dit rien des causes de la fureur

et de la démence. Les uns deviennent fous par amour,
les autres par ambition, les autres par rage de ne
pouvoir se venger ; souvent aussi le délire se produit
dans les accès d'une fièvre ardente, occasionnée par
des actes ou des habitudes coupables. L'abus du vin
n'est pas plus répréhensible que les autres causes ; et
le législateur n'a ni pour les unes ni pour les autres
une exception ou une faveur. La fureur et la démence
sont toujours considérées comme une maladie, quelle
que soit la cause d'où elles proviennent, et, comme
elles, l'ivresse est une maladie, maladie quelquefois
mortelle. Mais, pour que l'ivresse tombe dans le cas
prévu par l'art. 61, elle doit aboutir à une fureur
complète et à une démence absolue.

Le célèbre Carmignani blâme Filangieri de voir un
dol dans le délit de l'homme ivre, tandis que lui n'y
voit ni dol ni faute. Mais Carmignani suppose que
l'homme ivre, en commettant le délit, avait complète-
ment perdu la raison, tandis que Filangieri, comme
on le voit en suivant son raisonnement, part de l'hypothèse d'une raison plutôt affaiblie et troublée que
tout à fait perdue et bouleversée (1).

4. — Cependant ni l'un ni l'autre de ces écrivains,
ni Rossi, ni aucun des modernes, n'examine les divers
degrés de l'ivresse et ne distingue l'imputabilité morale qui en résulte pour les actions commises dans
cet état. Les termes par lesquels on désigne ces divers
degrés sont presque toujours ceux-ci : *ivresse*, *folie*,

(1) *Scienzia della legislazione*, lib. 3, part. 2.

brutalité, *délire*, *fureur*. Nous désignons par les mêmes termes les divers degrés de chaque passion, et de la joie elle-même, lorsqu'elle nous agite de mouvements désordonnés et nous fait commettre des actes contraires à la prudence ainsi qu'à la loi. Cet emploi des mêmes termes, pour exprimer des idées, des jugements, des appréciations diverses, nous montre assez que les effets que ces termes expriment doivent être analogues ; mais la folie, la brutalité, la fureur, ne sont pas toujours portées en nous à leur plus haut degré. Je dois ici remercier l'habile avocat qui, en faisant l'exposé de la cause actuelle, a commencé par décrire et par déterminer l'état et le degré d'ivresse dont il avait à parler. Considérons donc les choses plus que les mots ; examinons dès le principe les progrès de l'ivresse et ses divers degrés ; et il nous sera facile de distinguer clairement les degrés de culpabilité des actes commis dans l'état d'ivresse, et de savoir si notre Code a véritablement oublié cette matière.

SECTION II.

Des degrés de l'ivresse.

5. — Toutes les causes physiques et morales qui surexcitent le système vital ont cela de commun qu'elles font disparaître peu à peu tout sentiment de faiblesse et de timidité, et qu'elles nous rendent plus vifs, plus hardis, plus prompts à agir. A mesure que la surexcitation s'accroît, l'homme prend de lui-même

une idée plus haute qu'il ne convient à sa faible nature; il se rit de toute pudeur; il chasse toute crainte,
même celle de la loi; enfin, incapable de soutenir
longtemps une excitation aussi violente, il tombe dans
la stupidité, ou dans ce sommeil accablant que Virgile
appelle *le frère de la mort*, ou bien encore toute corrélation entre ses idées est rompue par cet état violent,
et il devient furieux et insensé. Ce n'est pas à nous à
indiquer les causes physiologiques de cet état; mais
tels sont les phénomènes, telle est l'histoire de l'i-
vresse. Douce et salutaire excitation à son début, elle
se termine par la léthargie, l'hébétement ou la fureur
brutale. Entre ces deux extrêmes, les degrés sont in-
finis, et ne dépendent pas seulement de la force et de
la quantité de la boisson, mais encore de la constitution particulière de chaque individu et des circonstances dans lesquelles il s'est enivré. Quoi qu'il en
soit, Platon, Horace et Athénée distinguent les périodes de l'ivresse en quatre principales, distinctes
les unes des autres, moins par la force intrinsèque
et générale d'où résulte l'ivresse que par les phénomènes individuels qu'elle produit chez l'homme au
milieu du désordre croissant de ses facultés, dont les
unes semblent disparaître, tandis que les autres prennent un développement extraordinaire.

6. — Le premier degré est une excitation modérée
qui accroît ce que nous appelons *vis vitæ*, d'où est
venu peut-être le mot *vin* (1). L'action, dans ce cas,

____

(1) *Vis, vigor, virtus, vita, vitis, vinum. — Quod enim animam*

est accompagnée d'un doux sentiment de bien-être ; elle rend l'espérance et la force aux cœurs affligés ; elle donne du piquant et de la vigueur à l'esprit ; elle enfante des sentiments de bonté et de confiance ; elle ôte au travail ce qu'il a de pénible, à la pauvreté ce qu'elle a d'avilissant, à l'oisiveté ce qu'elle a d'ennuyeux ; elle élève l'âme vers les beaux-arts ; elle délie la langue ; elle nous rend prompts à l'action, et non-seulement réveille et réchauffe la vertu elle-même, mais elle la rend, comme le fer passé au feu, plus douce, plus brillante et plus souple. Un illustre philosophe observe que, dans les pays où il y a beaucoup de vignes, les hommes sont, plus que partout ailleurs, gais, sociables, et de manières franches et agréables. Quelques personnes ont cru trouver, dans la bonté et dans la force des vins de la Grèce, la cause de sa civilisation rapide et de son génie particulier pour la poésie, pour l'éloquence, pour tous les beaux-arts qui ont élevé sa gloire au-dessus de celle de toutes les autres nations (1). Tant que l'action du vin s'arrête là, loin d'altérer les forces du corps et de l'esprit, elle les restaure ; la conscience de soi-même en devient plus vive ; la honte des mauvaises actions plus forte chez les gens de bien ; et, comme la vertu ne touche pas encore, par les effets du vin, aux limites du vice, elle ne confond pas le vice avec la vertu. La responsabilité

---

simul cum corpore calefacit, vinum dicitur, Platon, [de !*Philos.*, lib. 33, *Timæus.*

(1) Cabanis, *Rapports du physique et du moral.*

des actions est donc alors la même que dans tout autre état de l'homme sain d'esprit ; et il n'y avait pas ici matière à des dispositions particulières de la loi. Caton réchauffe dans le vin sa force d'âme naturelle, tandis que Stilpon y voit s'évanouir le fruit de ses efforts philosophiques pour comprimer à grand'peine une inclination vicieuse (1).

7. — Mais dès qu'on franchit les limites de la modération, alors le sentiment de nos propres forces s'accroît au-dessus de toute mesure. L'homme chasse la modestie et la crainte ; il devient audacieux et téméraire. Les grands capitaines profitent souvent de ce degré d'ivresse pour lancer les hommes au combat, leur cachant, sous les vapeurs du vin, le danger qui pourrait les effrayer. Les grands scélérats se donnent à eux-mêmes ce degré d'excitation pour commettre leurs crimes avec plus d'audace et moins de remords. L'homme perd alors, il est vrai, une partie de ses souvenirs ; mais il ne perd ni la raison, ni la connaissance de soi-même. Si les soldats sont alors plus courageux, s'ils ne calculent ni l'avantage du terrain ni le nombre des ennemis, du moins ils ne prennent pas leurs camarades pour des adversaires, ni leur propre bannière, symbole de ralliement et de fidélité, pour un retranchement ou pour une forteresse ennemie. Les délits commis dans l'ivresse ont ordinairement lieu quand elle est arrivée à ce point. Alors on peut bien

______

(1) Cicéron, *de Fato*, 5.

douter du degré de culpabilité du délinquant, comme
en doute Filangieri ; mais personne ne prétendra que
l'action soit purement machinale et tout au plus fau-
tive.

8. — Arrivons au troisième degré, quand toute
crainte des hommes, de la loi et de Dieu fait place
à l'impudence et à l'audace effrénée : *Tunc ea homo
confidentia, libertate, audacia repletur, ut intrepide et
dicat et faciat quidquid placet : hinc non amplius formi-
dolosus ad dicendum, ad patiendum, ad agendum quidquid turpe* (1). Nous appelons cet état folie, mais ce
n'est pas exact ; car, si l'homme ivre est *tam animi,
quam corporis rabie concitatus, ubi terrarum sit nescit,*
cependant Platon observe qu'il n'est pas entièrement
fou, mais seulement peu sain d'esprit : *Tanquam mente
captus et trahit, et trahitur* (2). Il a encore la connaissance de soi-même ; il conserve quelque intelligence
et quelque liaison entre le peu d'idées qui lui restent ;
et, quand il agit dans cette étroite sphère, il parle et
il agit avec intelligence et volonté.

9. — Anton. Mattei cite Platon seulement pour lui
faire dire que l'homme ivre est semblable aux enfants.
Peut-être leur ressemble-t-il, en effet, parce que ses
idées sont renfermées dans un cercle aussi étroit que
celles d'un enfant ; mais, certes, il n'est pas un enfant
par la perversité et par la vigueur. Du reste, que dire

(1) Platon, *de Leg.*, Dial. 1.
(2) Platon, *de Philosophia.*

de ces enfants nègres de l'Inde qui, après s'être excités à l'envi avec de fortes doses de chanvre et d'opium, s'élancent, furieux, un poignard à la main, sur les passants jusqu'à ce qu'ils soient exterminés par eux comme des bêtes féroces (1)? Qui ne voit que ces enfants veulent bien ce qu'ils font, et le veulent au moment même où ils le font? Ils ont artificiellement altéré, mais non entièrement obscurci leur intelligence; ils agissent avec ensemble dans un but, dans un dessein déterminé, avec des moyens propres à accomplir ce dessein; et si, d'un côté, une partie de leurs souvenirs s'efface par l'effet d'une boisson dont l'abus est si coupable, d'un autre côté, leur passion dominante en devient plus énergique, plus exclusive, plus despotique.

10. — C'est pour cela que Platon compare les désirs effrénés et tout-puissants des hommes pris de vin à ceux des hommes que l'amour enivre avec autant de force : *Nonne et olim ob hanc causam amor tyrannus est dictus, et ebrius vir, nonne tyrannicum gerit animum? Sane : Quia etiam furiosus, non solum hominibus sed etiam diis imperare contendit, speratque se id consecuturum* (2). On voit, par ces paroles, que Platon trouve dans cette période de l'ivresse tout autre chose qu'un égarement absolu de l'esprit et de la volonté, qu'une absence totale de conscience de soi-même : *Non solum hominibus sed diis imperare contendit spe-*

(1) Cabanis, *loco citato.*
[(2) Platon, *de Republ.*, dial. 9.

ratque se id consecuturum. Ainsi Platon, en étudiant l'influence morale de l'ivresse, en signale le résultat le plus vrai, le plus universel, l'accroissement dans l'homme de l'amour-propre et du sentiment de sa propre force. A mesure que l'amour-propre s'accroît ainsi, les autres idées, et particulièrement les sentiments de modération et de pudeur, s'effacent du cœur de l'homme, jusqu'à ce que, rejetant tout frein, il se détermine facilement à tout ce que lui conseille la passion dominante qui le gouverne. Ces degrés et ces divers modes de l'ivresse peuvent bien atténuer la gravité du dol, comme nous avons vu que le pensait Filangieri en comparant l'ivresse à la vivacité, au dol moyen ou au dol le plus faible, mais non le faire disparaître tout à fait.

11. — L'ancien dicton que le vin dévoile les secrets de l'âme doit s'entendre en ce sens qu'il dévoile et fait ressortir le caractère et la passion dominante. Sénèque cite un grand nombre d'exemples d'hommes d'État intempérants, mais dont on ne pouvait cependant, quelque adresse qu'on mît en usage, découvrir les pensées intimes, ni arracher les secrets du fond du cœur. Le vin ne crée pas les vices, mais il les dévoile. L'importun devient plus loquace, l'orgueilleux plus insolent; l'homme cruel devient féroce, l'envieux devient méchant. Tous les vices enracinés dans l'âme éclatent au grand jour. Ainsi les Centaures, échauffés par le vin, souillèrent, par le viol et le meurtre, les noces d'Hippodamie. Ainsi, tandis que

le vin excite Anacréon à chanter l'amour, il fait naître mille cruelles pensées de pillage et de massacre dans l'esprit d'un spahis ou d'un janissaire.

12. — Combien philosophique et gracieuse est la pensée d'Horace sur ce sujet. Les idées de pudeur, de respect de l'opinion et de crainte du châtiment, forment dans le cœur de l'homme une forte et large digue entre le bien et le mal. L'action du vin la diminue en effaçant ces idées. Aussi les hommes ivres *fas atque nefas exiguo fine libidinum discernunt avidi* (1).

Ce n'est donc pas que l'homme ivre à ce point n'ait plus connaissance du bien et du mal, il les distingue, mais leurs limites respectives sont assez mal tracées pour lui. La même chose arrive par l'effet des passions, par une cupidité effrénée, par des espérances coupables et portées à l'excès. Mais distinguer mal une limite n'est pas la même chose que ne pas la distinguer du tout. Je sais bien aussi que ce n'est pas non plus voir cette limite comme Caton, pour qui il y avait entre le bien et le mal une séparation immense et infranchissable. Mais il ne peut malheureusement pas en être ainsi chez tous les hommes. Tant qu'il nous reste un rayon d'intelligence, tant que nous voyons le but vers lequel nous tendons, et que nous agissons dans ce but, nous pouvons dire que notre volonté est fortement entraînée dans un

____

(1) Hor., *Od.* I, 18.

sens, mais non que nous agissons par une action purement mécanique, sans aucune volonté, ni aucun discernement.

13. — Nous voici arrivés enfin au dernier degré de l'ivresse, à celui *quo prosternuntur qui bibunt* (1); alors l'hébétement complet, où quelquefois la fureur sont portés au plus haut degré. Dans cet état, on peut bien écraser un enfant en tombant sur lui; on peut tuer son propre fils en lui portant un coup, parce qu'on le prend pour un monstre; mais si, dans ce dernier cas, nous pouvons discuter *de mœtidis et blœsis atque mero titubantibus*, ce n'est plus ici le cas de l'homme qui, s'abandonnant à l'impulsion d'une injuste colère, agit dans un but déterminé et l'exécute avec un sourire féroce, *plenos oculorum sanguine pugnos* (2). Dans ce dernier cas l'homme ne sait plus ce qu'il fait, et, pour mériter la punition d'un délit volontaire, il lui manque la condition essentielle, la volonté. Voyons maintenant comment les lois anciennes ont gradué l'imputabilité et la peine dans les trois premiers degrés d'ivresse, et quel degré d'imputabilité ils ont reconnu à ce dernier degré.

SECTION III.

Lois anciennes.

14. — Chez les Romains, comme chez nous autrefois, il n'y avait qu'une peine de l'homicide : c'était

(1) Paroles d'Athénée.
(2) Juvénal, *Sat.* XV.

la peine capitale. Mais, pour que cette peine fût applicable, il fallait que l'homicide eût été commis avec
une volonté pleine et entière. Pour peu qu'on recon-
nût dans le coupable un esprit peu maître de lui-
même ; si, par exemple, il avait agi par un mouvement
spontané ; s'il s'était trouvé livré à la puissance absolue et tyrannique d'une seule passion, ce trouble
des facultés de l'âme devenait une excuse que la prudence du juge devait apprécier. Tels étaient tous les
homicides commis par vivacité (*per impetu*), et, dans
cette classe, les jurisconsultes Marcien et Ario-Menan-
dre placèrent ceux commis dans l'ivresse. Il aurait été
exorbitant et inhumain de les punir du dernier supplice. Filangieri, qui s'élève si éloquemment contre
l'ivresse, veut cependant que les homicides commis
dans cet état ne soient punis que de la peine très-
minime de ses trois degrés de dol.

15. — Il est bon de nous arrêter quelque temps
sur cette législation, elle a semblé trop sévère à quelques personnes. Mais qu'on fasse attention qu'elle n'a
point oublié le quatrième degré d'ivresse : *Furiosus
si hominem occiderit, lege cornelia non tenetur* (1). *Si
putator ex arbore cum ramum dejiceret, non præclama-
verit, et prætereuntem occiderit, ad hujus legis coerctio-
nem non pertinet* (2). Ces exemples partent de la règle
générale qui sert de base à l'appréciation des homi-

(1) L. 12, *ad. leg. cornel., de Sicariis,* Dig.
(2) Dig. l. *idem.*

cides involontaires, et l'homme ivre n'est certes pas exclu de cette règle, pourvu qu'il s'agisse d'un homicide occasionné par l'absence totale de raison ou par simple négligence ou inattention. Marcien et Ario-Ménandre supposent, il est vrai, une raison troublée, mais non entièrement perdue ; ils supposent qu'il y a volonté, qu'il y a dol : *Cum per ebrietatem ad manus, aut ad ferrum venitur* (1), *per vinum aut lasciviam lapsis* (2) ; et *lascivia* signifiait, chez les Latins, toute espèce d'incontinence de l'esprit, toute surexcitation née surtout quand les besoins naturels sont satisfaits, et qu'on cherche à rompre le honteux engourdissement de l'âme par la satisfaction de désirs monstrueux et déréglés. C'est ce qui arrive dans les trois premiers degrés de l'ivresse, et on ne peut appeler trop sévère une loi qui punit ainsi les homicides commis dans ces trois premiers degrés, comme tout autre commis par *lascivia* ou *impetu*.

16. — L'ivresse, parvenue à son dernier degré et dégénérée en véritable fureur, n'enlève sans doute pas tout caractère coupable à l'acte ; mais il ne faut jamais oublier que, dans cet état, l'homme n'a plus aucune connaissance de lui-même. Athénée raconte l'histoire plaisante de jeunes gens parvenus à ce degré d'ivresse, et qui croyaient voguer sur une trirème (3). L'homme ivre du grand physiologiste et

(1) Dig., l. 2, *de Pœnis.*
(2) D., l. 6, § 7, *de Re militari.*
(3) Athénée, lib 2, cap. 1 et 2.

poëte Florentin croyait naviguer dans son verre (1).
Si l'ivrogne, privé totalement de raison, et sans
le vouloir, *hominem occiderit, lege cornelia non tenetur :
quæ enim in eo culpa sit, cum suæ mentis compos non
sit* (2)? S'il y a faute de sa part de s'être mis dans cet
état, il est dans le cas de celui qui *si negligentius per
lubricum transierit et lapsus occiderit, lege aquilia tenetur* (3); il est ainsi responsable d'homicide par imprudence d'après la loi romaine.

17. — Mais, s'il a eu en vue un individu déterminé,
sachant parfaitement qui il était, pourra-t-il dire que
suæ mentis compos non sit, et qu'il n'avait plus aucun
sentiment du rapport entre les objets extérieurs et ses
sensations, non plus qu'entre ses sensations et ses
idées, et qu'il n'y avait plus entre ses idées la moindre corrélation? Il se trouve alors évidemment dans
le second ou le troisième degré d'ivresse, et il mérite
un châtiment. Ctésichide, qui, dans l'ivresse, sut choisir son ennemi au milieu de la foule, le frapper et le
tuer, pouvait-il soutenir que, marchant négligemment
sur un chemin glissant, il avait commis cette action involontairement dans les mouvements désordonnés que lui causait l'action du vin? Dira-t-on que les
deux Unni de Bélisaire (4), qui, dans une circonstance
solennelle, immolèrent précisément celui à qui ils en

(1) Redi, *Dithyrambe.*
(2) L. 5, § 2, D. IX, 2, *ad leg. aquil.*
(3) L. 7, § 2, D. IX, 2, *ad leg. aquil.*
(4) Gibbon, chap. 41.

voulaient, avaient l'intention, dans le délire de leur ivresse, de lui témoigner leur attachement et leur respect? La vérité est qu'ils montrèrent, dans l'accomplissement de cet acte, une suite, une connaissance parfaite, une volonté tout à fait libre et raisonnée.

Alexandre tue Clitus au moment où celui-ci, oubliant le respect qu'il lui devait, lui reprochait son faste digne des barbares, et la sotte vanité qu'il y avait à se faire appeler fils de Jupiter ; voulait-il commettre cette action ? Il le voulait certainement, bien que sa raison fût un peu troublée, bien qu'il se déterminât subitement, bien que, *non proposito sed impetu*, pour me servir de l'expression des lois romaines. Il fut vivement blessé des paroles de Clitus ; parce que dans le vin *crescit insolenti superbia ; crudelitas sævo : omne vitium laxatur et prodit*. Mais on ne peut soutenir qu'il n'y eut plus alors aucune corrélation entre ses sensations extérieures et sa pensée. Il saisit avec fureur, non le cimier du casque, par exemple, mais la lance d'un soldat ; il comprit donc le rapport entre son dessein sanguinaire et le moyen qu'il choisit pour l'exécuter. Il lança violemment le coup, non à la table où à la toile de sa tente, mais droit au cœur de Clitus ; il conservait donc assez de raison et de volonté pour bien combiner et exécuter son dessein. Le vin ne fit en ce moment que l'étourdir, lui faire oublier que ce même Clitus avait sauvé ses jours, et effacer de son cœur le respect de sa propre dignité, les principes de la vertu, de la générosité, de la reconnaissance.

Mais qui pourrait dire qu'Alexandre n'avait plus aucune connaissance? qui pourrait dire que les idées d'orgueil et de vengeance n'avaient pas pris dans son âme la place de toutes les idées que le vin en avait chassées? qui pourrait dire que ce meurtre devait être imputé à la seule ivresse, qu'il ne fut commis que par imprudence, étourderie, inattention?

18. — Pour qu'un délit soit simplement commis par imprudence, il faut que l'imprudence en soit la cause réelle et immédiate. Ainsi, le cheval abandonné à sa fougue, qui heurte et tue un homme, donne lieu contre son conducteur à l'accusation d'imprudence. Le roi de Macédoine agissait certainement avec étourderie en demandant de nouveau du vin, avec inattention en ne modérant pas son intempérance, avec imprudence en ne prenant pas conseil du passé, où le vin lui avait déjà fait commettre tant d'excès. Mais ce ne fut pas le vin qui inonda la salle du festin du sang de Clitus; le vin excita la fierté indomptable du conquérant, enfla au plus haut degré son orgueil habituel, rendit sa volonté plus prompte à agir. Le vin, en troublant son cerveau, lui fit certainement perdre la mémoire et la liaison de quelques idées; mais les esprits incultes et voisins de l'état de la barbarie primitive ont souvent moins d'idées encore qu'il n'en reste dans la tête d'un homme civilisé ivre à ce point. En compensation, les idées peu nombreuses des sauvages sont faciles à exalter, à se diriger vers des caprices extraordinaires, et se joignent à des

passions ardentes et exclusives. Or, tant que de pareils hommes, bien qu'ignorants, bien que confondant facilement le bien et le mal dans l'ardeur de leurs transports, bien que pareils à des hommes ivres, tant que de pareils hommes, dis-je, seront punis, l'ivresse n'aura pas le droit de se plaindre que la loi ne soit pas plus indulgente. pour elle.

19. — Quelques auteurs, au contraire, accusent cette partie du droit romain, non-seulement de trop de douceur, mais encore de relâchement et d'immoralité. Comment, disent-ils, trouver dans un vice l'excuse d'un délit? Qui veut la cause veut l'effet; et l'homme qui s'enivre volontairement pouvait bien prévoir les conséquences funestes de son intempérance, et doit en être responsable (1).

(1) C'est l'argument favori de la Cour de cassation de Paris. Voy. Dalloz, au mot *Excuse*. — Mais, selon moi, cet argument est le plus mal fondé du monde; car user du vin n'est pas un vice, le vice consiste à en user immodérément. Mais où commence cette immodération? Des hommes à qui neuf verres de vin n'ont jamais fait perdre la tête, la perdent quelquefois au second verre : un vin. léger au palais, enivre souvent avant qu'on se soit aperçu de sa force; certains vins font sentir leur force à l'instant, d'autres au bout de quelques heures seulement. On ne peut donc admettre en principe que l'ivresse, étant un vice, ne peut excuser un délit. *Non potest improbus videri qui ignorat* (L. 99, de *Reg. juris*). Pour appliquer aux délits commis dans l'ivresse le principe d'Ulpien : *Nemo ex suo delicto meliorem suam conditionem facere potest* (L. 134, de *Reg. juris*), il faudrait poser dans toutes les causes la question suivante : *L'ivresse de l'accusé est-elle chez lui le résultat d'un vice, d'une contravention ou d'un délit?* Et cependant, si l'homicide n'est vé-

20. — Mais cet argument conviendrait mieux à une déclamation qu'à un raisonnement philosophique et juridique ; ceux qui le font par crainte que tous les homicides commis dans l'ivresse ne restent impunis, ne voient pas ce qu'ont vu Platon, Horace, Marcien, et tant d'autres, c'est-à-dire que tous les homicides commis dans les trois premiers degrés de l'ivresse peuvent être considérés comme commis par vivacité volontaire (*impetu*), et ne sont certainement pas tous involontaires, ni par imprudence. D'un autre côté, vouloir punir de mort les homicides commis par l'imprudence et non par la volonté de l'homme ivre, c'est certainement raisonner contre toutes les règles d'imputation et contre la nature même des choses. Acte volontaire, et absence de volonté, sont deux idées contradictoires. On ne raisonne pas mieux en répétant l'opinion de Pittacus (1). Eh quoi? le délit est-il une conséquence nécessaire de la boisson? l'accusé connaissait-il d'avance quelle quantité et quelle qualité de vin pouvait l'enivrer? Non-seulement, il n'est pas défendu de boire, mais souvent nous y sommes engagés par notre médecin, ou par nos amis. De même, il n'est pas

ritablement pas volontaire, il ne sera, même dans le cas d'une réponse affirmative, qu'involontaire. Il faut apprécier avant tout si la volonté est la cause de l'action, et *nunquam crescit ex post facto delicti æstimatio*. L. 135, *de Reg. juris.*

(1) Pittacus prétendait que les délits commis dans l'ivresse méritaient une double peine. L'une pour le délit lui-même, l'autre pour apprendre à l'homme à ne pas se mettre dans un état qui le rend incapable de modérer ses passions. (*N. du tr.*)

défendu de fréquenter le beau sexe. Boire immodérément, franchir les limites d'une honnête conver-
sation, sont deux choses contraires aux bonnes mœurs.
L'un de ces excès produit l'ivresse immodérée, l'autre
une passion immodérée. L'un et l'autre, considéré
dans son principe, peut être volontaire, mais souvent
aussi il est involontaire. Pourquoi donc excuser l'homicide commis dans l'impétuosité de la passion et ne
pas excuser celui commis dans l'impétuosité de l'i-
vresse? La relation, l'étroite analogie des idées indiquées ci-dessus, *per vinum aut per lasciviam lapsis*
et la conséquence qu'il faut appliquer aux deux cas
les mêmes règles de pénalité, sont dignes en tout
point de la sagesse des jurisconsultes romains.

21. — Relativement aux dommages-intérêts, la
responsabilité peut bien être la même, tant dans les
homicides prémédités que dans ceux commis *ex improviso*, et par imprudence. Mais ce n'est pas une raison pour qu'ils soient punis de la même peine ; l'action
civile *ex delicto* ne dépend nullement de la faute ou du
dol ; souvent nous sommes responsables même des
actions de nos enfants et de nos domestiques. Se-
rons-nous ainsi condamnés pour eux aux fers ou à
la mort?

22. Les deux extrêmes, l'impunité et le dernier
supplice, sont donc également inapplicables aux délits
commis dans l'ivresse, du moins lorsqu'elle ne va pas
au delà de ses trois premiers degrés ; et, étant donnée
une législation qui, comme la législation romaine,

applique indistinctement à tous les homicides la peine de mort, si elle réserve cette peine à ceux commis de propos délibéré, elle ne peut moins faire que de déclarer excusables les homicides commis spontanément, et entre autres ceux commis dans l'ivresse. Mais cette spontanéité doit toujours être accompagnée de la volonté certaine de commettre l'homicide ; l'action de briser un vase, de renverser une table par un mouvement convulsif, de tomber à terre comme un cadavre, si elle constitue un dommage ou une offense pour autrui, ne constitue certainement pas un dommage volontaire, ni un coup, ni un homicide volontaire. Quand la raison et la libre volonté sont entièrement perdues, quand celui qui agit est dans un véritable état de démence, quand les mouvements préjudiciables naissent uniquement d'une impulsion physique et mécanique, je crois que, sur ce point, les lois romaines avaient tracé d'avance la théorie de Carmignani, ce flambeau, cette gloire de l'Italie, et déclaré ces faits non imputables. C'est alors que l'homme peut être dit *furieux*. Mais la fureur, pour attirer sur celui qui en est atteint la compassion et non le châtiment, doit être poussée à son degré extrême. Qu'elle soit passagère ou durable, qu'elle provienne de l'effet du vin ou d'une passion déréglée, qu'elle naisse d'un vice de l'organisation ou d'une cause accidentelle, nous en retrouvons le type tracé dans l'ouvrage d'un de nos plus grands poëtes, dans *Roland le furieux*. Quand l'homme en est arrivé ainsi à n'être plus qu'une machine, aucune de ses actions ne lui est plus imputable, car son intelligence disparaît tout à fait, et sa conscience n'existe plus ; mais, tant qu'il n'en est pas arrivé à ce point, le désordre de ses facultés est semblable à celui qui résulte de toute autre maladie qui trouble la raison sans l'éclipser entièrement, et nous pouvons toujours reconnaître dans les actions des hommes parvenus à ce degré d'ivresse, comme dans celles des fiévreux, une volonté plus ou moins susceptible de culpabilité.

25. — Notre loi pénale du 20 mai 1808, à une exception près, suivit ces règles du droit romain. Elle déclara que tout homicide, bien que commis dans la chaleur d'un premier mouvement, serait puni de la peine capitale. Mais elle n'abandonna plus les excuses à l'arbitraire du juge, elle déclara nulle toute excuse qui n'aurait pas été prévue par la loi, et fut ainsi conduite à déterminer, plus expressément que ne l'avait fait la loi romaine, les faits d'où découle l'excuse. Ces faits furent réduits à deux : l'ivresse et le ressentiment d'une injure reçue (1), et il n'y eut que l'homicide commis pour l'une ou l'autre de ces deux causes qui ne put être puni de mort. L'une et l'autre résultent d'un déréglement de l'âme qui égare la raison et enflamme l'homme, le trouble, l'excite. Ce déréglement produit dans le premier cas une maladie particulière du corps qui réagit puissamment sur l'âme, et dans le second cas une maladie particulière de l'âme

(1) Art. 5 et 6, l., pén. du 20 mai 1808.

qui réagit sur le corps. Mais il y a une relation si intime entre le physique et le moral, que la loi excuse
également jusqu'à un certain point les erreurs que
commet l'homme atteint d'une infirmité physique ou
morale. Elle sait aussi que l'impulsion criminelle
ne naît pas toujours d'habitudes coupables et d'un
penchant naturel au mal; qu'il y a une différence
entre l'*avarice*, la *lubricité*, la *colère* et le *vol*, le
viol, les *coups* et *blessures*; qu'ainsi l'homme pris de
vin qui commet un délit n'est pas toujours un ivrogne.
En conséquence, elle ne punit que du second degré
de fers l'homicide commis dans un état d'ivresse accidentelle, et du quatrième celui commis dans un état
d'ivresse habituelle (1).

SECTION IV.

Lois nouvelles.

24. — Il a paru rigoureux à notre auguste législateur de punir de mort, par une disposition générale,
comme l'avait fait la loi du 20 mai 1808, tous les homicides commis par une résolution spontanée. A l'exception donc d'un petit nombre, auxquels la méchanceté et l'atrocité du fait donne le plus haut degré de
culpabilité, tous les autres homicides commis spontanément ont par cela même été favorisés d'une excuse;
en sorte que, au lieu d'être punis de l'antique peine du
talion, ils n'ont plus à subir que le quatrième degré

______

(1) Art. 174, l. pén. du 20 mai 1808.

des fers. Le dernier supplice est réservé aux homicides commis avec préméditation.

25. — Non content de dispositions si humaines, notre prince ajouta à l'excuse générale de la spontanéité celle d'un juste ressentiment pour coups ou blessures, ou pour tout autre délit ou crime contre les personnes, ainsi que la rixe, pourvu que le meurtrier n'en fût pas l'auteur. Il était inutile alors de parler d'ivresse; tout homicide commis dans l'ardeur de l'intempérance avait déjà été affranchi du dernier supplice, dont le punissait la loi du 20 mai. Si cette loi et la loi romaine n'avaient expressément excusé l'homicide commis dans l'ivresse, il aurait fallu le punir de mort malgré l'horreur qu'un pareil supplice eût excité dans le public. Aujourd'hui cela n'est pas à craindre; il est, comme tous les homicides, excusé par la spontanéité; s'il est provoqué par des coups ou des blessures, ou commis dans une querelle, il a une seconde excuse, comme tous les autres homicides volontaires; s'il est commis par imprudence, il est rangé dans la classe des homicides commis par imprudence, inattention, étourderie. Il est assez difficile, comme nous l'avons dit plus haut (§§ 2, 17, 22), de s'imaginer un cas où l'homicide serait commis par le seul effet du vin, dans un état de fureur complet, et sans aucune intention de le commettre. Ce cas ne méritait donc pas une mention particulière, et s'il se produit jamais, on lui appliquera l'art. 61 (§ 3).

26. — Mais pourquoi l'homicide commis dans l'ivresse ne fut-il pas excusé plus encore? Pourquoi ne fut-il pas du moins assimilé aux homicides commis dans une rixe, sinon à ceux provoqués par des coups ou des blessures? Pourquoi n'a-t-on pas distingué, dans l'application de la peine, les degrés de l'ivresse, comme nous l'avons fait ci-dessus? Pourquoi du moins ne montre-t-on pas un peu plus d'indulgence pour ceux qui n'ont pas l'habitude de s'enivrer?

27. — Pour répondre aux premières de ces questions, il n'y a qu'à répéter les arguments sévères des partisans de la législation de Pittacus ; ils ne persuaderont certes jamais de condamner au gibet les gens ivres, mais ils ne manquent pas de force pour leur faire appliquer, s'ils sont coupables, une peine modérée, en les exemptant de la peine capitale. D'après ce que nous avons dit pour et contre l'ivresse, on voit que tous les auteurs qui ont discuté sur ce sujet ont pris pour base de leur argumentation, les uns un degré de l'ivresse, et les autres un autre degré. Interrogeons la nature de l'homme et celle des choses.

Le législateur, en excusant les homicides spontanés au point d'en abaisser la peine au quatrième degré des fers, a calculé le dol de celui qui commet un crime par emportement ; mais, de plus, il a voulu, par la crainte du châtiment, garantir les droits de tout citoyen. En accordant au meurtrier une plus forte atténuation de peine, lorsqu'il y a excuse, la loi le protége en même temps contre toute attaque qui pourrait le porter à l'homicide. Ainsi la mitigation de la peine prouve que la loi ne protége pas également contre l'offense, et celui qui reste dans les limites de la loi, sans provoquer personne, et celui qui est le premier provocateur. L'excuse, quand elle ne consiste pas seulement dans un mouvement de l'âme, mais qu'elle exige l'accomplissement d'un acte, naît toujours du fait de l'offensé et non de celui de l'offenseur. Or, si l'ivresse provient du fait de l'homme ivre, et s'il n'y a aucune faute de la part de la personne frappée à mort, comment enlever à cette dernière une partie de la garantie que lui accorde la loi ? Comment accorder au meurtrier une garantie pour son ivresse, qui ne provient que de sa faute, ou qui, si elle est accidentelle et indépendante de sa volonté, a certainement développé dans son cœur les germes de crimes auxquels il était enclin, et les passions odieuses de son âme ?

28. — Le législateur ne pouvait pas non plus graduer ses peines d'après les degrés d'ivresse énoncés ci-dessus ; rien, en effet, n'est plus difficile que d'établir en fait ces divers degrés, et rien n'est plus facile que de trouver des témoins qui donnent à l'ivresse de l'accusé une apparence plus ou moins grave. La loi aurait donc fait surgir ainsi mille difficultés. La latitude laissée au juge d'appliquer le maximum ou le minimum de la peine supplée parfaitement à cette lacune.

Nous dirons la même chose de la distinction entre

l'ivresse et l'ivrognerie. Comment arriver à connaître la vie et le caractère de l'accusé? Pour chaque homicide, il aurait été facile d'opposer l'excuse tirée de l'ivresse, et de démontrer qu'elle était accidentelle et non habituelle. Pourquoi mettre tant d'obstacles à la marche de la justice en faveur de ceux qui abusent du vin? Nous avons observé plus haut que l'avarice, la lubricité, la colère habituelle, diffèrent du vol, du viol, des coups et blessures; et cependant la loi n'établit pas deux catégories de peines, l'une pour les voleurs, pour les adultères, pour les auteurs de coups et blessures qui ont été entraînés par une occasion purement accidentelle, et l'autre pour ceux qui sont poussés par une espèce d'instinct et d'inclination perverse. Seulement les coupables en état de récidive ou de réitération sont punis d'une peine plus rigoureuse, et cette disposition s'applique à ceux qui ont commis un délit en état d'ivresse. C'est à l'administration proprement dite, dont l'éducation publique fait partie, qu'il appartient de réprimer les vices et d'encourager les bonnes mœurs. Toute la différence entre la loi pénale du 20 mai 1808 et la loi actuelle consiste en ce que la loi du 20 mai ne considère comme une habitude vicieuse que la seule *ivrognerie*, et la punit plus sévèrement que l'ivresse accidentelle, quand elle se trouve unie à un crime. La loi actuelle s'élève à des considérations plus générales; elle envisage toutes les habitudes, toutes les inclinations vicieuses, et quand elles acquièrent plus de force et

d'ardeur, qu'elles deviennent exclusives et tyranni-
ques par l'action du vin, alors, en même temps que
les crimes commis dans l'ivresse, elle punit l'*uva-
rice*, la *lubricité*, la *colère*, qui existaient déjà en
germes dans l'âme, et qui, par l'excitation du vin,
font irruption au dehors et se manifestent par des
actes. Mais si les circonstances dans lesquelles l'homme ivre commet un homicide, même volontaire, sont
si dignes de pitié que sa condamnation, bien que
conforme à la loi, soit désapprouvée par l'équité,
clemente legis interprete (1), le législateur, qui n'a pu
prévoir tous les cas, supplée à celui-ci par le droit de
grâce.

29. — Tenons-nous-en donc aux faits, et ne considérons que la seule réalité des faits. Un homme pré-
médite un homicide, et puise dans le vin plus de
force et d'audace; si, dans l'exécution de son crime,
perseverantia apparuit judicium animi fuisse (2), il sera
coupable d'homicide prémédité. Celui qui n'agit que
par une impulsion spontanée, mais qui n'est pas provoqué par une offense qui fasse perdre à l'accusé une
partie du droit à la garantie que lui donne la loi, ne
peut certainement se plaindre s'il est traité comme
l'amant trahi qui, dans l'excès de sa rage jalouse, immole le faux ami qui a séduit sa bien-aimée; s'il est
traité comme celui qui, irrité de la perfidie d'un in-
grat, le punit d'un coup de poignard; s'il est traité

(1) Tite-Live, lib. I, cap. 26.
(2) L. 48, *de Reg. juris.*

comme le laboureur qui voit sa récolté se dessé-
cher et périr, et frappé de mort le cruel voisin qui
lui refuse le superflu de ses eaux. Ces divers cas sont
plus dignes de pitié que l'abus immodéré du vin. Il
ne faut pas répéter ici, avec Dante, que le coupable
avait alors *les yeux voilés et la démarche peu sûre*. Il
est aussi coupable que celui qui, tremblant de colère
et les membres convulsivement agités, commet un
homicide. Si, en trébuchant, il tombe et tue involontairement, et par son propre poids, un enfant; alors
il n'est pas plus coupable que la nourrice qui, en se
retournant négligemment dans son lit, étouffe le nour-
risson suspendu à son sein.

50. — L'homme ivre a, devant la justice, une position plus défavorable que tout autre; et cette
circonstance, *re exigente*, devient un châtiment suffisant de l'ivresse. La démence, le délire, la fureur, lorsqu'ils naissent d'une autre cause, même
honteuse, présentent un certain danger qui appelle,
sur celui qui en est atteint, la pitié des autres et les
secours de l'art; ou bien elles ont une certaine durée
qui donne lieu, indépendamment du fait d'où résulte
l'accusation, à des investigations et à un examen attentif. Les mouvements physiques et le délire que
cause l'ivresse sont certainement une maladie, mais
le mépris qu'ils inspirent et le peu de durée de leurs
symptômes violents font qu'on leur a refusé jusqu'ici
le nom de maladie. Lorsque l'accusé se trouve en
présence de la justice, l'ivresse a disparu; on ne peut

connaître son degré que d'après le fait même sur lequel est basée l'accusation. Si l'accusé prouve qu'il a vidé la *coupe d'Hercule*, il en rejaillira sur lui plus de mépris encore. Le degré d'ivresse ne peut se connaître ni se mesurer *à priori* : le fait même pour lequel le coupable est poursuivi doit seul établir s'il a agi volontairement, ou s'il a agi par une impulsion purement machinale et involontaire.

SECTION V.

Application de ces idées à la cause.

31. — Si dans cette cause j'avais été juge du fait, sans avoir d'autres documents que ceux énoncés dans la décision de la Grande Cour de la Calabre citérieure, je ne pourrais certainement pas établir quel a été exactement le degré d'ivresse de *Salvator del Gaudio*. Mais en prenant les pièces de la procédure, je le verrais, enflammé par le vin, adresser d'abord des propositions accompagnées d'actes lascifs, non à une plante, dans l'idée qu'une Dryade y était renfermée, mais à une jeune et belle *forme d'os et de chair* (1); je le verrais agir ainsi avec persévérance, en présence de plusieurs personnes, et même du père de la jeune fille ; je ne dirais point alors qu'il est le fou ou l'homme en démence de l'art. 61, ou le *furieux* de l'Arioste, ni qu'il agit involontairement. Je dirais plutôt qu'il a perdu toute pu-

(1) *Forma d'ossa e di polpe.* — Dante.

deur, qu'il est un insolent, un impudent ; que le vin n'a pas enfanté, mais développé ses désirs pervers. Lorsque, ensuite, éloigné de force de l'objet de sa passion et hissé sur un cheval, il en redescend quelques instants après, charge son fusil, non avec du sable ou des feuilles, mais avec de la bonne poudre de guerre et du plomb, et en dirige le coup exactement contre celui qui l'avait empêché de commettre une pareille obscénité; alors je ne pourrais disconvenir que sa raison est troublée, que son coupable dessein n'était pas formé longtemps avant l'acte qui en est résulté, et que, par conséquent, il ne doit pas être puni de mort ; mais je ne douterais pas qu'il n'ait eu encore assez de raison pour concevoir le projet, et le poursuivre de tous ses efforts. Lorsque, enfin, je le verrais fuir après le crime, pour ne pas être arrêté, et ensuite, lorsque je l'entendrais dans ses interrogatoires se rappeler le lieu, les personnes, et choisir parmi toutes les circonstances de son action celles qui peuvent lui être favorables, et nier ou dénaturer les autres, alors je ne pourrais moins faire que de conclure que sa brutalité, sa folie, sa démence, méritent ces noms, parce qu'il n'y a pas d'autres termes dans la langue pour indiquer tant d'audace et de scéleratesse ; mais que ces termes ne doivent pas être pris dans le sens de l'art. 64 ; car, si l'emportement d'esprit, la vivacité, la précipitation sont portées au plus haut point chez l'accusé, il conserve cependant la connaissance de lui-même et de ses actions ; il en a gardé un souvenir continu et parfaitement clair, indice certain qu'il savait ce qu'il faisait.

52. — Dans l'exposé des motifs où la Grande Cour déclare définitivement l'accusé coupable d'*avoir commis un homicide volontaire*, il me semble qu'elle n'expose pas tous les faits avec les considérants qui doivent conduire naturellement à une telle conclusion. Elle déclare que l'accusé était ivre; elle expose les faits, d'où il résulte que cette ivresse n'était pas assez forte pour lui enlever toute mémoire, toute volonté. Mais, pour qu'il fût juste de déclarer l'homicide volontaire comme le veut la loi, ces diverses preuves devaient être reliées, rattachées à cette conclusion par une déduction rigoureuse. Nous ne pouvons, dans cette Cour suprême, suppléer à l'insuffisance des motifs destinés à établir le caractère légal du délit. La décision pourrait donc être censurée pour cette raison. Mais il appartient à vous seuls de décider si un jugement est ouï ou non suffisamment motivé. Pour moi, je n'ai qu'à veiller à l'intérêt de la loi que je suis chargé de sauvegarder, je dois veiller à ce que tous les juges pénaux sachent qu'en condamnant un meurtrier ivre au quatrième degré des fers ils ne sont pas dispensés d'énoncer le caractère essentiel que la loi exige dans un acte pour entraîner une telle condamnation; c'est-à-dire que l'homicide a été *volontaire*. La loi ne contient aucune présomption pour ou contre les individus ivres. Pour qu'on ne puisse même supposer qu'elle adopte l'opinion de tel ou tel auteur, elle ne

dit rien de l'ivresse, elle met sur la même ligne *lapsos per vinum, et lapsos per lasciviam*, elle veut chez les uns comme chez les autres une volonté spéciale et directe de commettre l'homicide. Cela établi, si l'exception de l'art. 64 relative à la véritable démence, à la véritable fureur, ou l'art. 577 sur la provocation, viennent à se présenter, *quæstio est facti, non juris*. Ayant ainsi sauvegardé le principe qu'il n'y a relativement à l'ivresse aucune présomption *juris vel de jure*, et que l'homicide est seulement puni parce qu'il est volontaire et non parce que l'ivresse est un vice ; si le fait dont nous nous occupons vous semble réunir les caractères que la loi exige pour appliquer la peine, je m'en rapporte en tout point à votre décision.

35. — S'il vous semble que les faits mentionnés dans l'exposé des motifs de ce jugement établissent suffisamment le caractère d'*homicide volontaire*, sans qu'il soit besoin de grouper dans un seul *considérant* toutes les diverses preuves, je suis d'avis qu'il y a lieu de rejeter le pourvoi (1).

(1) L'exposé des motifs fut réputé suffisant par la Cour suprême, et le pourvoi fut rejeté.

QUESTIONS RELATIVES AU SECOND PRINCIPE DES EXCUSES (1).

————

LA JUSTIFICATION ET L'EXCUSE EN MATIÈRE D'HOMICIDE ONT LEUR PRINCIPE DANS L'EXERCICE DU DROIT DE CONSERVATION PERSONNELLE.

SOMMAIRES.

XVe QUESTION. — La justification ou l'excuse peuvent-elles résulter de la seule opinion du délinquant?

I. État de la question, §§ 1 et 2.

II. Différence entre la loi du 20 mai 1808 et le Code pénal français quant à la justification des homicides, § 3.

III. Cette loi était favorable au coupable qui avait pu se croire menacé d'un danger, §§ 4 et 9. — Il n'en est pas ainsi du Code français qui exige, pour qu'il y ait excuse, une provocation réelle et un provocateur certain, § 10.

IV. Distinction qu'établit Paul pour le cas où l'erreur de fait peut produire une excuse, §§ 11 et 12.

V. Conclusion, § 13.

XVIe QUESTION. — La justification ou l'excuse peuvent-elles naître d'un préjugé généralement répandu?

I. État de la question, § 1 à 4.

II. Nécessité de raisonner sérieusement sur un préjugé ridicule tel que la *jettatura*, § 5.

(1) Voy. p. 145, § 17.

III. Caractères particuliers de ce préjugé, §§ 6 et 7.

IV. Raisons qui doivent lui enlever toute influence sur les jugements, § 8.

V. Conclusion, § 9.

XVIIᵉ Question. — La violence sur les choses peut-elle servir d'excuse à l'homicide ?

I. État de la question, § 1.

II. Lois anciennes, § 2.

III. Lois nouvelles, § 3.

IV. Commentaire de la loi nouvelle, § 4 à 6.

V. Conclusion, § 7.

XVIIIᵉ Question. — L'agresseur est-il jamais justifiable ou excusable ?

I. Etat de la question, §§ 1 et 2.

II. Discussion de la question, § 3 à 5.

III. Conclusion, § 7.

XIXᵉ Question. — La justification ou l'excuse produisent-elles leur effet, lorsqu'avant de commettre le crime l'accusé s'est livré à des actes étrangers à cet acte ?

I. État de la question, § 1.

II. Le principe de l'excuse naît du principe de la légitime défense, § 3.

III. L'agresseur ne peut invoquer ce principe, § 4.

IV. Il ne peut donc invoquer l'excuse, §§ 5 et 6.

V. Conclusion, § 13.

XVE QUESTION.

LA JUSTIFICATION ET L'EXCUSE DANS LES HOMICIDES NE PEUVENT JAMAIS NAÎTRE DE LA SEULE OPINION DU DÉLINQUANT.

LA JUSTIFICATION ET L'EXCUSE DANS LES HOMICIDES NE PEU-
VENT JAMAIS NAÎTRE DE LA SEULE OPINION DU DÉLINQUANT.
ART. 62 ET 63, LOIS PÉN. (1).

1. — Messieurs (2), la nuit de la fête patronale de
Cervaro, la population de l'endroit était toute en
mouvement pour aller assister dans l'église à la cé-
lébration de la sainte messe. Parmi la foule se trouvait sur la place *Paolo Antonio Canale*, qui n'y avait
certainement pas été attiré par des sentiments de
piété ni par la solennité religieuse, car il était armé
d'un grand couteau. Quelques pierres lancées dans

---

(1) Art. 62 : « Il n'y a pas de crime quand celui qui l'a commis
y a été contraint par une force à laquelle il n'a pu résister. »

Art. 63 : « Aucun crime ne pourra être excusé, ni aucune peine
mitigée, si ce n'est dans les cas et dans les circonstances où la loi
déclare le crime excusable, ou permet d'appliquer une peine moins
rigoureuse. »   (*N. du tr.*)

(2) Conclusions dans l'affaire de *Paolo-Antonio Canale*, 12 décembre 1845.

les ténèbres, on ne sait par qui ni dans quel but, l'atteignirent. De la ruelle d'où paraissaient avoir été lancées ces pierres, Canale vit sortir un homme, il se jeta sur lui et le frappa ; il en vit sortir un autre et le tua. La Cour criminelle de la *Terre de Labour* l'a condamné à la peine des homicides non excusables.

2. — Le délinquant soutient que l'homicide était *justifiable*, parce qu'il a été commis pour se défendre contre une agression nocturne, ou que tout au moins il était excusable, parce que son auteur avait été provoqué par des coups et des violences contre sa personne. Il pense que, quant à l'appréciation du danger et à la connaissance de l'auteur de la provocation, on ne doit avoir égard qu'à sa propre opinion. Rien ne me semble plus étrange que cette double assertion.

3. — Une ou deux petites pierres lancées pendant la nuit, avec si peu de force qu'elles n'ont pas produit la moindre contusion, ne peuvent certainement avoir mis en danger la vie de Canale. Il prétend cependant trouver dans cette circonstance un cas de force majeure morale et de juste crainte ; et pour cela il s'appuie à tort, selon moi, sur la loi, aujourd'hui abrogée, du 20 mai 1808.

4. — Cette loi est peut-être de toutes les législations celle qui a donné la définition la plus indulgente des homicides justifiés. L'art. 11 déclare qu'il n'y a pas culpabilité dans les cas de *force majeure*, et l'art. 15' assimile au cas de force majeure *les délits commis sous l'impression d'une juste crainte ou par la*

nécessité de défendre contre une injuste agression nos droits propres, ainsi que ceux dont nous devons ou pouvons être les défenseurs. Elle place ainsi sur la même ligne les cas de force majeure, physique et morale; et ces mots, *impression d'une juste crainte,* font qu'on se demande si, lorsqu'on invoque en vain l'assistance de la loi, le danger peut s'apprécier autrement que d'après l'idée que s'en forme le délinquant, sous l'empire de l'agitation que lui cause une juste crainte.

3. — Mais, en premier lieu, il me semble plus digne d'une amplification de rhétorique que de la précision législative de réunir sous un seul point de vue les homicides qui se commettent malgré nous, quand nous devenons en quelque sorte les instruments d'une force majeure, et ceux qui sont commis par l'individu que pousse une nécessité morale. Dans les premiers, il peut se faire parfois que celui qui les commet n'ait pas la connaissance de lui-même, et, quand il la conserve encore, il s'afflige en vain de ce qu'il fait, parce qu'il ne peut résister, ni faire autrement. Ce sont là les véritables cas de force majeure, *majoris rei impetus, cui resisti non potest* (1). Ce n'est pas sans difficulté qu'on leur a assimilé quelques autres cas dans lesquels l'intelligence et la volonté jouent un certain rôle, comme, par exemple, si l'on heurte un individu en fuyant devant les ennemis (2). La nécessité physique est aveugle; elle n'a point d'au-

(1) L. 2, D. IV, 2, *quod metus causa.*
(2) L. 15, § 2, D. XIX, 2, *locati conducti.*

tre loi que la loi générale de tous les corps inorgani-
ques. La nécessité morale est toujours un calcul de la
raison. La nouvelle loi distingue les deux cas : la
nécessité physique n'est pas susceptible d'imputation (1). Il n'y a qu'une seule espèce de véritable nécessité morale : obéir à la loi ou aux ordres de l'autorité légitime.

6. — Aujourd'hui, la nécessité de la légitime défense est à la fois morale et physique ; elle naît du
droit qu'a chacun de veiller sur sa propre conservation, droit qui ne peut s'exercer que lorsque l'individu
se trouve exposé à un péril actuel et physique. S'en
rapporter à la seule opinion du délinquant serait offenser la loi. Tels sont les principes de la loi pénale qui
nous régit.

7. — Mais, même en s'appuyant sur la loi du
20 mai 1808, quelle était la juste crainte, quel était
le danger où le cas de légitime défense de *Canale*,
atteint de deux ou trois petites pierres lancées au hasard, et peut-être par plaisanterie ? Celui qu'il a frappé
et celui qu'il a tué avaient-ils lancé ces pierres ? Les
homicides, pour être justifiés, supposent un agresseur, et ici peut-on savoir au juste quel était l'agresseur ? Si une loi pouvait admettre que l'opinion du
délinquant est suffisante pour transformer un homme
en agresseur, *spem improbis ostenderet, timorem bonis
injiceret* (2); car elle ne protégerait nullement l'inno-

____

(1) Art. 62 du Code pén. napol. — Art. 64 et 327 du Code pén. fr.
(2) Cic. *in Rullum*, II, 65.

cent, et le coupable pourrait toujours se défendre en prétextant de sa crainte et de son appréciation du danger au moment du crime.

8. — Ainsi, il me semble qu'il est absurde de dire que le crime de *Canale* est justifié, même en supposant que la loi du 20 mai 1808 lui soit applicable. Passons à l'excuse.

9. — La latitude que la loi du 20 mai 1808 laissait au droit de défense lui fit admettre plus de latitude dans l'appréciation des excuses. Puisque la juste crainte suffisait pour justifier l'homicide, le simple ressentiment d'une injure reçue devait l'excuser.

10. — Pour servir de justification la défense doit être nécessitée par un danger véritable, actuel et pressant. Elle doit avoir lieu au moment même du péril. Mais comme, lorsqu'il y a percussion, l'élasticité fait continuer pendant un certain temps l'oscillation des diverses parties d'un corps, de même l'impulsion qui nous pousse à la conservation de nous-mêmes nous ébranle, nous trouble, et produit dans l'âme un mouvement soudain d'indignation qui se communique au dehors comme la vibration d'une corde aux ondes sonores de l'air. Lorsque le moment du choc et du danger présent est passé, nous restons sous l'impression de la commotion produite en nous, et cette commotion persévère et s'accroît dans les esprits farouches, mais dure peu de temps et s'efface rapidement dans les esprits raisonnables. La loi nouvelle n'admet que les excuses dérivées du principe de

la légitime défense, et elle les limite au temps raisonnable que peut durer une juste indignation.

Ainsi donc, puisque la loi ne reconnaît d'autre justification de l'homicide que la nécessité actuelle d'une légitime défense, la légitimité des excuses ne peut naître que lorsqu'il y a réellement coups et violences. Et, en disant violence provocatrice pouvant servir d'excuse à l'homicide, on entend en même temps que l'homicide a été commis sur la personne du provocateur, de l'auteur des violences. Si un individu s'imagine faussement avoir été frappé par moi, qui suis innocent, et non par celui qui l'a véritablement frappé, il ne peut me priver de la garantie de la loi qui me protége contre toute offense; il ne peut s'affranchir de la peine, puisqu'il m'a frappé sans avoir été provoqué par moi.

11. — L'erreur de fait peut quelquefois servir d'excuse. Le jurisconsulte Paul nous donne dans deux passages les principes de cette sorte d'excuse. Je ne suis point coupable, dit-il en premier lieu, si, tandis que je me précipite le poing levé contre mon esclave, *in proximo, te stantem invitus percusserim* (1). Si un individu, dit-il ensuite, me prend pour *Titius*, tandis que je suis *Caius*, il faut faire prévaloir toujours le principe qui est la base des droits de tout homme, c'est-à-dire l'individualité, l'identité, la conscience du *moi*; car je suis toujours la même personne

(1) L. 4, D., *de Injuriis*.

que je sais être, et non celle qu'il s'imagine, et il est tenu envers moi d'injures brutales et sans cause (1).

12. — Ces deux cas nous montrent la distinction qu'il faut faire entre les diverses erreurs de fait. La première erreur vient du bras, et non de l'esprit. Si j'avais su qu'un homme était si près de mon esclave, je n'aurais certainement pas porté un coup de poing. En le frappant malgré moi, je ne suis coupable que d'imprudence, d'inattention, de négligence. Mais, dans le second cas, j'ai voulu frapper, et j'ai frappé. C'était à moi à bien connaître celui qui m'avait provoqué. La spontanéité de mon action ne permet pas de lui appliquer le plus haut degré de la peine; mais il ne peut pas m'être permis de faire expier au premier qui me tombe sous la main l'injure que j'ai reçue d'un inconnu.

13. — Tel est précisément le cas qui nous occupe, et, pour ces raisons, je pense, comme a pensé la Grande Cour, que l'homicide qui donne lieu à ce pourvoi est inexcusable. Je demande donc que le pourvoi soit rejeté (2).

(1) L. 18, D., *de Injuriis.*

(2) Ces conclusions ne furent pas adjugées. Par pitié pour le requérant, les juges admirent le pourvoi; mais l'ancienne et la nouvelle jurisprudence ont toujours rejeté l'excuse qui ne reposait pas sur un fait certain, mais sur la seule opinion du délinquant.

XVIᴱ QUESTION.

LA JUSTIFICATION ET L'EXCUSE NE PEUVENT NAÎTRE D'UN
PRÉJUGÉ VULGAIRE. ART. 65, LOIS PÉN. NAP. (ART. 65,
COD. PÉN. FR.)

1. — Messieurs (1), si l'opinion du délinquant, si la
crainte ou le préjugé qui l'a dirigé pouvait lui servir
d'excuse ou de justification, on croirait certainement
que les tribunaux sont plus indulgents pour la crédu-
lité et la poltronnerie que pour le courage et la raison. Il faudrait alors excuser l'homicide commis par
suite de l'esprit de haine ou de vengeance entre les
diverses localités, ou pour soutenir un faux point
d'honneur, ou pour écarter l'obstacle qui s'oppose à
l'accomplissement d'un désir, d'un caprice. Ceux qui
partagent les mêmes préjugés y compatiraient, sans
doute, tout prêt à agir de même, dans les mêmes
circonstances. Aussi, pour que de pareils abus ne se

(1) Conclusions prononcées à l'audience du 27 novembre 1833
dans l'affaire de *Michel Guadagno.*

produisent pas, la loi doit redoubler de vigueur. Elle est faite pour combattre et détruire les préjugés, non pour les affermir et les confirmer.

2. — Qui pourrait dire quels sont le nombre et la force de ceux qui infectent les entrailles mêmes de la société? Tel qui déplore et tourne en ridicule les préjugés d'une époque ou d'une classe, adore aveuglément et partage ceux d'une autre époque, d'une autre classe. Les professions, les écoles, les systèmes scientifiques, en sont remplis.

Mais qui se serait jamais imaginé que d'un jeu d'esprit, d'une plaisanterie, qu'un de nos plus célèbres jurisconsultes (1) ornait des charmes de la poésie, pourrait naître un fantôme sanguinaire, une cause, un prétexte des crimes les plus atroces? Le plaisir que nous avons souvent pris à écouter les contes et les ingénieuses dissertations relatives à la *jettatura* (2), ce produit de l'imagination et des récits de tout le peuple napolitain, a ensuite propagé dans le public une croyance ridicule. Quelques étranges combinaisons de faits l'ont accréditée; et aujourd'hui, lorsqu'on veut dire que ce n'est là qu'une plaisanterie, on vous répond le fameux proverbe : *Ridentem dicere verum quid vetat* (3)?

(1) *Niccola Valletta*, professeur de M. Nicolini.

(2) La *jettatura* est ce que nous appelons en France le *mauvais sort*, la *maligne influence*. De tous les peuples du monde, le peuple napolitain est celui qui ajoute le plus de foi à ce préjugé. (*N. du tr.*)

(3) Hor., *Sat.* i.

Celui qui est soupçonné de posséder cette mauvaise influence, malgré la pureté de ses mœurs et l'honnê-teté de ses intentions, est frappé d'une espèce d'ex-communication civile et presque déclaré ennemi pu-blic; enfin un homme a été assassiné par cela seul qu'on le croyait *jettator* : tant il est vrai que, le plus souvent, *nugœ seria ducunt in mala!* On commence par une plaisanterie, et on finit par un assassinat, par des crimes atroces.

5. — A *Barile*, dans la *Basilicata*, vivait *Michel Guadagno*, citadin aisé et honnête. La tranquillité de sa vie, consacrée tout entière à remplir les devoirs de son état, le rendait cher à ses concitoyens et à toute sa famille. Peu instruit, mais industrieux et robuste, il voyait son petit avoir suffire à la modération de ses vœux, lorsqu'un certain *Ruta* étant venu se fixer dans le voisinage, *Guadagno* vit soudain son champ trom-per ses espérances, ses bestiaux périr; lui-même tomba malade. Le pauvre *Ruta*, sans être mandé, venait constamment faire à son voisin des offres de service, se désolait de ses malheurs, et lui prodi-guait les consolations à satiété. Mais c'était précisé-ment aux importunités et au voisinage de *Ruta* que *Guadagno* attribuait ces subits et tristes changements de santé et de fortune. Tous les parents, tous les amis de *Guadagno* étaient unanimes sur ce point. Un soir, on appela un vieux boiteux qui passait pour sorcier; celui-ci observa tout, mais déclara le cas au-dessus de son art. On ne sait si alors quelques amis donnèrent à

l'accusé le conseil que, suivant Arioste, on insinua à Bradamante, c'est-à-dire de n'avoir aucune pitié du vieil enchanteur qui lui enlevait son Ruggiero, et de l'immoler (1). Il est certain qu'ici la fable est restée bien au-dessous de l'histoire. *Guadagno,* quoique malade, rassemble toutes ses forces, et, secondé par deux personnes (peut-être sa femme et un de ses amis, ce point n'a pas été bien éclairci), il se traîne vers la cabane du malheureux *Ruta,* le surprend dans le sommeil, et, pour faire disparaître à jamais la cause de la *jettatura,* le frappe cruellement de cinq coups de couteau.

4. — *Guadagno* a été accusé d'homicide volontaire, avec le double caractère de préméditation et de violence publique Mais les débats n'ont clairement établi aucune de ces deux circonstances aggravantes. Il a donc été simplement condamné comme coupable d'homicide volontaire. Et je dois louer la sévérité dont la Grande Cour a fait preuve en lui appliquant le maximum de la peine. La cause du crime est dans un préjugé qu'on ne saurait assez s'efforcer d'extirper de l'esprit du peuple.

Le requérant se plaint de cette condamnation, et il fait valoir devant vous l'innocence de sa vie passée, la pitié qu'il inspire à tout le monde, l'opinion publique soulevée contre sa victime, et dont l'influence était si grande sur son esprit affaibli par la maladie.

(1) *Roland le Furieux,* chant iv, st. 27.

Il demande, en conséquence, que sa condamnation soit annulée.

5. — La réponse à ces réclamations pourrait se borner à la lecture de l'article 63 des lois pénales. Mais, puisque nous recueillons des fruits si pernicieux d'une innocente plaisanterie, il me semble utile d'en parler sérieusement et de vous faire connaître à fond le préjugé qui a conduit ce malheureux à commettre un crime aussi affreux.

6. — Notre ciel, notre mer, nos contrées si poétiques et si propres à enflammer l'imagination, inspirèrent aux anciens les fables des sirènes et de Circé, dictèrent aux bergers de Virgile et de Sannazare leurs contes enchanteurs, et enfantèrent le grand poëte qui chercha le merveilleux de son épopée dans les sortiléges d'Armide et d'Ismène. Mais les mathématiques et la philosophie de notre époque ont refroidi la vivacité de ces fictions. Des lignes abstraites, des abstractions arides, le magnétisme, l'électricité, le galvanisme, ont remplacé les charmes et le pouvoir des fées. Notre imagination ardente ne pouvait cependant rester inactive.

Dès longtemps on a remarqué que tout corps vivant, et particulièrement un corps aussi merveilleusement organisé que l'est celui de l'homme, répand tout autour de soi, comme une atmosphère d'émanations végétales et animales incessamment renouvelées par la force vitale, et qui exercent une certaine influence sur l'existence des autres êtres. Cette influence, disait-on, ne peut se nier par cela seul que nous n'en remarquons pas et n'en connaissons pas les causes. Tant de phénomènes électriques, magnétiques, galvaniques, ne peuvent être mis en doute, bien que nous ignorions pourquoi ils se produisent et que les moyens de les opérer nous soient encore inconnus aujourd'hui : le lion répand autour de lui une atmosphère de terreur que le chien, le bœuf, le cheval, sentent parfaitement, et que le hérissement de leurs poils, leur tremblement, leur défaillance, leur sueur, font connaître à l'homme, qui ne la sent pas. On ajoutait que d'une cause analogue provient la puissance presque magique et inexplicable de quelques personnes qui obligent les autres à se rapprocher d'elles, malgré leurs rebuts et leurs dédains, et l'*ut vidi ut perii* (1) des amants; qu'ainsi s'expliquent les passions qui n'ont pas un principe bien défini dans le plaisir ou dans l'intérêt, et qu'on exprime par les mots vagues de *sympathie* et d'*antipathie* morales. On en vint ensuite à concevoir la possibilité d'impressions purement physiques et favorables ou nuisibles à l'organisation physique des autres ; quelque chose d'analogue aux impressions différentes de ceux qui se placent au soleil, ou dans un désert glacé; dans l'atmosphère d'une joyeuse réunion de jeunes gens, ou dans celle d'un hôpital de fiévreux, de colériques, de pestiférés. Enfin, on en vint à soutenir qu'il y a des gens assez fatalement organisés pour jeter, même malgré eux, dans tous les corps

(1) Virgile, *Egl.* viii.

vivants dont ils s'approchent, une sorte de miasme, de venin, une espèce d'émanation très-subtile et désorganisatrice, qui dans les plantes attaque la végétation, et dans l'homme les principes de la vie et de l'intelligence. C'est là ce que nous appelons la *jettatura* : elle diffère de l'*enchantement* et de la *magie* en ce que les enchanteurs et les magiciens se livrent volontairement à des pratiques occultes, à des actes nuisibles, composent des philtres et des sortiléges de leur plein gré, tandis que la *jettatura* est un effet purement naturel résultant simplement d'un certain mode d'organisation. D'un autre côté, elle diffère de l'antipathie et de la sympathie morales, en ce que ces manières d'être de l'âme ne sont pas toujours purement *instinctives*. Elles naissent d'une suite de perceptions et de jugements peut-être plutôt confusément sentis que nettement raisonnés, mais qui nous avertissent d'un certain rapport de caractère, d'intelligence, de besoin, d'où dérive à la fois le désir de partager les idées et les affections d'une autre personne, le penchant à lui faire partager les nôtres et le besoin d'agir sur sa volonté; ou bien ils nous avertissent d'une dissemblance qui fait naître en nous les sentiments opposés. La *jettature*, au contraire, est considérée comme une action toute physique, qui s'opère malgré les meilleures intentions de celui qui en est l'auteur, et qui commence toujours par produire une affection morbide du corps pour ensuite attaquer et abattre les forces de l'âme.

7. — Les plus savants dans cette étrange physiologie vous assurent, avec la gravité d'un Hippocrate, que la nature prévoyante n'a pas livré l'homme à un pareil fléau sans lui donner des avertissements et des moyens d'y résister ; et, certainement, nous remarquerions ces avertissements si la civilisation et les habitudes sociales ne nous empêchaient de les comprendre. Ils s'imaginent avoir dérobé ses secrets à la nature, quand ils vous disent que les seules personnes douées d'une influence si pernicieuse sont celles qui naissent avec un corps contrefait et une certaine difformité d'allure qui annonce une organisation imparfaite et vicieuse. Cette sorte de tempérament ne se trouve jamais chez les hommes remarquables par leur énergie physique ou morale ; les grands scélérats et les hommes vertueux qui font volontairement le mal ou le bien ne sont jamais *jettators*. Aussi faut-il vous garder des hommes incapables de toute action qui exige quelque vigueur de l'esprit ou du corps, et non pas de tous les hommes de cette espèce, mais de ceux seulement qui, sans être bons à rien, vous fatiguent constamment de leurs offres de service, et, sans être ni demandés ni attendus, rôdent continuellement autour de vous ; et, mal à propos, vous interrogent sur votre santé, sur votre fortune, aussi pleins d'anxiété et de sollicitude que si l'épée de Damoclès était suspendue sur votre tête. Ces gens-là, chaque fois que vous faites un pas, chaque fois que vous changez de posture, chaque fois que vous ouvrez une

fenêtre, vous supplient de bien vous garantir de tout
mal, de tout danger; ils vous disent cela avec un
sourire moqueur toujours uniforme, avec certaines
contractions particulières de la face, avec des gestes
qui semblent contraints et qui contrastent avec la
froideur muette de l'œil et avec l'immobilité du vi-
sage. Il s'y joint un mélange de réserve respectueuse
et de pétulance, d'importunité et de protestations
qu'ils ne veulent pas vous importuner; de conseils puérils et d'admiration pour vos actions et
votre esprit. Ces contrastes choquants sont le résultat des mouvements difficiles et disgracieux que
produit en eux une organisation aussi déplorable.
Lorsqu'ils rient, on croirait qu'ils pleurent; ils vous
deviennent insupportables, vous excèdent par des paroles, des salutations, des révérences incessantes et
toujours les mêmes.

Ces physiologistes d'un nouveau genre vous assurent que c'est une sottise d'éviter de prendre certains
vêtements, certaines professions, certaines formes de
chapeaux, ou de couper sa barbe de telle ou telle manière, car le mal a son origine dans des causes plus
mystérieuses. Les amulettes, les pratiques secrètes, les
scapulaires, n'y peuvent rien; ce sont des remèdes de
bonne femme ou d'hommes faibles d'esprit. Il faut,
lorsqu'on est exposé à un pareil danger, s'échapper en
gesticulant et en poussant des cris; il faut fuir avec
rapidité, avec des mouvements désordonnés et très-
apparents; il faut même, si le danger est trop immi-

nent, s'emporter en injures et en menaces inattendues, afin de rompre le charme, de bouleverser les sens et l'esprit de celui dont on sent la mauvaise influence, d'agiter violemment l'atmosphère et d'en confondre les ondes pour qu'elles changent de place et ne se dirigent plus vers vous. Ils déclament, en conséquence, contre les convenances sociales et contre la galanterie qu'ils regardent comme un auxiliaire de la *jettature*, et ils se réjouissent seulement de ce que les grands, indignes de leurs richesses ou de leur puissance, sont souvent frappés et renversés par ce fléau : car personne n'est plus habile à les flatter, personne n'est plus disposé à perdre son temps dans leurs antichambres que les *jettators*. Un des caractères distinctifs des *jettators* est leur persévérance à faire la cour aux grands : Ceux-ci les accueillent donc volontiers et exercent impunément sur eux leur insolente supériorité, mais ils finissent par devenir victimes de la *jettature*, car, l'orgueil étouffant en eux la répulsion instinctive qu'inspire la nature en danger, ils perdent complétement le sentiment du péril, et en sont inévitablement punis.

8. — Or, cette plaisanterie, répétée d'abord par pur badinage, et affirmée non pas certainement avec conviction, mais avec un sérieux apparent par des hommes qui passent pour avoir de l'esprit, répand peu à peu parmi le peuple un nouveau préjugé qui vient remplacer celui de la féerie et de la magie. Les juges devaient-ils confirmer par leur arrêt, et la loi par ses

dispositions cette croyance de l'accusé? Le requérant peut-il soutenir comme il le fait qu'il a agi par une impulsion machinale et irrésistible? Tolérerons-nous que l'autorité de la loi soit à ce point vouée au mépris? Quelques fausses associations d'idées, quelques vagues impressions produisent souvent des penchants, des inclinations qui ne sont certainement pas une impulsion machinale, mais qui résultent de nos faux jugements, et nous pouvons certainement les modérer, les rectifier, les diriger, bien qu'ils persistent opiniâtrément en nous.

L'homme parvient à pervertir les inclinations les plus universelles, les plus salutaires, l'instinct même de la conservation personnelle. Dans les maladies physiques, nous contractons quelquefois des goûts dépravés qui nous semblent des nécessités, des besoins ou des plaisirs, de même, dans les maladies morales, naissent des dégoûts, des répugnances, des aversions particulières qui altèrent les penchants les plus fortement sympathiques de la nature, l'amour maternel lui-même. Un illustre philosophe a dit qu'aucun être vivant ne reste indifférent à l'homme; tous s'en rapprochent par sympathie ou s'en éloignent par antipathie. Il est aussi naturel à un être sensible de se rapprocher de ceux qu'il s'imagine éprouver les mêmes sentiments que lui, et de fuir, de détester ceux dans lesquels il s'imagine trouver les sentiments contraires, que de rechercher les sensations agréables et de fuir les sensations pénibles. Mais les sympathies ou les antipathies physiques et morales de l'homme ne sont pas celles de la brute ; il s'y mêle toujours beaucoup de raisonnement et d'intelligence ; se faire une idole de sensations même réelles, ne pas en modérer l'impétuosité, s'y laisser aller sans retenue, ce serait bouleverser toute civilisation, abolir tout sentiment d'humanité et offenser la loi. Que dire donc d'une stupidité ennemie de l'intelligence et du repos de l'homme, qui répand non-seulement les préjugés, mais les soupçons et les furies dans la société? Des idées aussi fausses, et plus fausses encore que celles qui ont causé le crime dont nous nous occupons, sont devenues autrefois les principes de la législation chez des peuples entiers pendant des siècles (1). Ne peut-on pas craindre que ce badinage, répété aujourd'hui plaisamment pour amuser la haute société, répandu par de spirituelles chansons dans le peuple, confirmé par quelque étrange combinaison de circonstances, ne fasse reproduire ailleurs le triste événement de *Barile?* Lorsque les magistrats pénaux n'avaient, pour apprécier les divers degrés du dol, d'autre guide que leur conscience, ils auraient peut-être pu avoir pitié de ce malheureux et appliquer à son crime une peine moindre ; les excuses dépendaient de leur arbitraire. Aujourd'hui, nous devons rendre hommage au principe que les passions les plus violentes n'excusent un crime que quand la loi

(1) Locke, *Entendement humain*, ch. 2, §§ 21 et suiv.

les place formellement au nombre des excuses ; mais les erreurs de l'esprit ne sont jamais une excuse quand elles naissent de préjugés faux et ridicules.

9. — Je demande, en conséquence, le rejet du pourvoi (1).

(1) Ces conclusions furent admises et le pourvoi fut rejeté.

XVIIᵉ QUESTION.

LA VIOLENCE SUR LES CHOSES N'EST PAS UNE EXCUSE DE
L'HOMICIDE. ART. 63 ET 377 DES L. L. P. (1). (ART.
65, 321, 322, COD. PÉN. FR.)

1. — Messieurs (2), Francesco Tafuri entra avec
ses bestiaux dans le champ d'Alexis Froncillo, et y
causa quelques dégâts. Celui-ci accourut, se jeta sur

(1) Art. 377 : « Les homicides volontaires, les coups ou blessures volontaires, et toute autre injure ou offense contre les personnes, seront excusables :

1° « S'ils ont été provoqués par des coups ou blessures graves, ou par d'autres crimes contre les personnes ;

2° « S'ils ont été provoqués par des coups ou blessures légères, ou par d'autres délits contre les personnes ;

3° « S'ils ont été commis en repoussant pendant le jour l'escalade ou l'effraction des clôtures, des murs, ou de l'entrée d'une maison ou d'un appartement habité ou de leur dépendance ;

4° « S'ils ont eu lieu dans une rixe dont le coupable n'est pas l'auteur, etc. »

(2) Conclusions prononcées à l'audience de l'ancienne Cour de cassation dans la cause d'*Alessio Froncillo*, 20 nov. 1813.

Tafuri avec fureur, et le frappa de manière à lui occasionner une maladie et une incapacité de travail de plus de vingt jours. La Cour criminelle l'a déclaré excusable. L'accusateur public s'est pourvu contre ce jugement.

2. — Si je devais examiner cette affaire d'après les lois anciennes, et même d'après la loi du 20 mai 1808, je serais peut-être d'avis que l'impétuosité de la colère, et le ressentiment du dommage qu'on lui avait causé, devraient excuser le crime du requérant ; car les lois anciennes admettent que le tort qu'on nous fait dans nos propriétés est une *injure : Si in fundum impetus factus sit* (1) ; — *si quis re mea uti me non permittat* (2) ; — *si quis ad domum tuam venerit, te absente, quodcumque eum moverit in persona vel etiam in re ipsa in qualitate injuriæ ; — si quis bona alicujus, vel rem tuam per injuriam occupaverit ; — si quis pignus præscripserit, venditurus, tanquam a me acceperit* (3) ; — *si creditor meus qui paratus sum solvere, in injuriam meam, fidejussores meos interpellaverit* (4) ; — *in domum alienam invito domino introire* (5) ; — *si statua patris tui in monumento posita cæsa est* (6) ; — *si inferiorum dominus ædium superioris vicini fumigandi causa et in-*

(1) L. 5, § 4, D., *de Injuriis.*
(2) L. 13, § 4, *idem.*
(3) L. 15, § 7, l. 28, 31, 32, D. *idem.*
(4) L. 19, *idem.*
(5) L. 23, *idem.*
(6) L. 27, *idem.*

juriæ faciendæ causa fumum faceret (1). Tous ces cas et beaucoup d'autres peuvent se compter au nombre des injures capables, d'après la loi romaine, d'exciter la violence d'un juste ressentiment.

5. — Les excuses d'après les principes de la loi romaine, et même de la loi pénale du 20 mai 1808, ont pour principe la diminution du dol par une cause quelconque. En effet, il serait étrange et injuste de punir du crime du dol le plus élevé celui qui s'irrite de voir dévaster ses propriétés. Mais le calcul du dol et des degrés de diminution du dol le plus élevé, qui est puni de la peine capitale, est, de sa nature, trop idéal, et, finalement, ne peut être qu'arbitraire dans la pratique. La nouvelle loi part, si je ne me trompe, d'un principe plus certain : la nécessité de se défendre. Elle exige trois conditions : la certitude d'un fait de violence capable de compromettre la sûreté personnelle ; une obligation légitime de repousser la force par la force ; l'urgence du danger. Lorsque le danger est passé, l'esprit de celui qui a été attaqué oscille en quelque sorte pendant un certain temps, par suite du mouvement que lui a imprimé la présence du danger ; le sentiment du droit de défense personnelle ne disparaît pas tout d'un coup, mais il diminue progressivement, et perd peu à peu sa force. Tant que, jusqu'à un certain point, cette oscillation est légitime, l'homicide, les coups ou les blessures ne sont pas entièrement justifiés, mais ils sont excusables.

(1) L. 44, § 7, l. 28, 31, 32, D. *de Injuriis.*

4. — Ce mouvement moral d'un esprit irrité, pareil aux mouvements oscillatoires du pendule, perdrait le caractère qui le rend excusable s'il ne conservait, jusqu'à ce qu'il cesse complétement, quelque chose de son triple principe, qui est, comme nous l'avons dit : l'offense à la personne, le droit d'y résister, le moment convenable pour résister. Ainsi, pour qu'il y ait excuse, le moment du délit, s'il n'est pas l'instant même en quelque sorte indivisible de l'agression, ne doit pas du moins en être fort éloigné. Lorsque le danger pressait, il y avait justification complète; mais, passé ce moment, il n'y a plus qu'excuse, parce qu'alors il n'y a plus défense personnelle, mais vengeance; le droit dè repousser l'agression se change en juste colère de l'offense reçue ; l'injuste attaque contre la propriété n'est pas du nombre de celles qui justifient l'homicide.

5. — L'instant de la présence du péril dure, quant aux excuses, autant que dure l'oscillation de l'esprit. Si donc il n'y a pas justification d'un homicide lorsque la personne n'est pas attaquée, il ne peut y avoir excuse s'il n'y a pas juste ressentiment d'une attaque contre la personne. Nous ne pouvons jamais réprimer de notre autorité privée les attaques contre la propriété. Dans tous les cas, une pareille manière d'agir est punissable, car on a toujours le temps de faire valoir son droit devant le juge et d'en obtenir une réparation. Si la colère que vous pouvez en concevoir dépasse les bornes, vous ne serez pas condamnés à la

plus forte peine que la loi inflige au crime; mais, néanmoins, vous ne serez pas assez excusé pour n'être soumis qu'à une peine voisine de l'impunité.

6. — Voilà pourquoi la loi se sert des expressions: *coups ou violences graves contre la personne* (1). Ces faits seuls, s'ils provoquent la colère et font verser le sang, peuvent être une excuse de ce crime. Les dommages causés, les vols, les ravages de la propriété, n'excusent pas et justifient encore moins une fureur qui va jusqu'à frapper et à tuer. La propriété n'est pas une valeur à mettre en balance avec la vie d'un homme.

7. — Je demande, en conséquence, que, dans la cause actuelle, vous fassiez droit au pourvoi du ministère public, et que vous annuliez la décision qui a admis l'excuse (2).

(1) Art. 577 des lois pén. nap. — Art. 321, Code pén. fr.
(2) Ces conclusions furent adjugées.

XVIIIᵉ QUESTION.

---

1. — Messieurs (2), plusieurs jeunes gens chan-
taient et plaisantaient un soir de carnaval. Le condamné vint se mêler à eux, et se livra à des plaisan-
teries insolentes et à des actes indécents. On voulut
l'en empêcher, et il joignit aux outrages les menaces

(1) Art. 373 : « Il n'y a pas de crime lorsque l'homicide, les blessures ou les coups étaient commandés par la nécessité actuelle de
la légitime défense de soi-même ou d'autrui. »

Art. 377 : « Les homicides volontaires, les coups ou blessures volontaires, etc., seront excusables :

1° « S'ils ont été provoqués par des coups ou blessures graves, ou
par d'autres crimes contre les personnes, etc. ;

4° « S'ils ont eu lieu dans une rixe dont le coupable n'est pas l'auteur. Est réputé auteur de la rixe celui qui l'aura provoquée le premier par des offenses ou des injures punissables au moins de peines
de police. »   (N. du tr.)

(2) Conclusions dans l'affaire d'Arcangelo Roberti, prononcées le
12 novembre 1814.

et les coups. Un de ces jeunes gens le repoussa d'un coup de poing; aussitôt l'accusé tira un stylet de sa poche et le tua.

2. — Il a été condamné pour homicide inexcusable. Il se pourvoit devant vous pour violation de la loi, en disant qu'on lui a refusé l'excuse que la loi lui accorde.

3. — Le principe sur lequel repose la théorie des excuses, dans notre nouveau Code, n'est pas, à ce qu'il me semble, la seule diminution du dol (1). Certainement, si nous voulons conserver le langage des lois anciennes, l'intensité du dol est fort diminuée dans tous les cas où la loi nouvelle admet les excuses; mais, pour établir nettement leur caractère, la loi part d'un point de fait déterminé, à savoir : l'emploi de la force pour repousser la force, quand on est injustement attaqué; dès que finit l'instant du danger, la justification cesse, et l'excuse commence.

4. — Si l'agresseur est mis en danger de mort, par la résistance légitime qu'on oppose à ses desseins coupables, il n'acquiert pas par cette raison le droit de les mettre à exécution. Deux droits opposés et contraires ne peuvent exister en même temps; le droit que j'ai de résister à l'agresseur et de le tuer, et le droit qu'aurait l'agresseur de résister à ma résistance et de me tuer, sont incompatibles. Ainsi, bien que mon droit soit diminué, quand je ne suis plus exposé à un danger pressant, et que je n'aie plus alors droit qu'à une excuse, celui qui m'a atta-

(1) Voy. la question précédente, § 3.

qué le premier n'en est pas plus excusable, à moins
que l'événement n'ait subitement changé, par mon
fait, de nature et de caractère. La défense et l'excuse
doivent avoir une cause légitime. La loi ne peut accorder une garantie à celui qui la viole le premier.
*Non sit excusatio adversus præcepta legum ei qui, dum
leges invocat, contra eas committit* (1).

5. — Il en est de même lorsqu'on s'en est tenu
aux injures et aux outrages. Dans le cas qui nous
occupe, le meurtrier fut le premier à menacer, à
user de violence. Le léger coup qu'il reçut était
provoqué par ses insultes. Le juge du fait a considéré
ces insultes comme des violences graves contre la
personne. Ainsi, les jeunes gens qu'il attaquait seraient excusables s'ils avaient commis un délit contre
lui, et certainement ils ne se portèrent pas à des actes
plus graves que les siens, et qui, sans être mérités par
lui, l'exposassent à un danger considérable et dispro-
portionné avec les outrages dont il avait pu se rendre
coupable. D'injures en injures, il en vint enfin à saisir
son couteau et à verser le sang. Quelle excuse mérite-
t-il donc ?

6. — Je demande, en conséquence, le rejet du
pourvoi (2).

(1) L. 37, D. IV, 4, *de Minoribus.*

(2) Le pourvoi fut rejeté. Et la jurisprudence sur ce point n'a jamais changé.

XIXE QUESTION.

1. — Messieurs (2), cinq jours après un attentat simple à la pudeur, commis sur la personne d'une jeune fille, le frère de celle-ci, rencontrant le coupable sur son chemin, fut saisi d'une fureur subite, et le tua. La Grande Cour criminelle, considérant que le ressentiment avait persévéré pendant tout ce temps dans l'esprit du meurtrier, lui accorda une excuse. Le ministère public s'est pourvu contre cette décision.

2. — Du moment que nous posons en principe que la nouvelle loi, dans l'appréciation des excuses,

(1) Art. 377, 2° : « Seront excusables les homicides provoqués par des coups ou blessures légères, ou par d'autres délits contre les personnes. »

(2) Affaire de *Tommaso Zeppa*, 27 juillet 1852.

comme dans celle de la justification des homicides, prend pour base le droit de légitime défense, nous devons convenir que, si l'assassin, pour défendre sa sœur, avait frappé le coupable au moment même du flagrant délit, il faudrait peut-être le considérer comme justifié; mais, une fois l'instant du crime passé, le ressentiment qu'il devait produire ne pouvait plus justifier, mais seulement excuser cet acte trop prompt de colère. Si cet acte n'avait pas dépassé les limites de l'offense, le délinquant ne devrait être puni que d'une peine très-légère. Si, comme ici, il était allé jusqu'à l'homicide, il devrait être puni de la peine de la relégation (1). C'est cette peine qu'on a appliquée au requérant.

3. — Mais je me demande si la durée plus ou moins longue de ce ressentiment est purement un jugement sur le fait dont l'appréciation est remise entièrement à l'arbitraire du juge, ou bien si, au contraire, les lois ne la limitent pas, par une prescription salutaire, à un terme fixe. Telle est la question que vous avez à décider aujourd'hui.

4. — Bien des hommes répriment leur premier mouvement de colère par bonté naturelle; quelques-uns par un effet de l'éducation; d'autres enfin par réflexion. Tous devraient agir ainsi par piété, par obéissance à notre religion de paix et de pardon. Il en est chez lesquels les passions sont si violentes et si

(1) Art. 380 : « Dans le second cas de l'art. 377, si le fait qui constitue l'excuse est prouvé, l'homicide sera puni de la relégation. »

tenaces, que la pensée d'une injure reçue ne s'efface jamais de leur esprit. En vain ils volent sur les mers lointaines; en vain ils parcourent les régions les plus reculées; ils ne peuvent se fuir eux-mêmes; *sed timor et minæ scandunt eodem quo dominus, neque decedit errata triremi et post equitem sedet atra cura* (1).

Ainsi, la durée et l'intensité de la colère varient suivant les hommes, et sont même très-variables dans le même homme, selon ses dispositions, le temps, le lieu et les circonstances de l'offense.

5. — Certes, la loi ne peut demander à tous les hommes d'être des Scipion et des Atticus; mais personne non plus ne peut souffrir qu'on croie la colère indéfiniment excusable, parce qu'elle perdrait alors son caractère de *furor brevis*, et qu'en lui accordant le loisir d'attendre le temps et le lieu convenables pour se satisfaire, elle se changerait en inimitié, en haine cruelle et effrénée. La loi qui la protégerait ainsi serait non-seulement antireligieuse, mais antisociale.

6. — De plus, l'arbitraire qu'il faudrait absolument, dans ce cas, accorder aux magistrats pour apprécier quel degré d'indulgence mériterait une colère aussi prolongée, serait lui-même indéfini; chacun jugerait selon ses propres passions; les juges se laisseraient influencer par la puissance et par l'intrigue, et l'excuse deviendrait une idée arbitraire et incertaine, au lieu d'être un fait parfaitement déterminé.

7. — Les lois anciennes employaient les mots *ca-*

(1) Hor., *Ode III.*

lor, impetus, pour exprimer la vivacité et la promptitude avec lesquelles le délit doit succéder à l'offense qui le produit : *Calorem calomniæ* (1); *delinquitur impetu, impetu ad ferrum venit* (2). *Calor,* comme on le voit, exprime encore moins de vivacité, de promptitude que le mot *flagrant.* Je ne pense donc pas que l'excuse ne puisse s'admettre que *in ipsa perpetratione facinoris,* c'est-à-dire à l'instant même où le coup est porté. *Quidquid in calore iracundiæ vel dicitur, vel fit, non priùs ratum est, quam perseverantia apparuit judicium animi fuisse : ideoque brevi reversa uxor, nec divertisse videtur* (5). Mais que faut-il entendre par ce temps, *breve,* dont parle la loi?

8. — L'art. 5 de la loi du 20 mai 1808 a limité ce court intervalle à l'espace de douze heures entre l'offense et le délit, mais elle ne comprend pas dans cet intervalle les heures du sommeil, ce paisible bienfait accordé à l'homme par son auguste Créateur pour calmer toutes les agitations immodérées de l'esprit et du corps. Mais, dans certains cas, cet intervalle est lui-même trop long ; n'y a-t-il pas un meilleur moyen de déterminer les limites raisonnables de la colère, les limites au delà desquelles la loi doit présumer que tous les hommes, même les plus violents, ont nécessairement recouvré le calme et la réflexion?

9. — Quiconque étudie l'esprit humain découvre

---

(1) L. 1, § 5, D. XLVIII, 16, *ad. s. c. tarp.*
(2) L. 11, § 2, D. XLVIII, 19, *de Pœnis.*
(5) L. 48, *de Reg. juris.*

bientôt, dans les mouvements les plus spontanés de notre cœur, dans ceux qui semblent naître plutôt de l'instinct et d'une impulsion mécanique que de la raison, une série assez prolongée de perceptions, de jugements et de raisonnements où l'on reconnaît toujours l'homme et non la machine ou la brute. L'esprit, surpris par les mouvements impétueux de la passion, n'a pas le temps de rassembler ses forces ni d'apprécier l'état des choses, ni de reconnaître ses devoirs. Il est donc entraîné par eux, et la loi excuse alors le coupable, en mitigeant la peine. Mais il n'en est pas de même si l'homme a le temps de réfléchir sur ces mouvements précipités et sur ces raisonnements confus. S'il n'est pas retenu par le sentiment universel de la conscience humaine, qui lui est donnée par Dieu comme un frein contre le mal, et, en même temps, comme un encouragement à bien examiner ce qu'il fait, alors la loi humaine le menace de la peine entière du crime qu'il se dispose à commettre ; et elle le menace afin qu'il se modère, qu'il s'arrête, par la pensée qu'en nuisant aux autres il se nuira à lui-même et s'ensevelira peut-être sous les ruines qu'il produira : *iræ ruinis simillimæ, quæ super in quod opprimere franguntur.* Cet avertissement salutaire, qui est le but même de la peine, serait inefficace, si un mouvement de colère, excusable à l'instant même où il se produit, l'était également lorsqu'il persévère, c'est-à-dire quand *perseverantia apparuit judicium animi fuisse.*

10. — Le jurisconsulte Ulpien dit que l'homicide d'une fille est excusable de la part du père, bien que commis quelques heures après que celui-ci l'a surprise en flagrant délit d'adultère, pourvu qu'il ait employé tout ce temps à la poursuivre avec fureur ; alors *in continenti videbitur occidisse* (1). Le roi Frédéric explique les expressions *in continenti*, comme si elles signifiaient dans le cours, dans l'accomplissement de l'action ; *prius scilicet quam divertat ad actus extraneos* (2). Ainsi, tant que le père ne s'est pas livré à des actes étrangers au crime, il profite du bénéfice de l'excuse. Quand l'homme s'est livré avec indifférence à des actes étrangers au crime, on doit naturellement présumer que son esprit s'est calmé. S'il est encore poussé par la fureur, elle devient alors de l'inimitié et de la haine ; et l'homicide commis volontairement dans cet état est toujours volontaire, dans toute l'acception de ce mot, et peut même être prémédité, mais il n'est plus excusable.

11. — Qu'on s'imagine à combien d'actes étrangers au crime l'accusé a pu se livrer pendant cinq jours ! Après cinq jours, le souvenir subit de l'injure pouvait faire qualifier l'homicide d'homicide commis par vivacité, et occasionné par le souvenir d'une ancienne offense ; il pouvait dès lors être déclaré conçu *ex improviso*, et simplement *volontaire ;* mais il n'était plus excusable. Le souvenir de l'offense excite

(1) L. 23, § 4, D. XLVIII, *de Adulteriis.*
(2) Constit. du roy. de Sicile, I, 8, *Pacis cul.*

les esprits ardents qui sont incapables de se contenir. Les coups et les injures font souvent sortir des bornes de la modération les sages eux-mêmes; et, tant qu'on ne se livre pas à des actes étrangers au crime, on profite du bénéfice de l'excuse qui résulte de ces circonstances.

12. — La loi emploie, dans l'art. 577, les expressions *provoqué par des coups ou des blessures, ou par un délit, ou par un crime*. Provoquer, c'est *lacessere, excitare, tentare ad pugnam et concertationem*. La loi romaine emploie toujours ce mot dans le sens d'une cause immédiate, d'une injure présente, d'un défi instantané (1). La durée du temps pendant lequel peut *ulcisci provocatus* (2) est toujours celle pendant laquelle a pu raisonnablement durer l'ardeur de sa colère; et, raisonnablement, la colère ne peut subsister après cinq jours écoulés, et après qu'on s'est longuement livré à mille autres occupations de la vie.

13. — Je demande, en conséquence, l'annulation de la décision qui vous est soumise (5).

(1) L. 4, § 11, D. IX, 1, *Si quadrupes pauperiem*.
(2) L. 4, § 6, D. XXXVIII, 2, *de Bonis libertorum*.
(5) La décision fut annulée.

XXᴱ QUESTION.

TROISIÈME PRINCIPE SUR LEQUEL SONT FONDÉES LES
EXCUSES (1). — DIVERS DEGRÉS D'EXCUSE.

SOMMAIRE.

SECTION I. Etat de la question, §§ 1 et 2.
SECTION II. Divers degrés d'excuse.

I. L'échelle d'imputation de la troisième classe des homicides est placée entre deux degrés extrêmes qui sont : la nénessité actuelle de la défense personnelle, et la préméditation, §§ 3 et 4.

II. Nécessité actuelle de la défense, § 5. — En allant de ce degré extrême jusqu'à la préméditation, on trouve sept degrés d'excuse, correspondant à sept espèces d'homicides, § 6.

III. *Premier degré d'excuse.* — Repousser de jour l'escalade ou le bris de clôture dans une habitation particulière, § 7.

IV. *Second degré.* Surprendre en flagrant délit d'adultère, § 8.

V. *Troisième degré.* — Provocation par des blessures ou des coups graves, ou par tout autre crime contre les personnes, § 9. — Ce qu'il faut entendre par provocation, § 10. — Dans le cas de coups ou blessures graves, il n'y a pas lieu de calculer le degré de peine que mériterait le provocateur, § 11. — Mais les coups ou blessures doivent être la cause immédiate de l'homicide, §§ 12 et 13.

(1) Voir, page 144, les trois principes auxquels Nicolini rapporte toute la théorie des excuses.

VI. *Quatrième degré.* — Provocation par des blessures peu graves et des coups peu graves, ou par tout autre délit contre la personne, § 14. *Quid,* lorsqu'il n'est pas bien prouvé si la blessure d'où résulte la provocation a été grave ou légère? § 15.

VII. *Cinquième degré.* — Rixe, §§ 16 et 17.

VIII. *Sixième degré.* — L'infanticide commis pour éviter le déshonneur, § 18.

IX. *Septième degré.* — Tout autre homicide non prémédité, qualifié simplement volontaire, §§ 19 et 20.

X. Récapitulation, § 21.

Section III. Application de ces théories à la cause.

I. Proposer une excuse, ce n'est pas, à proprement parler, proposer une exception, mais c'est appeler le juge à apprécier la nature intrinsèque du fait, §§ 22 et 23.

II. Dans les homicides excusables, il faut apprécier plutôt la cause prochaine que la cause éloignée du crime, relativement au coupable qui n'est pas l'auteur de la rixe, § 24.

III. Et même relativement à celui qui en est l'auteur, § 25 à 27.

IV. Conclusion, § 28.

SECTION I.

Etat de la question.

1. — Messieurs (1), si le meurtrier dont le pourvoi vous est soumis ne pouvait invoquer d'autre excuse que celle de la *rixe*, il faudrait en conclure que les juges ne doivent appliquer que cette seule espèce d'excuse. L'accusé, au milieu des travaux de la cam-

(1) Conclusions prononcées le 9 juillet 1852 dans la cause de *Giovanni Celetta.*

pagne, dans une aire, fit naître une rixe par ses paroles inconvenantes, qui, bien qu'elles ne continssent aucune *injure déterminée ayant pour objet de détruire ou de diminuer la considération de celui contre lequel elles étaient dirigées* (1), ont été cependant considérées par le juge du fait comme constituant une contravention de police (2). Mais cette rixe, ainsi soulevée par lui, se serait peut-être bornée à un échange de paroles insultantes, si son adversaire ne lui avait inopinément porté un coup de fourche sur la tête. Frappé ainsi, le requérant frappa à son tour son adversaire avec la hache qu'il tenait à la main, et le tua.

2. — En interrogeant notre conscience, elle nous dit de suite que ce meurtrier n'est pas aussi coupable que celui qui tout d'abord s'avance vers un homme, se jette sur lui sans rien dire et l'étend mort à ses pieds. Cependant le requérant a été puni exactement de la peine qui devrait être infligée à l'auteur d'un pareil crime. Examinons si la loi ne vient pas à son aide. Mais, afin de pouvoir mieux établir la transition

______

(1) Art. 565 : « Est *injure* toute offense publique ou privativement exprimée par des paroles, par des gestes, par des écrits, ou d'une autre manière quelconque, pourvu qu'elle ait pour objet de faire perdre ou de diminuer la considération de celui contre lequel elle est dirigée. »

(2) Art. 462, 5° : « Seront coupables de contraventions de police ceux qui diront des injures ou feront des menaces à quelqu'un, lorsque ces faits ne constitueront pas des crimes ou des délits, ou ceux qui, provoqués, dépasseront en injuriant les limites de la provocation. »

d'un degré d'excuse à l'autre, transition qui peut s'opérer dans le cours même de l'événement, je demanderai la permission de reprendre les choses de plus haut, et de distinguer d'abord, d'après leur progression naturelle, tous les degrés d'excuse que reconnaît la loi pour les homicides volontaires.

SECTION II.

Divers degrés d'excuse d'après nos lois.

3. — Quand nous ne considérons que les homicides volontaires, dans lesquels il n'y a qu'un seul meurtrier et qu'une seule victime, et que, dans l'accomplissement du crime et dans l'intention déterminée de le commettre, ne se présentent pas des circonstances particulièrement prévues par la loi (1), alors tous les divers cas de meurtre sont compris entre deux extrêmes : la nécessité urgente de la défense personnelle, et la préméditation ; c'est-à-dire, dans le premier cas l'impunité absolue, dans le second la peine la plus sévère.

4. — Tel est le caractère de ce crime, telle est la diversité des circonstances dans lesquelles il peut se produire, qu'entre ces deux extrêmes il est susceptible de tous les degrés d'imputation et de toutes les peines inscrites dans un Code.

Lorsqu'il y a nécessité urgente de se défendre per-

____

(1) C'est la 3ᵉ classe de la 1ʳᵉ catégorie des homicides. Voy. les *Notions préliminaires sur l'homicide*, p. 138, § 7.

sonnellement, l'homicide, bien que commis pleinement dans l'intention de donner la mort, serait à tort
considéré comme excusable. L'excuse atténue l'imputation, mais ne la fait pas disparaître, et dans ce cas
l'homicide n'est susceptible d'aucune imputation (1).
L'homicide prémédité, au contraire, est de tous les
homicides de cette classe le type extrême de la culpabilité la plus élevée. Entre ces deux extrêmes doivent se placer et s'échelonner les nombreux degrés
d'excuse.

5. — La nécessité urgente de la défense personnelle
ne doit s'entendre que dans le sens rigoureux qu'ont
voulu lui donner les termes de la loi. Le danger doit
être actuel et de nature à mettre l'homme dans l'alternative douloureuse de tuer ou d'être tué. Si l'offensé
peut éviter sans danger d'en venir à cette extrémité, s'il peut éviter la mort sans immoler son adversaire, il peut bien y avoir de sa part juste colère, ou
pour un danger déjà passé, ou pour un danger encore
pressant ; mais il n'y a pas justification entière, parce
qu'il n'y a pas nécessité actuelle de donner la mort.
— Sur le même rang que les homicides commis par
la nécessité actuelle de la défense personnelle, sont
placés ceux qui se commettent en *repoussant pendant
la nuit l'escalade ou le bris des clôtures, murs ou portes
d'entrée d'une maison ou d'un appartement habité, ou*

____

(1) Art. 573, C. pén. nap. : « Il n'y a pas de crime lorsque l'homicide était commandé par la nécessité actuelle de la légitime défense de soi-même ou d'autrui. »

de leurs dépendances, de même que ceux commis *en se défendant contre les auteurs de vol ou de pillage exécutés avec violence* (1). Du moment où cesse la nécessité de se défendre ou l'actualité de l'agression, le fait commence à devenir imputable, et l'action pénale prend ainsi naissance. Si le crime est commis sous l'impression d'une juste colère, la peine est en raison inverse du mobile, c'est-à-dire de la raison déterminante de l'homicide, dans laquelle réside l'excuse du fait. Plus la cause qui a déterminé le crime était urgente et nécessaire, moins la peine est grave. Plus cette cause est légère, plus la peine doit être sévère.

6. — Mais s'en rapporter pour l'appréciation de la légitimité de la colère à celui qui l'éprouve, ou en mesurer l'étendue d'après sa crainte et ses idées vagues sur le péril auquel il était exposé, ce serait se perdre dans la mer des opinions, et remettre toute excuse à la disposition des parties et à l'arbitraire du juge. Voilà pourquoi la loi vous demande un signe sensible, une preuve qui, si elle ne démontre pas la nécessité d'une défense actuelle motivée par une agression immédiate, établisse cependant par des faits constants que le meurtrier se trouvait dans un cas voisin de celui de la nécessité de cette défense. Ces faits constants, ces signes sensibles d'une colère juste ou excusable, sont, d'après notre loi, au nombre de sept (2).

7. — Le premier, celui qui se rapproche le plus

(1) Art. 374, C. pén. nap.
(2) Voy. le *Tableau des homicides*, p. 137.

de la nécessité d'une défense actuelle, consiste à commettre l'homicide en repoussant, mais *de jour, l'escalade ou l'effraction des clôtures, des murs ou de l'entrée d'une maison ou d'un appartement habité, ou de leurs dépendances* (1). Le passage de l'impunité à une imputation légère a lieu ici par la seule circonstance que le fait a lieu pendant le *jour*, et non pendant la *nuit*. Pendant le jour, il est certainement plus facile d'obtenir du secours, et on peut concevoir et trouver les moyens de sortir de danger, sans avoir recours à l'homicide, plus aisément que pendant la nuit, où tout le monde est plongé dans le sommeil ; et encore, dans ce dernier cas, il peut se présenter tel ou tel cas particulier qui offre un meilleur moyen que l'homicide d'échapper au péril. Mais les lois ne sont que des transactions entre les cas fréquents et les cas très-rares. L'homicide ainsi commis est toujours puni du premier ou du second degré de prison, de la même peine que les homicides commis par imprudence (2).

8. — Le second degré naît de cette colère qu'on peut placer sur la même ligne que la nécessité actuelle

(1) Art. 577; 5°. — Art. 581 : « Dans le 5° de l'art. 577, si le fait qui constitue l'excuse est prouvé, l'homicide sera puni du premier au second degré de prison. »

(2) Art. 575, l. pén. nap. : « Quiconque, par maladresse, imprudence, inattention, négligence ou inobservation des règlements, commettra involontairement un homicide ou en sera involontairement la cause, sera puni de la prison du second au troisième degré. » (*N. du tr.*)

de défendre notre vie ; elle naît de la colère qu'allume une offense honteuse adressée à ce qui nous est aussi cher, et peut-être plus cher que la vie, l'honneur et l'inviolabilité du lit nuptial. Si le mari surprend en adultère sa femme et son complice, et qu'il les tue, il est puni du second ou du troisième degré de prison. — Sur le même rang se place l'homicide commis par le père qui surprend sa fille en flagrant délit d'adultère (1).

9. — Le troisième degré a un caractère un peu plus grave. L'homicide est excusable *s'il a été provoqué par des coups ou blessures graves, ou par d'autres crimes contre la personne.* Les coups graves ou les blessures graves sont ceux qui peuvent causer la mort ou estropier (2).

On a égard au danger présent que devait craindre

(1) Art. 388, l. pén. nap. : « Le mari qui, surprenant en adultère sa femme et son complice, tuera, blessera ou frappera l'un d'eux, ou tous deux pendant l'acte du flagrant délit, sera puni, en cas d'homicide, du second au troisième degré de prison ; en cas de coups ou blessures constituant un crime, il sera puni du premier degré de prison ou de confinement, et, s'il ne s'agit que d'un délit, on lui infligera une peine de police.

« Les mêmes peines s'appliqueront aux pères et mères qui, surprenant dans leur maison, en flagrant délit d'action honteuse ou d'adultère, leur fille et son complice, tueront, blesseront ou frapperont l'un d'eux ou tous deux. » (*N. du tr.*)

(2) Art. 377, 1°. — L'art. 381 punit dans ce cas l'homicide du troisième degré de prison. — L'art. 356 qualifie coup ou blessure *grave* celui qui met en danger la vie de la personne frappée, ou la menace de rester estropiée. (*N. du tr.*)

la personne frappée; mais, si le mal est déjà fait, elle n'est plus placée dans l'alternative de tuer ou d'être tuée, son action est un contre-coup de la colère, une vengeance, et non une défense. La loi ne peut permettre que les passions restent impunies quand elles vont trop loin. Elle punit donc alors l'homicide d'une peine un peu plus grave que dans les deux cas précédents. Le juge n'a plus la faculté ni la latitude de choisir entre plusieurs degrés de prison; il doit appliquer le troisième degré; peine correctionnelle, il est vrai, mais voisine des peines criminelles (1).

10. — On voit, en partant de ces principes, que, de même qu'on ne peut qualifier l'homicide d'homicide commis par la nécessité de se défendre, si cette nécessité n'est pas actuelle, ni d'homicide excusable pour cause d'adultère, s'il n'y a pas flagrant délit, de même il ne peut y avoir excuse pour coups ou blessures graves, si les coups n'ont été rendus dans le moment même, ou tout au moins à la suite de l'attaque, et sans qu'on ait diverti à d'autres actes. Si l'individu blessé ou frappé se livre à d'autres actes, et, après plusieurs jours, accomplit sa vengeance et commet un homicide, il n'est plus excusable.

11. — On assimile au cas de coups et blessures graves tout autre crime contre les personnes, par exemple, l'arrestation ou la séquestration aux termes

______

(1) Art. 379 : « Dans le premier cas de l'art. 377, si le fait qui constitue l'excuse est prouvé, l'homicide sera puni du troisième degré de prison. »

de l'article 169 des lois pénales (1). Remarquons que
cette excuse est dictée non-seulement par la crainte
du danger, mais encore par l'utilité qu'il y a à priver
de presque toutes les garanties de la loi celui qui s'attribue à lui-même l'autorité qui n'est dévolue qu'à la
force publique. Ainsi, pour tous les autres cas du
même genre, il y a à l'excuse une raison particulière, tandis que, lorsqu'on est provoqué par des
coups et blessures graves, l'excuse dérive simplement du droit de défense pris dans son sens le plus
large. Il n'importe donc nullement que les coups ou
blessures graves d'où est résultée la provocation à
l'homicide méritent une peine correctionnelle ou une
peine criminelle. L'offensé ne peut certainement en
apprécier de suite la gravité, surtout si l'offense est
accompagnée d'effusion de sang; car une raison troublée, comme l'est celle d'un individu blessé ou frappé,
n'est guère capable en ce moment de connaître le degré de culpabilité de l'offenseur; degré qu'on calcule
d'après des symptômes qui ne se développent ordinairement qu'au bout de plusieurs jours. C'est d'après
ces symptômes qu'on détermine si la peine est criminelle ou correctionnelle; mais la loi, pour établir
l'excuse, ne considère que le trouble du moment, sur

---

(1) Art. 169 : « Quiconque, sans ordre de l'autorité constituée, et
hors les cas dans lesquels la loi autorise les particuliers à arrêter
les inculpés, arrêtera, détiendra ou séquestrera une personne quelconque, ou prêtera un lieu pour exécuter une semblable arrestation ou un tel séquestre, sera puni du premier degré de fers. »

(N. du tr.)

lequel une pareille distinction n'a certes aucune influence.

12. — La force et l'étendue (*vis et potestas*) du numéro 1er de l'art. 377 pourraient donc s'exprimer en ces termes : « *Les homicides volontaires seront excusables, lorsque, sans que leur auteur ait diverti à des actes étrangers, ils sont commis aussitôt après avoir été provoqués par des coups graves ou par des blessures graves, que ceux-ci soient qualifiés délits ou crimes, ou par tout autre crime contre les personnes.* » Les termes *tout autre crime* ne veulent pas dire que les blessures ou les coups doivent être aussi des crimes, c'est-à-dire ceux prévus par les art. 557 et 358 des lois pénales, et punis de peines criminelles. La loi parle indistinctement de blessures graves, de coups graves; leur définition se trouve dans l'art. 556 (1), et ce sont quelquefois des délits, quelquefois des crimes. Mais tout autre attentat contre les personnes qui sert de provocation à l'homicide doit être un crime, et non un délit, pour produire ce degré d'excuse.

13. — En disant provoquer par une blessure *grave* ou un coup *grave*, ou par un autre crime contre les personnes, la loi veut dire que les coups, les blessures ou le crime doivent être la cause immédiate de l'homicide, celle sans laquelle il n'aurait pas eu lieu. En sorte que, quels que soient les actes antérieurs

____

(1) Art. 356 : « La blessure ou le coup qui mettra en danger la vie de la personne frappée, ou menacera cette personne de rester estropiée, sera qualifié coup ou blessure *grave*. » (*N. du tr.*)

quel que soit celui des deux adversaires qui ait eu, dans le principe, plus ou moins tort ou raison, l'homicide est toujours excusable au même degré, lorsqu'il n'aurait pas été commis s'il n'avait pas été provoqué selon l'hypothèse du numéro 1er de l'art. 377. La loi n'établit aucune distinction, et le juge ne peut en faire aucune.

14. — Mais, si le coup ou la blessure qui a provoqué l'homicide est *léger*, de manière à ne faire courir aucun danger de mort ou d'altération des organes, il ne serait pas raisonnable d'avoir égard à la crainte qu'a pu en concevoir l'auteur de l'homicide. Ici se présente le quatrième degré d'excuse. La loi alors passe de la peine correctionnelle à la peine criminelle, mais à la plus douce de toutes les peines criminelles, c'est-à-dire la relégation (1). A ces coups, à ces blessures légères, sont assimilés les délits contre les personnes.

15. — Qu'arrivera-t-il, s'il est suffisamment établi que la provocation est venue de blessures ou de coups, mais s'il n'est pas également certain s'ils sont graves ou légers? Il est de règle qu'aucune présomption de fait ne peut aggraver le sort de l'accusé. La loi dit: *Quand le fait qui constitue l'excuse est prouvé.* Si donc

(1) Art. 377, 2° : « L'homicide est excusable s'il est provoqué par des coups ou blessures légères, ou par d'autres délits contre les personnes. »

Art. 380 : « Dans le second cas de l'art. 377, si le fait qui constitue l'excuse est prouvé, l'homicide sera puni de la relégation. »

(*N. du tr.*)

la blessure ou les coups qui ont provoqué l'homicide
sont prouvés, mais que leur gravité ne soit pas établie, il ne peut s'élever de présomption contre l'accusé, *quod minimum est sequimur* (1), et le juge ne peut
les considérer que comme légers.

16. — Après la peine criminelle la plus douce,
après la relégation, notre loi n'applique pas aux homicides, considérés sous le seul aspect du meurtre, et
de l'intention de le commettre, n'applique pas, dis-je,
la peine de la réclusion, ni celle du premier degré
des fers. Les divers cas de provocation par coups ou
blessures, ou autres crimes ou délits contre les personnes, auraient peut-être pu combler utilement cette
lacune; mais, bien que ce crime soit, par son caractère, susceptible de tous les degrés de peine, cependant le législateur n'a pas jugé convenable d'entrer
dans de plus grands détails. Il passe directement de
la relégation au second où au troisième degré des fers,
pour les homicides commis dans une rixe; c'est à eux
que s'applique le cinquième degré d'excuse (2).

(1) L. 54, *de Reg. juris.*

(2) Art. 57 : « Le passage d'une peine moindre à une peine plus
grave sera réglé ainsi qu'il suit :

 1° Le premier; 2° le second; 3° le troisième degrés de prison;

 4° La relégation;

 5° La réclusion;

 6° Le premier; 7° le second; 8° le troisième; 9° le quatrième
  degrés de fer;

 10° L'ergastolo;

 11° La mort.

 L'art. 58 indique d'autres peines qui, par leur combinaison avec

17. — *Rixa* vient, je pense, de *ringor*, *rictus*, termes qui s'appliquent aux animaux, et principalement aux chiens. La fable d'après laquelle Prométhée ajouta au limon dont Dieu nous a formés une partie de tous les animaux, et particulièrement la rage du chien et du lion, a cela de vrai, qu'elle signale la plus terrible de nos passions. La loi, dont le but est de réprimer les passions, ne doit pas, tout en les prenant en considération, atténuer trop fortement l'imputation des actions commises dans la chaleur de la colère. Elle veut donc que, pour être excusable, la colère ne soit pas de celles qui s'enflamment au premier moment et s'emportent au delà de toutes les bornes raisonnables. Elle exige une certaine ardeur réciproque, un certain emportement dans les paroles, dans les dires respectifs, dans les faits, qui entraîne l'homme à son insu et l'excitent peu à peu. L'accusé ne doit pas être l'auteur de la rixe, et, par auteur, il faut entendre celui qui, le premier, l'a provoquée par des offenses ou des injures punissables au moins comme contraventions de police. L'homme se trouve ainsi entraîné sans qu'il y ait faute de sa part; il devrait ne pas continuer la rixe, et, pour l'avoir continuée, la loi le punit des fers. Mais elle applique un degré de peine moindre au meurtrier qui *causa magis quam*

celles ci-dessus, forment de nouveaux degrés de punition ; les principales sont l'interdiction, l'exil, le confinement ou exil correctionnel, l'amende, etc. *(N. du tr.)*

voluntate homicidium admisit (1) qu'à celui dont le courroux n'a pas été ainsi graduellement enflammé par la dispute ; ce dernier est puni d'une peine plus élevée de deux degrés (2).

18. — Vient en sixième lieu un des homicides les plus graves, l'infanticide. S'il a été commis, non par cruauté, mais par crainte du déshonneur, il est puni du troisième degré des fers, au lieu de l'être de la peine de mort (3).

19. — Je place en septième lieu tout autre homicide volontaire non prémédité, pourvu qu'il ne soit pas entouré de circonstances aggravantes qui le fassent rentrer dans la disposition de l'art. 352 (4) ;

---

(1) L. 1. § 5, D. XLVIII, 8, *ad. leg. corn.*, *de Sicariis*.

(2) Art. 577, 4° : « Les homicides sont excusables s'ils sont commis dans une rixe dont le coupable n'est pas l'auteur. »

Art. 582 : « Dans le quatrième cas de l'art. 577, si le fait qui constitue l'excuse est prouvé, les crimes et délits seront punis d'un à deux degrés moindres de la peine encourue pour le crime ou le délit s'il n'était pas excusable. »   (*N. du tr.*)

(3) Art. 587 : « La peine de mort prononcée contre l'infanticide sera réduite à celle du troisième degré de fers, si le crime a été commis dans le but de cacher une progéniture (*prole*) illégitime par raison d'honneur. »   (*N. du tr.*)

(4) D'après les art. 352 et 353, seront punis de mort : 1° Le parricide ; 2° l'empoisonnement ; 3° l'infanticide ; 4° l'homicide prémédité ; 5° l'homicide commis sur la personne de celui qui n'est pas le provocateur de l'homicide, pour venger une offense reçue par autrui ; 6° l'homicide qui a pour but l'impunité ou la suppression de la preuve d'un crime, ou la facilitation d'un autre crime, alors même que le but n'aurait pas été atteint ; 7° l'homicide commis par mandat d'un tiers, qu'il soit gratuit ou salarié ; 8° l'homicide vo-

c'est-à-dire tout homicide puni de mort d'après notre ancienne constitution *terminum vitæ*, et d'après l'article 175 de la loi pénale du 20 mai 1808. Notre législateur, dans sa clémence, a considéré que celui qui commet un homicide dans l'impétuosité de la colère, bien qu'elle ne soit pas motivée par de graves motifs, mérite cependant quelque pitié. Qui peut se flatter de réprimer toujours l'impétuosité soudaine de la colère? Mais alors la cause du crime réside tout entière dans la violence de la passion personnelle, qui n'a pas ici pour excuse l'urgence du péril, ni un délit actuel contre les personnes, ni une succession d'actes offensants. Aussi la loi, tout en remettant la peine de mort, punit-elle, dans ce cas, l'homicide du degré le plus élevé des peines criminelles temporaires, du quatrième degré des fers.

20. — En admettant donc l'ancienne et véridique maxime que quiconque donne la mort à autrui ne peut expier ce crime que par sa propre mort, on voit que, dans ce septième degré d'imputation et de peine, la loi groupe et réunit toutes les circonstances qui prenaient le nom d'excuse, quand la loi romaine et notre constitution *terminum vitæ* ne reconnaissaient qu'une seule peine pour tous les homicides indistinc-

lontaire sur les descendants légitimes et naturels, sur le fils naturel légalement reconnu, quand le crime est commis par le père sur le fils adoptif, sur le conjoint, sur le frère ou la sœur au second degré.

L'art. 355 déclare que tout autre homicide volontaire sera puni du quatrième degré de fers. (*N. du tr.*)

tement, la peine de mort. Cette peine est aujourd'hui réservée aux seuls homicides prémédités, *cum perseverantia apparuit judicium animi fuisse* (1). Tous les homicides qui ne sont pas compris dans la nécessité de la défense personnelle, ni dans les six premiers cas d'excuse mentionnés ci-dessus, ni parmi les homicides prémédités (à l'exception de ceux qui sont compliqués de certains rapports de personnes ou de lieux, ou qui sont connexes à d'autres délits), tous rentrent dans la classe des homicides simplement volontaires. Dans cette classe sont compris ceux qui se commettent *in calore iracundiæ* (2), *vel impetu, vel cum per ebrietatem ad manus aut ad ferrum venitur* (3); tous sont excusables et exempts du dernier supplice ; tous sont volontaires comme ceux auxquels s'appliquent les six autres espèces d'excuse, comme ceux commis par la nécessité d'une légitime défense, et comme ceux prémédités ; mais cette qualification d'*homicide volontaire*, bien que commune à tout ce genre d'homicides, est restée, faute d'un terme propre, spécialement appliquée à ce septième degré d'excuse.

24. — Ainsi, parmi les homicides volontaires, considérés sous le seul rapport du fait du meurtre et de l'intention du délinquant, nous trouvons d'abord, à l'extrémité inférieure de l'échelle, les homicides commis par la nécessité d'une défense actuelle, et les

(1) L. 48, D. *de Reg. juris.*
(2) D. l. 48, *idem.*
(3) L. 11, § 2, D. XLVIII, 9, *de Pœnis.*

autres homicides justifiés par la loi ; ils ne sont sujets à aucune peine. Tous les autres sortent successivement de ce premier degré, et s'élèvent graduellement dans l'ordre suivant : — I. Homicides commis pendant la nuit sur la personne d'un voleur surpris dans l'acte d'opérer l'escalade ou l'effraction d'une maison habitée. — II. Homicide commis par le mari sur les adultères surpris en flagrant délit. — III. Homicides provoqués par des coups ou des blessures graves, ou par des crimes contre les personnes. — IV. Homicides provoqués par des coups ou des blessures légères, ou par d'autres délits contre les personnes. — V. Homicides commis dans une rixe. — VI. Infanticides commis par crainte du déshonneur. — VII. Tous les autres homicides non compris dans les espèces précédentes, et que nos anciennes lois regardaient en quelque sorte comme excusables, en considération de la perturbation causée par l'ivresse ou par les passions. Ces homicides atteignent au sommet des peines criminelles temporaires, car ils sont bien près de l'extrême perversité. Chacun de ces degrés d'excuse a son caractère particulier et distinctif.

Viennent enfin les homicides prémédités, dernier terme des imputations et des peines ; de sorte qu'en renversant l'échelle, et en partant de cette dernière classe pour arriver aux homicides justifiés, ces sept échelons intermédiaires deviennent les degrés successifs d'excuse, c'est-à-dire des atténuations, des exclusions graduelles de l'imputation extrême et capitale.

SECTION III.

Application de cette théorie à la cause.

22. — Mais, pour que, dans un jugement, la question d'excuse, ou de tel ou tel degré d'excuse, soit posée, est-il nécessaire que l'accusé la propose expressément, comme toute autre exception dont la preuve doit être faite par celui qui veut s'en prévaloir? L'accusé, dans la cause qui nous occupe, n'a parlé que de la *rixe*. Lui seul en étant l'auteur, cette excuse a été rejetée, le juge devait-il alors rechercher et appliquer d'office toute autre espèce d'excuse qui pouvait résulter du fait?

23. — La loi prescrit impérieusement au juge d'appliquer chacun des sept degrés d'excuse. Ils sont parfaitement distincts les uns des autres, et l'accusé, en établissant l'un de ces degrés quelconques, ne propose pas, à vrai dire, une exception dans la cause; il ne fait que réclamer des juges une bonne appréciation de la véritable nature du fait. Le ministère public doit présenter ce fait tel qu'il est, ne le dénaturer en rien, et ne pas exagérer l'accusation. Quelle que puisse être l'erreur, ou la simplicité, ou la mauvaise foi de l'accusé, le juge ne doit jamais s'écarter de la nature du fait, et, lorsque la loi dit : *Quand le fait qui constitue l'excuse est prouvé*, elle ne veut pas dire que l'accusateur public ou l'accusé doivent le prouver, mais que cette preuve doit résulter de l'ensemble des preuves, *nec ad unam probationis speciem cognitionem*

*statim allegari debere, sed ex sententia animi tui te
æstimare oportet, quid aut credas, aut parum proba-
tum tibi opinaris* (1).

24. — Or, du moment que l'homicide dont il est
ici question suivit immédiatement le coup que le
meurtrier reçut à la tête, on peut bien discuter sur
le point de savoir si ce coup était grave ou léger ;
mais le juge du fait devait, avant tout, poser la question de savoir si l'homicide avait été provoqué par ce
coup. Dans une querelle entre deux individus, qui
des injures en viennent aux coups, faut-il tenir plus
de compte de la cause la plus rapprochée du crime,
qui s'est produite en dernier lieu, ou de la cause primitive et éloignée, qui a engendré la querelle?

25. — Cette question peut se présenter dans deux
cas : dans celui où le meurtrier n'est pas l'auteur de
la rixe, et dans celui où il l'a occasionnée par un délit
punissable au moins de peines de police. Dans le premier cas, si l'accusé, dans la chaleur de la rixe, tandis qu'il répond aux injures par des injures égales ou
moindres, reçoit une blessure dont la douleur le
porte à frapper mortellement son adversaire, qui
pourrait avoir des principes assez rigoureux pour
soutenir qu'il ne pourra invoquer d'autre excuse que
celle qui résulte de la rixe? Ainsi, l'Égiste d'Alfieri
se trouve atteint, dans une dispute, par un coup de

(1) L. 3, § 2, D. XXII, 5, *de Testibus.*

son adversaire. Tandis qu'il ne fait rien de contraire
à la loi, qu'il cède le pas aux vieillards et reste parfaitement dans les limites de son droit, il entend une voix
terrible lui crier : *Retire-toi, sinon...* — *Retirez-vous
vous-même,* répond-il. Alors celui qui l'avait menacé
s'élance sur lui, armé d'un poignard, et le blesse dans
la lutte. *La douleur est légère, mais la colère est terrible.* Or, les premières paroles ne furent que la cause
occasionnelle et éloignée de la mort de l'injuste offenseur d'Égiste. La cause vraie, prochaine, efficiente,
celle qui poussa Égiste à l'homicide, fut la blessure.
La provocation, de légère qu'elle était d'abord, devint
ensuite plus grave, et l'excuse subit les mêmes modifications. L'art. 377, n⁰ˢ 1 et 2, ne distingue pas si
la provocation a eu lieu dans le cours de la rixe ou au
commencement. Elle dit seulement : *Si les homicides
ont été provoqués par des coups ou des blessures.*

26. — La solution de cette question peut sembler
moins facile, quand le meurtrier a lui-même occasionné la rixe. *Grotius* soutient que la défense de celui
qui a cherché la guerre est injuste, et que l'offense
ne peut être mise à la charge de l'offensé que lorsqu'il a refusé la réparation que lui offrait l'offenseur (1). Puffendorf approuve une doctrine aussi sévère (2). Mais, même en l'adoptant, si, à une injure,
si légère qu'elle ne mériterait qu'une peine de police,

---

(1) *De Jure belli et pacis,* lib. 2, cap. 1, § 18.
(2) *De Jure naturæ et gentium,* lib. 2, cap. 5, § 19.

l'offensé, sans donner à l'offenseur le temps de lui faire la moindre réparation, répond immédiatement par des voies de fait, et frappe, blesse son adversaire, peut-être avec la volonté de le tuer, peut-on dire alors que la défense que lui oppose celui-ci soit injuste?

27. — D'État à État certainement la défense contre une guerre d'invasion faite sans avoir été primitivement déclarée, est toujours juste. Mais on risque de s'égarer lorsqu'on veut raisonner des obligations d'homme à homme, comme de celles d'État à État. Dans la société civile, on doit avoir un recours devant le magistrat pour toute injure, et non-seulement pour la réparation de tout outrage, mais encore pour les sûretés qui peuvent être nécessaires pour l'avenir. Celui qui se fait raison par lui-même, et qui, pour se venger, attaque son offenseur, devient lui-même agresseur devant la loi, qui lui défend cette voie et lui en ouvre une meilleure (1).

Il n'y a pas de mots dont on abuse plus devant la justice que de ceux de *cause et d'effets*. La force de la main qui pousse une bille est cause de sa course rectiligne sur le billard, et si cette bille frappe une autre bille immobile et la met en mouvement, la cause du mouvement de cette dernière est la même force. Mais si la bille dévie, par le choc d'une troisième poussée par une force différente de la première, alors il y a plusieurs causes qui contribuent à la production

____

(1) Barbeyrac, *ad Puff.*

XXIE QUESTION.

PEUT-ON , DANS LA DÉCLARATION DE CULPABILITÉ, ATTRI-
BUER AU FAIT DE L'INCULPÉ UN AUTRE DEGRÉ D'IMPU-
TATION QUE CELUI MENTIONNÉ DANS L'ACTE D'ACCUSATION ?

SOMMAIRE.

Des circonstances aggravantes et des circonstances atténuantes.
— Passage d'une accusation à une autre.

I. Etat de la question, § 1.
II. Art. 276, pr. pén., § 2.
III. Que faut-il entendre par *fait principal* et par *circon stances du fait*, § 3.
IV. Double objet des circonstances aggravantes et des circonstances atténuantes, § 4.
V. Circonstances aggravantes, connexes et inhérentes au fait principal, § 5. — Celles qui rendent les homicides justifiables, excusables ou inexcusables, doivent être rangées dans cette catégorie, §§ 6 et 7.
VI. Circonstances aggravantes par une cause extrinsèque. §§ 8 et 9.
VII. Application de cette théorie à la cause, § 10.
VIII. Circonstances atténuantes, §§ 10 et 11.

---

1. — Messieurs (1), après les débats publics de la cause qui vous est soumise, le ministère public modifia l'accusation d'homicide *prémédité*, et demanda que l'homicide fût déclaré simplement homicide *volontaire*, commis en exécution d'un mandat de justice. La Grande Cour lui a adjugé ces conclusions.

L'accusé se plaint d'avoir été ainsi condamné sans qu'il y ait eu une nouvelle accusation, et sans avoir pu se défendre. Il s'appuie sur l'art. 276 de la procédure pénale ; mais il me semble que cet article est contraire à ses prétentions. La question que nous avons à traiter ici est celle de savoir quelles sont les circonstances de fait non mentionnées dans l'acte d'accusation que le ministère public peut légalement relever, dans ses dernières conclusions, à l'audience.

2. — L'art. 276 est conçu en ces termes : *Si le ministère public a, dans ses conclusions, ajouté ou abandonné quelque circonstance aggravante du fait principal sur lequel est fondée l'accusation, le président ajoutera la question suivante : Est-il constant que l'accusé ait commis le crime avec telle ou telle autre circonstance ?*

Qu'entend la loi par *circonstance aggravante du fait principal sur lequel est fondée l'accusation ?*

3. — *Le fait principal sur lequel est fondée l'accusation* n'est pas seulement la partie générique (2) et

(1) Affaire *Annibal Manes*, 2 juillet 1834.
(2) Voy., pour l'explication de ces mots, *preuve générique*, la question VI.

primordiale du crime ; car toute circonstance est également susceptible d'une preuve générique. Ainsi, les
circonstances du poison dans l'empoisonnement, de
paternité et de filiation dans le parricide, d'effraction
d'une porte dans le vol, d'un attentat à la pudeur
qui devient la cause d'un homicide, sont toutes également susceptibles d'une preuve générique, et sont
cependant des circonstances qui aggravent le fait
principal. Ainsi, je crois que c'est une erreur de dire
que, dans l'art. 276, les mots *fait principal*, employés
par opposition à *circonstances aggravantes*, désignent
seulement la partie générique du délit. Le *fait principal* est cette partie de la preuve à la fois générique et
spécifique qui détermine la nature constitutive du
délit, et la qualification certaine du coupable, aux
termes des n°s 1 et 5 de l'art. 159 (1), et qui la détermine par l'exposition des seuls faits élémentaires nécessaires à cette détermination, sans tenir compte
d'aucune circonstance capable d'aggraver ou d'excuser le fait, d'adoucir la peine ou de la rendre plus
sévère. Le mot même d'*accusation* ne peut se comprendre que par son rapport, tant avec le crime qu'a-
vec le coupable. Les circonstances aggravantes du fait
principal sur lequel est basée l'accusation, et qui peuvent être ajoutées ou passées sous silence, dans les

(1) Art. 159, p. pén. : « L'acte d'accusation exposera : 1° la nature du crime ; 2° le temps, le lieu où il fut commis ; les circonstances aggravantes ou atténuantes ; 3° la désignation claire de l'inculpé ; 4° l'article de la loi qui prévoit le crime, etc. (*N. du tr.*)

dernières conclusions dont parle l'art. 276, sans qu'il soit nécessaire pour cela de refaire l'acte d'accusation, sont indiquées dans le n° 2 du même article 139 : *Le temps et le lieu dans lesquels le crime a été commis, et toutes les circonstances qui peuvent en aggraver ou en mitiger la peine.*

4. — Après avoir ainsi expliqué les expressions *circonstances aggravantes, circonstances atténuantes*, il faut observer que les unes et les autres désignent, tant les circonstances qui dépendent de la cause morale du fait, de la cause sans laquelle le coupable ne se serait pas déterminé, et n'aurait pas commis le crime, que celles qui sont accessoires au fait, et qui concernent plus particulièrement les personnes et les modes d'exécution. Les *circonstances aggravantes* conservent le nom d'*aggravantes* dans le premier et dans le second cas. Les *circonstances atténuantes* prennent dans le premier cas le nom d'*excuses* du fait, et dans le second celui d'*atténuation*, de *mitigation de la peine*. Mais les circonstances *aggravantes* aussi bien que les *atténuantes* comprennent toujours les deux espèces de circonstances que nous venons de mentionner, et, selon qu'elles se rapportent aux unes ou aux autres, elles arrivent à des conséquences diverses, importantes pour la procédure, très-importantes pour l'application de la peine.

5. — Nous n'avons à nous occuper ici que de la procédure. Les circonstances aggravantes peuvent être mentionnées dans l'acte d'accusation, sans qu'il

en soit tenu compte dans le résumé de cet acte ; ou bien même il peut arriver que non-seulement il n'en soit pas tenu compte dans le résumé, mais qu'elles ne soient pas même mentionnées dans l'exposition des faits constitutifs du crime. Dans ce second cas, si elles sont inhérentes au crime, et qu'elles dérivent tellement de l'intention du coupable, qu'elles changent la cause morale de son acte, alors il est loisible au ministère public de les relever, et de demander que la Grande Cour en délibère. Elles sont si intimement unies, si connexes au fait principal sur lequel se fonde l'accusation, que ce fait n'aurait pas eu lieu sans elles. Sur elles repose la principale raison de l'existence du crime, et, en les passant sous silence, on le défigurerait, on changerait sa nature. L'acte d'accusation n'est qu'un acte préparatoire de la discussion publique ; son but est d'établir la vérité du fait. Le moyen doit servir au but, et non le but au moyen.

6. — Il résulte de cela que, si un accusé est poursuivi pour homicide commis par nécessité d'une légitime défense, avec demande expresse, dans le résumé de l'acte d'accusation, que la Grande Cour déclare qu'il n'y a pas crime, et que, plus tard, dans la discussion publique, il soit établi que la nécessité de la défense n'existait pas, le ministère public a parfaitement le droit de joindre à ses dernières conclusions la circonstance de crime volontaire, accompli sans que l'accusé y fût contraint par aucune nécessité. De même, si un

individu est accusé d'homicide excusable pour coups ou blessures graves, et qu'il ne soit conclu qu'à une peine correctionnelle, si la discussion publique établit l'existence d'une rixe dont l'accusé était l'auteur, le ministère public doit réclamer la déclaration de crime et l'application d'une peine criminelle. De même encore, si l'homicide est qualifié simplement *volontaire*, et que la circonstance de la *préméditation* vienne à se découvrir, le ministère public doit s'empresser de joindre cette circonstance. C'est par la même raison que l'art. 148, procédure pénale, décide que les crimes, bien que l'acte d'accusation ne demande contre eux que l'application d'une peine correctionnelle, doivent cependant toujours être jugés par la Grande Cour criminelle, parce que l'art. 300 lui confère le pouvoir d'appliquer tant les peines criminelles que les peines correctionnelles, selon l'issue du jugement (1). Or, les art. 148 et 300 donnent la raison de l'article 276.

7. — L'accusé ne peut certes pas, parce qu'on a

(1) Art. 148, pr. pén. : « Lorsque le fait principal constituera en lui-même un crime non susceptible de répression pénale ou pouvant seulement être puni de peines correctionnelles ou moindres, soit à raison des circonstances atténuantes ou d'excuses, soit à raison de l'âge ou de l'état du coupable, la Grande Cour criminelle en conservera la connaissance, et l'inculpé sera mis en accusation, en réservant pour le débat public l'examen de ces circonstances. »

Art. 300 : « Lorsque la Grande Cour reconnaîtra que du débat il résulte que l'accusé est coupable de délit ou de contravention, elle retiendra la cause et appliquera la peine correctionnelle ou de police qui sera encourue. « (*N. du tr.*)

ainsi procédé, se prétendre jugé sans accusation et sans défense. Quiconque se voit favorisé par l'instruction écrite et par l'acte d'accusation, doit bien penser que les circonstances du fait principal sur lequel est fondée l'accusation peuvent changer dans le cours des débats, d'autant plus que le ministère public, la partie civile et la Grande Cour elle-même d'office ont le droit d'y appeler d'autres témoins. Il doit penser qu'il n'a pas pour juge le ministère public, mais la Grande Cour, dont la conviction peut certes différer de celle du ministère public. Il connaît donc le danger qu'il court, et il peut le prévenir. La loi ne lui interdit pas de produire de nouvelles preuves à l'appui de l'instruction écrite ; elle ne lui interdit pas de répondre et de faire ses observations sur les changements qui peuvent survenir dans la discussion publique ; elle ne lui interdit pas de produire de nouveaux moyens de défense, lorsque de nouvelles circonstances se produisent. Il est donc évident qu'en vertu de l'art. 276 on peut passer d'un degré d'imputation à un autre, et du plus léger au plus grave, quand la qualification générale ne change pas, et que les circonstances aggravantes sont inhérentes au fait principal sur lequel est fondée l'accusation, bien que ces circonstances n'aient pas été mentionnées dans l'acte d'accusation (1).

(1) Un coupable, accusé de complicité pour avoir coopéré à un homicide, peut donc être ensuite convaincu de tentatives du même crime.

8, — Il n'en est pas de même pour les circonstances qui naissent d'une cause étrangère au fait lui-
même, et qui aggravent l'imputation et la peine.
Telles sont les circonstances relatives à la personne de
l'accusé, à son état, au mode d'exécution. Si elles ne
sont pas mentionnées dans l'instruction écrite, ni indiquées dans l'acte d'accusation, quel que soit le résultat des débats publics, le ministère public ne peut
les joindre à ses dernières conclusions, ni la Grande
Cour en connaître. Je citerai comme exemples la récidive, la réitération (1). On peut, dans bien des cas,
en dire autant du lieu, de la date du crime, des
moyens employés pour le commettre. Le ministère
public ne peut modifier sous ce rapport ses premières
conclusions; car souvent le lieu et la date exprimés
dans l'acte d'accusation forment la principale base de
la défense, par exemple, dans la défense que nous appelons *coartata* ou preuve de l'*alibi*. Il en est de même
des moyens employés pour commettre l'homicide, si,
par exemple, au lieu d'un poignard, on s'est servi
d'un fusil, ou si, au lieu de précipiter son adversaire
d'un lieu élevé, on l'a empoisonné, etc., etc. Une pareille circonstance, changée subitement dans la discussion publique, laisserait sans moyens de défense
l'accusé, qui ne pouvait s'attendre à voir ainsi trans-

______

(1) Ainsi on a toujours annulé la condamnation pour récidive,
lorsque, bien que résultant des débats, elle n'était nullement exprimée dans l'acte d'accusation, ou n'avait pas été énoncée dans la
citation.

former la poursuite. Toute son attention était concentrée sur les faits et les moyens énoncés par l'accusation, et il ne pouvait se mettre en garde contre une circonstance toute nouvelle, qui vient changer le fait principal sur lequel l'accusation était fondée.

9. — Mais, si ces circonstances mêmes résultent de l'instruction, et sont mentionnées dans l'acte d'accusation, bien que le ministère public ne les ait pas rappelées dans son résumé, il peut y revenir de nouveau et réclamer, après les débats, leur adjonction au fait principal. Elles ne sont pas nouvelles pour l'accusé; elles avaient déjà été prises en considération et appréciées par la Grande Cour dans l'ordonnance de mise en accusation ; elles peuvent donc l'être dans le jugement. C'est ainsi, qu'en matière civile on peut toujours, dans les conclusions données à l'audience, modifier les demandes contenues dans l'acte de citation, pourvu qu'on ne fasse pas de demandes nouvelles sur lesquelles la partie adverse n'ait pas eu le temps de présenter ses exceptions et ses défenses. La même règle existe en matière criminelle, où la mise en cause (*in jus vocatio*) est faite par la communication de l'acte d'accusation, et en matière correctionnelle et de police, où elle est faite par la citation. Ainsi, par exemple, le moyen matériel employé pour commettre l'homicide, l'effraction ou la nuit pour le vol, la récidive pour tous les crimes, sont autant de circonstances aggravantes, presque toutes extrinsèques. Si elles sont développées dans l'acte d'accusation, au moment où

il est communiqué, bien que non exprimées dans son résumé, l'accusé peut remarquer les preuves sur lesquelles reposent ces diverses circonstances, et se mettre en état de les combattre. Lors donc que ces circonstances résultent de la discussion publique, il n'y a pas d'obstacle à ce qu'elles soient jointes aux dernières conclusions du ministère public, et jugées par la Grande Cour.

10. — Tel est le cas actuel. Dans l'acte d'accusation et dans l'instruction, il a été fait mention expresse du mandat de justice à l'occasion duquel a été commis l'homicide. Il n'importe donc nullement que les faits constitutifs de cette circonstance n'aient pas été rappelés dans le résumé. Ces faits sont établis par les débats, et cela suffit. La Cour suprême, lorsqu'une déclaration de culpabilité lui semble ne pas résulter clairement des faits sur lesquels elle est basée, ne retient que ces faits, et renvoie la cause à une nouvelle Grande Cour qui en tire une déclaration de culpabilité plus légale. Le résumé de l'acte d'accusation contient la déclaration de culpabilité que le ministère public a cru devoir faire dériver des faits de la cause. Mais la Grande Cour en fait dériver une autre plus conforme au droit et meilleure. Le jugement de mise en accusation ne peut pas davantage faire préjuger du jugement définitif, parce qu'il est seulement un interlocutoire que la Grande Cour change, annule ou rectifie, quand ensuite elle décide définitivement sur l'affaire.

11. — Quant aux circonstances atténuantes du

fait incriminé, aucune distinction n'est nécessaire, et il n'est nullement urgent de recourir à la faculté que l'article 276 accorde au ministère public. Si l'aggravation n'est pas constante, le juge, conformément aux devoirs que lui impose l'art. 285 (1), ne l'admet jamais, et *quod minimum est sequitur*. Si l'atténuation est constante, il l'admet, soit qu'elle paraisse inhérente et pour ainsi dire incarnée au fait principal, de manière à atténuer un crime qui d'abord semblait plus considérable, et à changer son caractère de crime en celui de délit; soit qu'elle n'en change pas la nature; qu'elle lui laisse sa qualification primitive et en atténue seulement les conséquences en adoucissant la peine. Dans la cause actuelle, la circonstance de la préméditation a disparu; la Grande Cour a appliqué le degré inférieur d'imputation et de peine; elle a ainsi procédé légalement et avec humanité.

12. — Je demande, en conséquence, le rejet du pourvoi.

(1) Art. 285 : « Lorsque la Grande Cour déclarera qu'il est constant que l'accusé a commis le crime, elle devra, à peine de nullité, à moins qu'elle ne l'ait déjà fait dans la solution des questions précédentes, prononcer séparément et résoudre les faits admis comme excuse par la loi ou desquels il résulterait que le crime mentionné par l'accusation a été commandé par la nécessité actuelle de la légitime défense, lorsqu'ils auront été proposés par l'accusé, par son défenseur, par le ministère public, ou même par l'un des juges dans la chambre du conseil. »   (*N. du tr.*)

XXIIE QUESTION.

MÊME QUESTION.

SOMMAIRE.

Autre cas où l'on peut passer de l'accusation d'un crime à un autre crime.

I. État de la question, §§ 1 et 2.
II. *Première partie.* — La question est la même que la précédente, § 3.
III. Discussion, § 4 à 10.
IV. *Seconde partie.* — Différence entre l'art. 173 et l'art. 178 des lois pén., § 11.

1. — Le requérant était poursuivi pour tentative d'homicide. Après les débats publics, la Grande Cour criminelle décida qu'il n'était pas constant qu'il fût coupable, et ordonna un supplément d'instruction. Traduit de nouveau en jugement, sa culpabilité ne fut pas établie, et, en conséquence, il fut absous. Il n'é-

tait résulté contre lui des débats que l'imputation de résistance aux agents de la force publique et à un agent ministériel, tandis que ceux-ci agissaient en exécution de la loi et des ordres de l'autorité publique; il les avait, de plus, contraints à ne pas exécuter cet acte qui se rattachait à leurs fonctions.

2. — L'homicide, qui ne fut pas établi, avait été soi-disant commis dans le cours de ces actes, mais l'acte d'accusation n'avait parlé que de l'homicide, sans relever le fait de la résistance. En conséquence, la Grande Cour ordonna que l'accusé serait retenu en prison pour être de nouveau jugé sur ce délit. D'après cette ordonnance, le ministère public dressa son nouvel acte d'accusation.

3. — Dans le jugement de sa nouvelle mise en accusation, l'accusé avait opposé deux exceptions; la première, parce que, disait-il, il avait été déjà jugé pour le même délit; la seconde, parce qu'en admettant même qu'on pût le juger de nouveau, le délit de résistance était correctionnel et non criminel. Nous avons à nous demander aujourd'hui quelle est la valeur de ces exceptions.

4. — Il est évident que la première doit être rejetée. *Non eadem est causa petendi, non eadem causa proxima actionis* (1). S'il s'agissait encore de tentative d'homicide, que les circonstances nouvellement découvertes fussent atténuantes ou aggravantes, on ne pourrait de

____

(1) L. 14, D. XLIV, 2, *de Except. rei judicatæ.*

nouveau prononcer un jugement sur ce point. *Judex,
postea quam semel sententiam dixit, postea judex esse de-
sinit : et hoc jure utimur, ut judex qui semel vel pluris,
vel minoris condamnavit, amplius corrigere sententiam
suam non possit; semel enim male vel bene officio functus
est* (1). De là le brocard : *Non bis in idem.* Jupiter seul,
disait Plaute, juge de nouveau dans le ciel les causes
jugées ici-bas (2).

5. — L'acte d'accusation sur lequel on avait prononcé le jugement parlait de gendarmes et d'huissiers
contre lesquels l'accusé avait dirigé son fusil, et l'ac-
cusait de l'avoir déchargé sans effet contre eux. Mais cet
acte ne parlait pas de la résistance à main armée opérée
pour se venger de l'ordre de l'autorité dont ces agents
étaient porteur, ou pour empêcher l'exécution de cet
ordre. La Grande Cour s'est convaincue que le coup
avait été tiré en l'air pour effrayer et non pour tuer
ou blesser personne, mais seulement dans le but de
résister avec voies de fait et menaces à l'ordre que l'a-
gent ministériel et les agents de la force publique
étaient chargés d'accomplir. C'est là un délit d'un autre caractère et d'une autre qualification que l'homicide sur lequel il a été prononcé, délit tout différent
qui n'a pas été jugé et qui ne pouvait l'être sur l'accusation d'homicide. L'accusé ici n'est pas l'*idipsum
de quo agitur de Neratius.* Il ne s'agit pas ici de la cause

(1) L. 55, D. XLII, 1, *de Re judicata,*

(2) Plaute, *Rudens prologue.*

qua quis eam causam actionis competere sibi existimasset,
il ne s'agit pas non plus que *quis, postea quam contra eum
judicatum esset nova instrumenta causæ suæ reperisset* (1).
Il s'agit d'une cause tout autre et d'un délit différent.
Le premier était prévu par les art. 355 et 69 de la loi
pénale et celui-ci par les art. 173 et 178. Les art. 355
et 69 punissent le meurtre et la tentative de meurtre,
les art. 173 et 178 sont relatifs aux violences, me-
-naces, attaque, résistance commises contre les agents
ministériels, les agents de la force publique, etc.

6. — Sur ce point, les lois romaines distinguaient
la chose et sa partie, la chose et l'action pour réclamer la chose. *Si quis cum totum petisset, partem petat
exceptio rei judicatæ nocet. Nam in toto pars est. Eadem
enim res accipitur, et si pars petatur ejus, quod totum pe-
titum est. Nec interest, utrum in corpore hoc quæratur
aut in quantitate, aut in jure* (2). *Item parte fundi pe-
tita, familiæ erciscundæ vel communi dividundo agit :
æque exceptione summovebitur* (3). Ainsi, si un individu accusé de tentative d'homicide est absous, il ne
peut être jugé de nouveau pour le fait d'homicide accompli ; et, s'il est absous pour homicide accompli, il
ne peut être remis en jugement pour tentative d'ho-
mide. Et, par la même raison, si le fait change dans
le cours des débats, le ministère public a le droit, dans
le même jugement et sans rédiger une nouvelle ac-

(1) L. 27, D. XLIV, 2, *de Except. rei judic.*
(2) L. 7, D., *idem.*
(3) L. 8, D., *idem.*

cusation, de conclure à ce que l'accusé d'homicide accompli soit déclaré coupable de tentative d'homicide, et réciproquement. L'art. 276 de la procédure pénale a pour but, puisque toute discussion publique doit se terminer par l'une des trois formules : *Il est constant que l'accusé n'a pas commis, etc.; il n'est pas constant qu'il ait commis, etc.; il est constant qu'il a commis, etc.* (art. 277), de donner au ministère public la faculté de varier la forme de l'accusation, tant que la vérité du fait n'est pas préjugée par l'une de ces formules. Le ministère public a pour but de faire prononcer qu'il *est constant que l'accusé a commis.* Il peut donc démontrer que le fait tout entier, ou seulement une de ses parties est prouvé, et réclamer l'application de la peine. La déclaration *il est constant que l'accusé n'a pas commis* lui interdirait de faire prononcer de nouveau sur le tout comme sur la partie.

7. — Cette faculté n'est pas interdite au ministère public par la déclaration *il n'est pas constant que l'accusé ait commis*, déclaration simplement interlocutoire, et d'après laquelle il y a lieu à un supplément de procédure. Mais quand, par l'effet de l'art. 281 ou de l'art. 282, la déclaration *il est constant que l'accusé n'a pas commis* devient une solution définitive (1), le

(1) Ces articles prévoient le cas où, le crime *n'étant pas constant,* un supplément d'instruction est ordonné par la Grande Cour, à laquelle l'art. 280 donne ce droit. Si cette instruction n'est pas terminée dans l'année, l'inculpé, s'il est détenu, devra être mis en liberté provisoire, et l'instruction continue. Il pourra être l'objet

ministère public serait repoussé par l'exception de la
chose jugée, s'il voulait faire juger de nouveau, et il
ne pourrait pas davantage poursuivre alors pour tentative d'homicide. *In toto pars est.* Cet obstacle insur-
montable qu'il rencontrerait à faire prononcer de
nouveau, démontre le droit qu'il avait de changer
l'accusation lors du premier jugement.

8. — Il faut dire la même chose du cas où l'on réclame la même chose par une action différente. *De
eadem re agere videtur, et qui non eadem actione agat,
qua ab initio agebat ; sed etiam si alia actione experia-
tur, de eadem tamen re. Ut puta si quis mandati acturus,
cum ei adversarius indicio sistendi causa promisisset,
propter eamdem rem agat negotiorum gestorum, vel con-
dicat : de eadem re agit* (1). Il en serait de même, si un
individu accusé de vol était trouvé coupable de recel
d'objets volés ou de fraude. La chose serait la même,
bien que l'action fût différente. Aussi la chose jugée
empêcherait de recommencer le jugement sous un
autre nom. Le ministère public pourrait donc, dans
ce cas, user de la faculté de l'article 276 (2).

9. — Mais celui qui est accusé d'incendie ne peut

---

d'un second jugement pendant le délai de deux ans, art. 281. Si
ce second jugement ne se termine pas par une condamnation, l'accusé ne pourra plus être poursuivi pour le même fait, et la Grande
Cour prononcera, à peine de nullité, la mise en liberté absolue,
art. 282. *(N. du tr.)*

(1) L. 5, D. XLIV, 2, *de Exc. reijudic.* Voy. la concl. précéd., § 2.

(2) C'est-à-dire, ajouter de suite à l'accusation les circonstances
que feront apparaître les débats.

dans le même jugement être condamné pour homicide, bien que cet homicide ait été commis en même
temps que l'incendie. L'accusation est fondée sur un
fait tout différent. L'homicide *non est qualitas, non est
quid additum, quod toto cedit* (1) ; il est lui-même
un chef d'accusation. Le ministère public ne peut
craindre qu'on lui oppose ici l'exception de la chose
jugée ; il ne peut donc user de la faculté accordée par
l'art. 276.

10. — Ainsi, lorsqu'un accusé poursuivi pour homicide volontaire est absous, le chef d'accusation relatif à la résistance reste entier ; ce délit pouvait se
se rattacher à l'homicide, et pouvait subsister indépendamment de lui. L'art. 276 et l'art. 299 (2) renferment la même règle que l'art. 1305 des lois civiles,
c'est-à-dire qu'ils mentionnent les mêmes caractères
de la chose jugée, *quæ nisi omnia concurrunt, alia
atque alia res est* (3). Un homme est-il accusé d'homicide seulement? S'il vient à se découvrir dans la discussion publique qu'il n'a pas tué, mais qu'il a volé
la victime, ou bien qu'il a résisté à un acte légitime

(1) L. 26, D. XLI, 1, *de Adquir. rer. dominio.*

(2) Art. 299 : « Si du débat résulte un crime nouveau qui n'ait pas
été mentionné dans l'acte d'accusation, la Grande Cour ne pourra
en connaître dans le même jugement à peine de nullité. L'inculpé
sera soumis à un jugement nouveau et sera interrogé, s'il y a lieu.
Une contre-instruction sera faite, s'il est nécessaire, et on procé-
dera à la mise en accusation et aux autres actes prescrits par la
loi. »   (*N. du trad.*)

(3) L. 14, D. XLIV, 2, *de Exc. rei judic.*

de l'autorité publique, comme dans le cas actuel, on ne peut, d'après les art. 276 et 293, le juger sur ces nouveaux crimes, sans diriger contre lui une nouvelle accusation. Il faut donc le traduire de nouveau en jugement sous cette nouvelle inculpation, qui n'est nullement repoussée par la chose jugée, parce qu'elle est basée sur des faits bien différents du fait principal sur lequel reposait la première accusation.

11. — Quant à la seconde exception, elle peut se résoudre en peu de mots. L'art. 178 des lois pénales punit correctionnellement *toute attaque, toute résistance avec violence aux voies de fait commises contre les agents ministériels, tels que les huissiers, ou contre les agents de la force publique, tels que les gendarmes, tandis qu'ils agissent en exécution de la loi ou des ordres de l'autorité publique.* L'hypothèse de cet article ne comprend que l'attaque, les violences ou les voies de fait, lorsqu'il ne s'y joint pas le dessein d'empêcher l'exécution des lois ou des ordres de l'autorité publique. Mais, quand l'huissier, ou l'agent de la force publique, ou l'officier public quelconque, ou l'employé, l'agent d'une administration publique, sont contraints de *faire ou sont empêchés de faire* les actes dépendant de leur ministère, alors il faut appliquer l'article 173, et la peine devient criminelle. — Tel est le cas actuel.

XXIIIE QUESTION.

POUR ADMETTRE OU POUR REJETER UNE EXCUSE EST-IL NÉ-
CESSAIRE DE POSER UNE QUESTION SPÉCIALE? — ARTI-
CLES 283, 284, 285, PROCÉDURES PÉNALES, 377
LOIS PÉN. (1).

SOMMAIRE.

I. État de la question, §§ 1, 2, 3.
II. Examen de la cause d'après les lois pénales, § 4.
III. Examen de la question de droit, § 5 à 9.
IV. Conclusion, § 9.

---

1. — Messieurs, un mari dénaturé, avec l'aide
d'une femme sans pudeur, jeta sa femme dans un

(1) Art. 283 : « Lorsque la Grande Cour adoptera la 3° réponse :
Il est constant qu'il a été commis, etc., elle devra, à peine de nullité, à moins qu'elle ne l'ait déjà fait dans la solution des questions
précédentes, prononcer séparément et résoudre les faits admis
comme excuses par la loi, ou desquels il résulterait que le crime
mentionné par l'accusation a été commandé par la nécessité actuelle
de la légitime défense, lorsqu'ils auront été proposés par l'accusé,

puits, où la malheureuse trouva la mort. Le mari, comme meurtrier de sa femme, a été condamné au dernier supplice. La femme sa complice, sans la coopération volontaire de laquelle le crime n'aurait pas été commis, a été condamnée à la peine des homicides volontaires simples, c'est-à-dire au quatrième degré des fers. Tous deux se sont pourvus pour faire annuler ce jugement (1).

2. — « *Ici l'avocat général combat tous les moyens invoqués par le mari. Ils ne soulèvent aucune question importante, ne font que combattre les motifs du jugement et la conviction des juges.* »

3. — La femme condamnée soutient que l'art. 283 de la procédure pénale a été violé, parce qu'une question distincte, relative à l'excuse, n'a [pas] été posée, et que l'excuse a été comprise dans cette même question : *Est-il établi que G. G. et E. B. ont commis un homicide prémédité, avec cette circonstance que G. G. était l'époux de la personne sur laquelle l'homicide a été commis?* La Grande Cour n'a pas admis la

par son défenseur, par le ministère public, ou même par l'un des juges dans la chambre du conseil.

Art. 284 : « Dans le cas de l'article précédent, le président ajoutera aux questions déjà résolues, s'il y a lieu : *Tel fait est-il constant,* ou seulement, *est-il constant que l'accusé fut dans la nécessité actuelle de sa défense légitime?* La réponse sera : *Il est constant; il n'est pas constant.* »

Art. 285 : « Lorsqu'il existera plusieurs crimes, les questions devront être posées et résolues séparément pour chaque crime. »

(1) Conclusions prononcées le 24 décembre 1835.

préméditation, et a, néanmoins, rejeté l'excuse dans sa réponse à cette unique question.

4. — Plusieurs fois j'ai soutenu devant cette Cour suprême, et plusieurs fois la Cour suprême a fait droit à mes conclusions sur ce point, que la préméditation et l'excuse sont des circonstances inhérentes au fait (1). Une Grande Cour, en établissant le fait dont l'accusé est convaincu, ne peut moins faire que de le rapporter avec les circonstances qui établissent ou excluent la préméditation ou l'excuse. Leur consacrer ensuite une question spéciale serait une chose souvent oiseuse, et utile seulement dans certains cas.

5. — C'est pour cela que l'art. 284, en accordant la faculté d'ajouter à la question principale une seconde question relative à l'excuse, ne l'accorde que conditionnellement, en ces termes: *s'il y a lieu*. La préméditation n'est pas plus que l'excuse une exception des homicides volontaires; l'une et l'autre sont des circonstances constituantes de la nature même du délit (2). C'est pour cela qu'une question particulière relative à l'intention du coupable n'est pas nécessaire. La question complexe relative au fait et à la volonté de le commettre est une; si on juge convenable de la diviser en deux, aucune loi ne s'y oppose; mais cela rentre dans le pouvoir discrétionnaire du président.

6. — J'ai soutenu, dans d'autres causes très-gra-

(1) Question XII, §§ 2, 3 ; question XIII, § 5.
(2) Question X, § 12; XX, §§ 22 et 23.

ves, en examinant l'art. 285, qui est plus positif que les deux autres, et vous avez décidé sans obstacle que, même lorsqu'il s'agit de plusieurs crimes, il n'est pas nécessaire que les questions soient posées dans la décision l'une après l'autre, et sous des chefs séparés. Il suffit que l'exposé des motifs énonce séparément et un à un, dans une seule question, tous les crimes poursuivis.

7. — L'art. 285 est ainsi conçu : *S'il s'agit de plusieurs crimes, les questions relatives à chaque crime doivent être proposées et résolues séparément.* Le président d'une Grande Cour posa la question de la manière suivante : Est-il établi que R. S. a commis un homicide prémédité sur la personne de G., un vol suivi d'homicide sur la personne de X., un vol suivi de blessures sur la personne de Z? La Grande Cour exposa d'abord les faits du premier délit, puis les faits du second, puis ceux du troisième, et conclut enfin dans une seule période : « il est constant pour chacun de ces crimes. » Vous voyez que cette question, unique en apparence, renfermait en réalité trois questions distinctes, portant chacune sur un crime ; l'exposé des motifs était triple, et la formule qui répondait à ces questions contenait trois réponses bien distinctes. En conséquence, vous avez jugé que l'art. 285 avait été observé : *Non opportere jus civile calumniari, neque verba captari, sed qua mente quid diceretur, animadvertere convenire* (1). Vous avez donc rejeté le pourvoi.

(1) L. 19, D, X, 4, *ad Exhib.*

8. — A plus forte raison devez-vous rejeter celui-ci. Le fait ayant été exprimé en une seule période dans toutes ses particularités, il en naissait clairement la conséquence qu'il n'y avait pas lieu à une question ultérieure et séparée de préméditation ni d'excuse. La Grande Cour a donc déclaré avec raison, dans la formule qui termine la question de fait, et en une seule période : « il est constant que l'homicide n'est ni prémédité ni excusable. » Cette seule phrase résout trois questions distinctes et séparées : *intention de commettre l'homicide, non préméditation, non excuse.* Il était inutile de poser une autre question sur ces circonstances.

9. — Lorsque, dans la défense, l'excuse est expressément proposée, la Grande Cour doit répondre en l'admettant ou en la rejetant expressément. S'il y a quelque doute sur l'existence de l'excuse, bien qu'elle n'ait pas été expressément proposée, la Grande Cour doit en discuter les circonstances pour savoir si elle est, oui ou non, conforme à la loi ; mais il n'est pas besoin pour cela de questions particulières et séparées en différents chefs. L'excuse faisant partie du fait principal lui-même peut être résolue dans la question principale elle-même. Je demande, en conséquence, le rejet du pourvoi.

FIN DES QUESTIONS.

TABLE DES MATIÈRES.

INTRODUCTION

PREMIÈRE PARTIE. — NOTIONS PRÉLIMINAIRES.

I. Jugements sur Nicolini. — Caractère de ses travaux. — Nature de cet ouvrage.................................... 1

II. Aperçu sur l'histoire judiciaire du royaume des Deux-Siciles. — Travaux de législation et de jurisprudence de Nicolini... VII

III. Organisation actuelle des tribunaux criminels dans le royaume des Deux-Siciles....................... XVII

DEUXIÈME PARTIE. — OPINIONS PHILOSOPHIQUES ET HISTORIQUES DE NICOLINI.

I. Du principe et du but des peines.................... XXI

II. Esquisse philosophique de l'histoire du droit pénal..... XL

III. Origine et progrès de la procédure pénale........... LXII

QUESTIONS DE DROIT.

Des attributions de la Cour suprême.................... 1

De la procédure à suivre dans le cas de doute de la loi.... 45

Du genre de connexité qui doit exister entre deux délits pour que leur réunion soit une cause d'aggravation de la peine. 52

Si un étranger déjà condamné dans sa patrie a une peine criminelle, doit, chez nous, être puni des peines de la récidive lorsqu'il commet un autre crime............... 66

Des conditions légales de la preuve en matière criminelle. — Principes généraux........, 101

Des lectures permises dans les débats. — Sommaires...... 107

Quand les experts chargés d'établir la preuve générique doivent être appelés aux débats........................ 109

Peut-on lire dans les débats les interrogatoires des complices de l'accusé, condamnés par un jugement précédent?.... 118

De l'homicide.... 156

Classification des homicides......................... *id.*

Notions préliminaires sur l'homicide.................. 158

PREMIER PRINCIPE DES EXCUSES.

Exposé de la théorie des excuses...................... 147

Histoire et principes des excuses.................... 156

Différence entre la mitigation et l'excuse. — De la mitigation de la peine par l'âge de l'accusé...................... 172

Des délits commis dans l'ivresse...................... 192

SECOND PRINCIPE DES EXCUSES.

La justification ou l'excuse peuvent-elles résulter de la seule opinion du délinquant?........................... 230

La justification ou l'excuse ne peuvent naître d'un préjugé. 237

La violence sur les choses n'est pas une excuse.......... 250

L'agresseur ne peut jamais être justifié ni excusé........ 255

L'homicide n'est plus excusable lorsqu'un certain temps s'est écoulé entre l'offense reçue et le crime.............. 258

TROISIÈME PRINCIPE DES EXCUSES.

Exposé de tous les degrés d'excuse................... 265

Peut-on, dans la déclaration de culpabilité, attribuer au fait de l'inculpé un autre degré d'imputation que celui mentionné dans l'acte d'accusation?.................... 291

Autre cas où l'on peut passer d'une accusation à une autre. 302

Pour admettre ou pour rejeter une excuse est-il nécessaire de proposer une question particulière................. 310

Paris.—Imprimerie Schneider, rue d'Erfurth, 1.